D1674304

Heile Dich selbst

...sonst heilt Dich keiner!

Bernhard P. Wirth

Heile Dich selbst – sonst heilt Dich keiner!

Copyright © 1998 by SmartBooks Publishing AG

Seestrasse 182, CH-8802 Kilchberg

Aus der Schweiz: Tel. 01 716 14 24, Fax 01 716 14 25

Aus Deutschland und Österreich: Tel. 0041 1 716 14 24, Fax 0041 1 716 14 25

http://www.smartbooks.ch E-Mail: smartbooks@smartbooks.ch

ISBN 3-907601-01-7

1. Auflage 1998
Originalausgabe

Konzeption und Koordination:	SmartBooks Publishing AG
Lektorat:	Peter Wolf
Layout & Gestaltung:	Volpain

Der Autor

Bernhard P. Wirth, geboren 1958 in Nürnberg
- Trainer für Sprache und Körpersprache
- Berater und Coach im Bereich «Wahrnehmung und analoges Denken» für privaten und beruflichen Erfolg
- gibt seit 1985 Körpersprache-Seminare unter dem Titel «Was will dir dein Körper eigentlich sagen?»
- über 20 000 Teilnehmer in seinen Seminaren in ganz Europa
- lebt auf Teneriffa

Das Seminar zum Buch

In Deutschland, der Schweiz, Österreich und auf Teneriffa/Spanien

Beratung und Coaching
für Wahrnehmung und analoges Denken

Informationen und Anmeldung:
Bernhard P. Wirth
Waldemar-Fritsch-Weg 11
D-91522 Ansbach
Tel   0981/97 73 73
Fax 0981/97 73 74

Widmung und Danksagung

Für Menschen, die krank sind, und für Menschen, die kranke Menschen kennen.

Für Gesunde, kranke und wieder genesene Menschen, die den tieferen oder dahinterliegenden Sinn ihrer Krankheit(en) oder Krisen erkennen und verstehen lernen möchten.

Der Mensch kann aus seiner Krankheit lernen. Er kann lernen, was sein Körper als Lehrer – über den Umweg der Krankheit – ihm eigentlich sagen will. Der Mensch kann durch die Krankheitsbilder und Krisen im Leben erkennen, welche Aufgaben der Betroffene zu überwältigen hat und auf welchen weiteren Lebensweg er sich begeben sollte.

Dieses Buch ist meinen beiden Kindern *Stephanie* und *Björn* gewidmet, von denen ich viel Natürliches wieder erlernen durfte, was mir als Erwachsener schon verloren gegangen schien.

Mein besonderer Dank gilt meiner Mitarbeiterin *Ingrid Herrmann*, die durch Einfühlungsvermögen und Ausdauer wesentlich an der Entstehung dieses Buches beteiligt war.

Kapitel 1

Wie dieses Buch entstand – meine Lernbereiche

Auf meinem Lebensweg war ich eines Tages an einem Punkt angekommen, an dem es für mich keine Weiterentwicklung mehr gab. Eine Situation, die sich in meiner körperlichen Befindlichkeit Ausdruck verlieh, bevor ich sie selbst bewusst als unbefriedigend erkannte. Zu dem Zeitpunkt war mein äusseres Erscheinungsbild, entsprechend meinem Selbstbild, wenig ansprechend. Meine innere Befindlichkeit war getragen von einer negativen Grundstimmung. Das, obwohl ich glaubte, in meiner Tätigkeit aufzugehen und meine Arbeit zu lieben. Ich hatte Kontakt zu anderen Menschen, einen routinemässig ablaufenden Tag und man war mit meinen Leistungen zufrieden. Scheinbar war alles in Ordnung. Was stimmte also nicht?

Unterschwellig, ohne dass es mir so recht bewusst war, reagierte mein Körper. Ich konnte nicht sagen, was es genau war. Es fehlte mir an Schwung und meinen Bewegungen an Leichtigkeit, so als laste ein unsichtbares Gewicht auf meinen Schultern. Ich besah mich im Spiegel. Darin sah ich einen Mann, der mit hängenden Schultern und glanzlosen Augen wenig von einem jungen und glücklichen Menschen hatte. «Das bin also ich?» Diese Feststellung war kein besonders beglückender Moment in meinem Leben, jedoch ein handfester Hinweis zum Nachdenken.

Ich nahm mir nun einmal Zeit, mich selbst wirklich wahrzunehmen. Was hatte dieser, mein Körper mir zu sagen? Nur ganz allmählich wurde es mir klar: Mein Zustand hing zusammen mit der Stagnation meines täglichen Seins. Es geschah nichts wirklich Neues mehr – jedenfalls nichts mehr, was mich forderte und mich in meiner Entwicklung voranbrachte.

Es war für mich an der Zeit, eine Entscheidung zu treffen. Meine Lebensbahn war an einer Stelle angekommen, an der die Weichen neu gestellt werden. Die Frage war nun: So weiter wie bisher, auch auf die Gefahr hin, auf einem «toten Gleis» zu landen oder etwas Neues, mir bis dahin Unbekanntes ins Auge fassen?

Ich entschied mich für das Neue. Diese Entscheidung konnte ich auch bald in die Tat umsetzen. Mir wurde innerhalb der Struktur meiner bisherigen Arbeitsstelle eine andere Aufgabe angeboten. Ich nahm also die Herausforderung an und wurde vom Briefträger zum Verkäufer. Mit dieser neuen Aufgabe veränderte sich mein gesamtes Lebensumfeld, sowohl das berufliche als auch das private. Andere Menschen und andere Anforderungen sollten meine Entwicklung vorantreiben.

Das Umfeld

Die Menschen, die bis dahin mein soziales Umfeld ausmachten, verfolgten die Veränderung skeptisch. Sie wollten mich weiterhin als diese Person, die ihnen vertraut war.

Es gelang nicht allen Menschen, die Entwicklung, die mit mir vor sich ging, zu akzeptieren. Welchen Preis müsste ich zahlen, wenn ich die mir vertrauten sozialen Kontakte beibehalte? Wie hoch war der Preis tatsächlich? Für mich gab es in meinem bisherigen Umfeld nichts mehr zu lernen. Mit meinem Gewissen war ich im Reinen, denn ich schadete mit der Übernahme meiner neuen Tätigkeit keinem anderen Menschen. Wenn ich meine Entscheidung selbst als richtig erkannt und akzeptiert habe, werden es auch die anderen tun, so sagte ich mir.

Die Entscheidungsfindung

Meine Entscheidung, vorweggenommen, lautete: *Loslassen!* Damit mein Leben wieder in Fluss geraten kann!

Die Entscheidungsfindung war ein Prozess, der nicht von heute auf morgen stattgefunden hat. Mit meinen Überlegungen geriet ich immer wieder in einen inneren Widerstreit. Ratschläge brachten mir eher Verwirrung als Klarheit. Mein Kopf war durcheinander, mein Wertesystem signalisierte abwechselnd und widersprüchlich: «Schuster, bleib bei deinen Leisten!» *und* «Nutze deine Chance!»

Nachts schlief ich schlecht und träumte ein «irres Durcheinander von ach so grosser Bedeutung». Wenn ich dann erwachte, wusste ich nicht mehr, was da eigentlich von so grosser Bedeutung sein sollte. Aus der Spannung in meinem Körper wurde eine Verspannung. Die Enge schnürte mich ab. Immer schlechter konnte ich mich auf die Aufgaben meines Tages konzentrieren. *So konnte es nicht weitergehen!*

Die Methode, den Körper zu Wort kommen lassen

Ich zog mich an einen ruhigen Ort in der Wohnung zurück. Vorher sorgte ich noch dafür, dass mich keiner stören würde.

Papier und Stift lagen bereit. Ich legte mich bequem hin und liess entspannende Musik laufen. Mit jedem Atemzug geriet ich tiefer in die Entspannung. Nun konnte ich meinen Körper spüren. Durch das Hineinhorchen in mich selbst nahm ich mich seit langer Zeit wieder wirklich wahr. Mein Körper war ehrlich zu mir, ehrlicher als ich selbst.

Welche Bedürfnisse sind eigentlich wirklich meine eigenen? Welches Bedürfnis war zu gerade dieser Zeit das wichtigste für mich? Diese Fragen brauchte ich mir überhaupt gar nicht zu stellen. Das Gefühl «aus dem Bauch heraus» sagte mir deutlicher als mein Verstand, was zu tun ist. Keine Werteskala! Keine wohlgemeinten Ratschläge!

Als ich ins Wachbewusstsein zurückkehrte, notierte ich meine Gedanken, so wie sie in mir aufstiegen. Meine Notizen erleichterten mir die Auswertung. Ich stellte Vorteile und Nachteile auf einer Liste gegenüber. So konnte ich in Ruhe abwägen.

Das Resultat

Ich wusste nun, was ich wirklich wollte, hatte mein Ziel erkannt: Herausforderungen anzunehmen, Neues lernen, mich weiterentwickeln – dies stand für mich ganz oben auf der Liste.

Ich fühlte mich in meiner neuen Tätigkeit entspannt und atmete freier. Ich war weniger anfällig für Krankheiten. Der Erfolg stellte sich alsbald ein. Es zeigte sich, dass ich das Talent zum Verkäufer in die Wiege gelegt bekommen hatte. Bisher hatte dieses Talent nur noch keine Möglichkeit gehabt, sich zu entfalten.

Nach einigen Jahren beherrschte ich die Klaviatur des Verkäufer-Instrumentariums. Damit will ich nicht sagen, dass mir in der Routine der Arbeit keine Fehler unterlaufen sind. Nein, der Lernprozess war vorwiegend getragen von Fehlern. Ja, ich möchte sogar sagen, dass ich dadurch am nachhaltigsten gelernt habe.

Mir war klar, wenn ich Fehler als Misserfolg werte und demzufolge aufgebe, verhindere ich weiteres Lernen. Dagegen war, einen Fehler zu erkennen, dem dann ein «Aha» folgte, für mich Antrieb zum Handeln. Das war mein bisheriger Weg zu Erfolg und Vervollkommnung.

Ein weiterer Lernbereich

Jeder, der glaubt, angekommen zu sein, wird nach einiger Zeit feststellen, dass auch dies nur eine Station auf dem Lebensweg ist; dieser wird eine weitere Etappe folgen.

Die Verkäufertätigkeit forderte mich nach geraumer Zeit kaum noch. Und wieder setzte ein körperliches Unbehagen ein. In Trainingsseminaren erweiterte ich meine Kenntnisse, die ich in meinem täglichen Tun überprüfte, vervollkommnete und ergänzte. Dieses Mal ergriff ich selbst die Initiative zur Veränderung. Ich absolvierte eine Ausbildung zum Trainer und gab nun mein erworbenes und praktisches Wissen an andere Menschen weiter. Über weitere eigene Ausbildungsschritte entwickelte ich Seminare über Körpersprache, verbunden mit medizinisch anwendbaren Aspekten und Hypnose zur schmerzfreien Behandlung.

Die Erkenntnis

Leben ist Lernen. Lernen, das ist Entwicklung und Reifung. Wir haben alle unsere eigene Lebensaufgabe zu erfüllen. Dazu besitzen wir Stärken und Schwächen. Unsere mitgebrachten Talente und Begabungen, unsere Stärken verkümmern, wenn sie unerkannt und ungenutzt bleiben. Richten wir unser Augenmerk nur auf unsere Schwächen und identifizieren wir uns darüber, so fehlt es uns an positiver Energie. Eine positive Einstellung zu sich selbst und zu unseren Mitmenschen eröffnet uns ungeahnte Möglichkeiten. Vertrauen zum eigenen Körper, zum Selbst und zu anderen Menschen ist die Grundlage für Selbstverwirklichung.

Mein eigener Körper, richtig verstanden, verdeutlichte mir, was für mich wichtig und richtig war.

Kapitel 2

Die Struktur der Bedürfnisse des menschlichen Seins

Motivation entspricht den Bedürfnissen

Der Mensch ist das am höchsten entwickelte Lebewesen auf unserem Planeten. Über Jahrmillionen der Evolution entwickelte sich sein Organismus durch Anpassung an äussere Bedingungen und den Willen zu überleben. Das allein unterscheidet den Menschen noch nicht von anderen Lebewesen. Das gleiche gilt im Pflanzen- und Tierreich. Viele Tiermütter setzen sich zum Beispiel selbst einer Gefahr aus, wenn es darum geht, diese von ihren Kindern abzuwenden. Das ist um so ausgeprägter, je weniger Nachkommen eine Art von Natur aus hervorbringt. Diese Handlung steuert der Instinkt, die Art zu erhalten. Nur die Art überlebt, die sich am besten den Lebensbedingungen anpassen kann.

Was unterscheidet uns dann? Menschen können gedanklich Handlungen vorwegnehmen, um sie dann nach einem bestimmten Plan auszuführen. Dabei können einmal gemachte Erfahrungen, in einer neuen Situation analog angewendet, Neues hervorbringen. Der Mensch ist kreativ, dank seines Denkens und der Fähigkeit zu lernen. Mehr und mehr dehnten sich so die Grenzen der Möglichkeiten aus.

Nun mögen Sie einwenden, dass auch Tiere, zum Beispiel die Primaten, die nächsten Verwandten des Menschen, lernen können. Gewiss. Um an Nahrung heranzukommen, lernen manche Tiere, primitive Werkzeuge zu benutzen. Eine Affenart in den nördlichen Bergen Japans badet in einer heissen Quelle. Es dient ihrem körperlichen Wohlbefinden in der Kälte. Ein Tier wird vielleicht diese Erfahrung gemacht haben. Andere Tiere der Gruppe ahmten dann die Verhaltensweise dieses Tieres nach. Die Kreativität auf dieser Entwicklungsstufe dient dazu, grundlegende körperliche Bedürfnisse zu erfüllen.

Bedürfnisse – Triebfedern des Handelns

Körperliche Bedürfnisse stehen auch in der Rangordnung des Menschen an erster Stelle. Schlaf und Nahrung dienen dem Erhalt des Körpers, Sexualität der Erhaltung der Art. Sind diese Bedürfnisse erfüllt, gewinnt das Bedürfnis nach Sicherheit an Bedeutung. Der amerikanische Psychologe Abraham Maslow hat diese Zusammenhänge sehr anschaulich in der nach ihm benannte Bedürfnispyramide dargestellt. Die sozialen Bedürfnisse teilen die Menschen noch mit einigen Arten, die in sozialen Gruppen leben. Die darauf aufbauenden Bedürfnisse, die des «Ichs» und die zur Selbstverwirklichung, sind Bedürfnisse, die nur Menschen entwickeln können.

Zu den «Ich-Bedürfnissen» zählt Maslow alle die, die der Steigerung des Selbstwertgefühls dienen. Das Bedürfnis nach Selbstverwirklichung entwickeln nur wenige Menschen. Es ist ein Anspruch, der meist erst dann entsteht, wenn alle anderen Bedürfnisse befriedigt sind. Was den einzelnen Menschen Selbstverwirklichung bedeutet, ist individuell so verschieden wie die Vielfalt des Seins überhaupt. Das hängt von seiner Lebensaufgabe und seinen speziellen Lernbereichen ab. Aus der Stärke der Bedürfnisse leitet sich der Grad der Motivation ab. Welche Wege zur Erfüllung des Bedürfnisses gegangen werden, unterliegt seiner Entscheidung. Es ist der Weg im Fluss des Lebens, der über die Krankheit oder die extrem krankhafte Variante. Die Wahl des Weges hängt von der Bewusstheit und dem Erkenntnisstand und -willen ab. Ist er sich seiner Lebensaufgabe bewusst? Nimmt er Hinweise darauf überhaupt wahr? Was ist richtig? Was ist falsch? Wer bewertet das?

Es gibt keine Rezepte und keine absolute Wahrheit innerhalb der Polarität.

Unser Wertesystem unterliegt dem Polaritätsgesetz

Unser gesamtes Leben vollzieht sich immer im Spannungsfeld zweier Pole. Nur dadurch ist überhaupt Erkenntnis erst möglich. Wir erkennen durch das Vergleichen der Dinge und Erscheinungen untereinander.

Ist etwas *heiss* oder ist es *kalt*? Ist jemand *arm* oder ist er *reich*? Ist uns ein Mensch *sympathisch* oder *unsympathisch*? Ist eine Wohnung *schmutzig* oder *sauber*? Um all dies festzustellen, bewerten wir. Wir tun es auch dann, wenn uns ein Urteil überhaupt nicht zusteht. Manches Urteil kann vernichtend ausfallen, besonders wenn es sich um die beiden Pole *klug* oder *dumm* handelt. Jeder von uns hat sein eigenes Wertesystem. Jede Wertung ist subjektiv gefärbt, wird bestimmt von den eigenen Erfahrungen und Ansprüchen. In seinen «Tagebüchern» nannte das Christian Friedrich Hebbel (1813 bis 1863) so: «Zwei Menschen sind immer Extreme.»

Betrachten wir es an einem Beispiel: Für den Landmann ist die Erde fruchtbar und duftet – für die junge Mutter, deren Kind die ersten Erfahrungen in der freien Natur macht, ist sie nur einfach schmutzig. Wer von beiden hat recht? Beide, aus ihrem jeweiligen Blickwinkel gesehen. Doch was würde geschehen, wenn ein Mensch glauben und danach handeln würde, dass sein Wertesystem Allgemeingültigkeit hat? Es gäbe keine Entwicklung mehr und die Menschen, denen diese Wertung aufgezwungen wird, wären unglücklich und unzufrieden. Ein deutliches Beispiel dafür sind die Diktaturen, die es in einigen Staaten immer wieder gibt. Nach einem gewissen Reifeprozess der Gesellschaft nehmen die Diktatoren allzuoft ein jähes Ende. Wird ein Pol bevorzugt, erstarkt dabei auch der Gegenpol. Verschwindet der eine Pol, so verschwindet auch sein Gegenpol. Um bei dem Beispiel der Diktatoren zu bleiben – ist der Diktator gestürzt (das Feindbild verschwunden), so zersplittern sich seine Gegner (die dieses Ziel gemeinsam erreicht haben) im Kampf um die Machtübernahme. Diese progressive Kraft als solche verschwindet aus dem Bild der Gesellschaft. Sie waren einig in ihren Zielen, solange es gegen den Diktator ging. Nach dessen Sturz verfolgen sie jeder ihre eigenen Ziele – und die können weit auseinander liegen. Ja, aus diesen unterschiedlichen Zielen können sich ein Pol und ein Gegenpol entwickeln.

Zwischen den jeweiligen Polen existieren wertfreie Räume. Würden die Kampfhähne von ihrem Pol ein Stück abrücken, so könnten sie vielleicht einen neuen besseren Weg finden. Das kann sein in der Welt da draussen, aber auch in Ihrem Inneren kann es solche Kämpfe geben. «Zwei Seelen wohnen, ach! in meiner Brust…», lässt Johann Wolfgang von Goethe seinen Faust stöhnen. Deutlicher drückte den inneren Zwiespalt zuvor Christoph Martin Wieland (1733 bis 1813) aus: «Zwei Seelen – ach! Ich fühl' es zu gewiss! – bekämpfen sich in meiner Brust mit gleicher Kraft»

Polarität gibt es zwischen dem männlichen und weiblichen Aspekt. Kommen beide Aspekte zu ihrem Recht, so besteht Gleichgewicht und Harmonie. Jeder Mensch, ob Mann oder Frau, trägt beide Aspekte in sich. Beide Aspekte wollen gelebt werden. Nur den männlichen Teil leben zu wollen, heisst, den anderen Pol zu verdrängen. Dieser Pol fehlt dann zur Ganzheitlichkeit. Der Mensch ist nicht heil. Er gerät aus dem Gleichgewicht. Eine Frau, die ihre männlichen Seelenanteile als unweiblich verdrängt, spürt diese ebenso nach geraumer Zeit im Körpergeschehen. Als Beispiel für unweiblich geltendes Verhalten könnte die Aggressivität stehen. Um vollendet weiblich zu sein, wird jeder Ärger heruntergeschluckt und alles geduldet. Heruntergeschluckter Ärger verursacht dann die Aggressivität im Körper. Je nach dem Thema, welches so unbearbeitet bleibt, entzündet sich die Aggression in der Galle, in den Gelenken oder einem anderen Körperteil.

Verstärkt sich ein Pol, so tritt auch der andere Pol verstärkt in Erscheinung. So wie die männlichen und weiblichen Seelenanteile in einer Person gleichgewichtet sein sollten, so sollte es auch in der Gesellschaft sein. Beide Geschlechter sollten die Möglichkeit zur Entfaltung bekommen.

Am besten können wir die Polarität an unserem *Atem* beobachten. Wir atmen nacheinander ein und aus, beides gleichzeitig geht nicht. Atmen wir sehr tief ein, so atmen wir danach auch tief aus und umgekehrt. Dazwischen ist der stille Punkt, an dem wir weder ein- noch ausatmen. Den Pol Einatmen können wir nicht bevorzugen; um wieder einatmen zu können, müssen wir zuvor zwangsläufig ausatmen. Das Atmen geschieht fast ohne unser Zutun. Es atmet uns. Wir atmen die gleiche Luft ein wie alle Lebewesen dieser Erde. Auch die gleiche wie Generationen vor und nach uns. Wir haben daran teil und sind so mit allen verbunden. Atmen wir einmal nicht mehr, so ist unser Dasein auf dieser Erde beendet. Wir treten aus der Polarität aus und ein in die ewige Einheit.

Zusammengehörige Pole können wir in allen Bereichen unseres Daseins finden. Wir unterscheiden zum Beispiel zwischen *Licht* und *Dunkelheit* (Schatten), zwischen *neu* und *alt* oder zwischen *schwarz* und *weiss*. Bei einer Schwarz-Weiss-Fotografie finden Sie jedoch auch Grautöne, die das Bild erst erkennbar machen. Diese Grautöne sind in ihrer Ausprägung gestuft. Je empfindlicher der verwendete Film, um so mehr unterschiedliche Graustufen sind auf der Fotografie vorhanden. Mit bestimmten Computerprogrammen können die Grautöne herausgefiltert werden.

(FOTO: WALDTRAUT SPILL)

Genau wie mit dem Foto verhält es sich mit Ihrem Wertesystem. Ein Schwarz-Weiss-Denken und Werten erfasst kaum die Wirklichkeit. Viele interessante Facetten gehen verloren.

Jeder Mensch hat unterschiedliche Wertmassstäbe, eigene und die aus seiner Erziehung entstandenen. Die Umwelt setzt ihm Grenzen. Jeder Mensch bewegt sich im Spannungsfeld seiner eigenen Bedürfnisse und den vermuteten und tatsächlichen Grenzen. Leben bedeutet, mit diesen Konflikten umgehen zu lernen. Den Punkt zwischen den Polen *Anpassung* und *Widerstand* zu finden, der einen Kompromiss darstellt, mit dem der Mensch *und* seine Umwelt leben kann. Anpassung um jeden Preis kostet persönliche Opfer. Ständig gegen den Strom zu schwimmen kostet dagegen sehr viel Kraft, und der Mensch kommt nur wenig voran.

Kapitel 3

Die Einheit von Körper, Geist und Seele

Der Grad, in dem sich der Mensch in Harmonie mit sich selbst und mit seiner Umwelt befindet, hängt davon ab, inwieweit er lernt, die Konflikte zu bewältigen. Seine innere Harmonie bestimmt das Gleichgewicht zwischen der Befriedigung der Bedürfnisse von Körper, Geist (im Sinne des Verstandes) und Seele. Wie diese zusammenwirken, darüber haben sich schon vor langer Zeit Menschen Gedanken gemacht.

Der französische Mathematiker und Philosoph Blaise Pascal (1623 bis 1662) formulierte diese Gedanken so:

> *Der Mensch hat alle Ursache, sich selbst für den wunderbarsten*
> *Gegenstand der Natur zu halten. Er vermag nicht zu begreifen, was*
> *der Körper und noch weniger was der Geist ist, und am allerwenig-*
> *sten, wie ein Geist mit einem Körper verbunden sein kann.*

Johann Wolfgang von Goethes Gedanken, so wie er sie im «Gesang der Geister über dem Wasser» in Verse fasste, lauten:

> *Des Menschen Seele*
> *gleicht dem Wasser;*
> *Vom Himmel kommt es,*
> *zum Himmel steigt es,*
> *und wieder nieder*
> *zur Erde muss es,*
> *ewig wechselnd.*

Im Divan schrieb Goethe darüber, wie die Menschen mit ihrer Seele umgehen folgendes:

> *Du weisst, dass der Leib ein Kerker ist,*
> *die Seele hat man hineinbetrogen;*
> *da hat sie nicht freie Ellenbogen.*
> *Will sie sich da- und dorthin retten,*
> *schnürt man den Kerker selbst in Ketten.*

Unser Organismus wird gesteuert durch chemische, biologische und physikalische Prozesse im Inneren unseres Körpers. Der Ablauf wird auch durch verschiedene Faktoren von aussen beeinflusst. Freude und Ärger, Anspannung und Erholung, sonniges oder trübes Wetter, Aufregung und Langeweile werten wir entsprechend unserer momentanen seelischen Befindlichkeit. Wir spiegeln alle unsere Wahrnehmungen in uns subjektiv wider. Wir werten sie.

Das Negativ-Szenario

Fühlen wir uns gestresst, so empfinden wir die Bedingungen besonders belastend. Sie verstärken sich in unserer Wahrnehmung. Wir reagieren vielleicht mit Kopfschmerz oder gereizter Stimmung. Unser negatives Denken setzt dem noch einiges hinzu. Je nach Veranlagung fällt es vielen Menschen leichter, die negativen Seiten wahrzunehmen als die erfreulichen zu erkennen. Hält dieser Zustand über einen langen Zeitraum an, wird das Leben an sich als etwas Abscheuliches und kaum zu Bewältigendes betrachtet. Unsere Bewegungen werden langsamer, weil es uns an positiver Energie fehlt. Es will einfach nichts mehr gelingen. Unser Immunsystem wird geschwächt. Wir fühlen uns krank. Dieses Negativ-Szenario lässt sich auch umkehren: Unser Denken können wir steuern, indem wir die Geschehnisse in uns und um uns herum einer anderen Wertung zu unterziehen.

Was nehmen Sie an einem Sommertag wahr?

Die Sonne scheint und das Thermometer zeigt dreissig Grad im Schatten. Sie sitzen an Ihrem Schreibtisch und schauen aus dem Fenster. So geschieht es, ohne dass Sie es werten. Nun können Sie entscheiden:

1. Das gleissende Sonnenlicht ist störend und lenkt mich von meiner Arbeit ab. Die Hitze ist unerträglich lästig. Die Kleidung klebt an der Haut und ich fühle mich unwohl. Belastend!
2. Ein Sommertag, wie er schöner nicht beschrieben werden kann. Die Sonne lässt alles in Ihrem Glanz erstrahlen. Wie schön wäre es, auf einer blühenden Wiese zu liegen und dem Summen der Insekten zu lauschen. Geht jetzt nicht! Bei der nächsten Gelegenheit gönne ich mir dieses Vergnügen. Darauf freue ich mich.

Mit der Veränderung Ihrer Wertung verändert sich das Bild in Ihrer Wirklichkeit.

Das Ruder in die Hand nehmen

Stellen Sie sich vor, Ihr Organismus sei ein Schiff, das seinen Weg auf den Wogen des Lebens nimmt. Wohin steuert das Schiff Ihres Lebens? Sind es Ihre Ziele? Haben Sie das Ruder in der Hand? Siegmund Freud definierte die Bewusstseinsebenen eines Menschen in dieser Form:

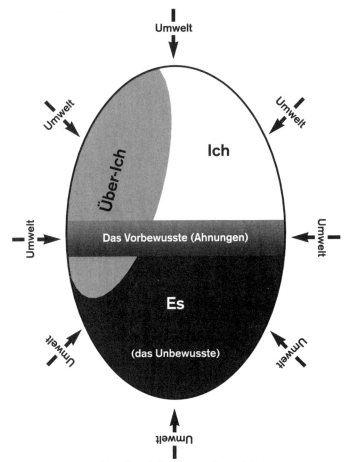

Das Freudsche Bewusstseinsmodell

Sie sehen den grossem Bereich des Unterbewusstseins, das «Es». Fast alle unsere Handlungen und Entscheidungen werden dadurch beeinflusst, ohne dass wir es bemerken. Wir glauben, die Entscheidung mit unserem Verstand getroffen zu haben. Doch nach welchen Kriterien entscheidet unser Verstand? Reine Vernunftgründe, meinen Sie? Ist es Ihnen schon einmal passiert, das andere Menschen diese Gründe gar nicht nachvollziehen konnten? Die reine verstandesmässige Erklärung fiel Ihnen dann auch gar nicht so leicht. Sie hatten «aus dem Bauch heraus» entschieden. Ist es immer unser hellwacher Verstand, der unsere Entscheidungen nach genauem Abwägen von Für und Wider trifft? Dann wären wir ein Computer, der immer nur nach dem «Entweder-Oder-Prinzip», Strom oder kein Strom, entscheidet. Gefühle sind ihm wesensfremd. Wie armselig wäre dann unser Leben?
Alles, was Sie je erlebt haben, wird im Unterbewusstsein gespeichert. Der Bereich des Vorbewussten, das sind unsere Ahnungen, mal als plötzliche Idee in der Nacht, mal als dumpfes Gefühl oder mal als ein lebhafter Traum. Diese Membran ist dann besonders durchlässig,

wenn wir schlafen und unser bewusstes Denken ausgeschaltet ist. Einen ähnlichen Zustand können Sie bei Entspannungsübungen herbeiführen. Nun könnten Sie sich fragen, warum diese Membran zum Unterbewusstsein nicht so durchlässig ist, dass wir ständig und willentlich auf dieses Wissen zurückgreifen könnten. Sie ist auch ein Schutz für uns. Würde alles gleichzeitig aufsteigen, wären wir davon überflutet. Das wäre meist mehr, als wir verkraften könnten. Vergessen kann auch eine Wohltat sein. Steigen die Erinnerungen jedoch einzeln und nacheinander auf, so sind wir in der Lage, sie zu bearbeiten. Es ist wie ein Ventil an einem Dampfkessel. Wäre das Ventil verstopft, so würde der Druck im Kessel derart ansteigen, dass der Kessel nach einer gewissen Zeit explodiert. Der Dampf käme auf einmal heraus, so würde er alles vernebeln und der Kessel wäre erst einmal zerstört. Es wäre ein Zusammenbruch, der erst nach einer langen Erholungsphase wieder reparierbar wäre.

Ich und Über-Ich

Auf dem Bild sehen Sie den Bereich des «Ichs», der vom «Über-Ich» eingeschränkt wird. Das ist alles, was einem Menschen bewusst ist. Hier waltet und wertet auch sein Verstand. Hier trifft er seine willentlichen Entscheidungen bewusst. Das heisst, er kann auch entscheiden, sie von seiner Aussenwelt treffen zu lassen. Das «Über-Ich» enthält alle seine Wertmassstäbe, sein Normgefüge, verbunden mit seinem Gewissen. Es ist geprägt von der Erziehung. Je grösser das «Über-Ich», desto kleiner das «Ich». Ein ungesundes Mass an Anpassung lässt dem «Ich» wenig Raum zur Entfaltung.

Eine Beobachtung im Treiben einer Grossstadt gab mir dabei zu denken: Ich stand an einer Fussgängerampel und wartete darauf, dass das Signal auf «Grün» schaltet. Auf der gegenüberliegenden Seite kam mir gerade zu der Zeit ein Mann entgegen, als das Signal zum Gehen kam. Der Mann zögerte kurz, denn er stand noch einen Schritt von der Fahrbahnmarkierung entfernt, die den Fussgängerbereich kennzeichnete. Er machte nicht den Schritt, der ihn quer vom Bürgersteig genau in diesen Bereich brachte. Nein, er beschritt einen Bogen, um sich genau im festgelegten Bereich zu bewegen. Er passte sich ganz genau den Vorschriften in Form eines weissen Strichs an und war bemüht, ja nichts falsch zu machen. Im Vorbeigehen schaute ich mir diesen Mann näher an und erschrak. Seine Kleidung musste er schon seit Wochen nicht abgelegt haben. An den Füssen trug er zwei verschiedene Schuhe und es fehlten trotz empfindlicher Kühle die Strümpfe. In seinen Augen beobachtete ich ein unsicheres Flackern. So sehr er auch bedacht war, sich allen äusseren Forderungen aufs Genaueste anzupassen, sich selbst steuern konnte er nicht. Sein «Ich» wurde vom «*Über-Ich*» erdrückt. Dieses «*Über-Ich*» dehnt sich nicht nur auf den bewussten Verstand aus, nein, es steuert auch einen Teil des Unbewussten. Anerzogene Verhaltensweisen wirken auch, ohne dass sie bewusst verfolgt werden. Sie sind tief verinnerlicht.
Die Umwelt setzt jedem Menschen gewisse Grenzen. Ohne Normen wäre ein soziales Zusammenleben unmöglich. Wir kämen zu nichts anderem mehr, als uns und unser Leben zu verteidigen. Normen grenzen ein und schaffen uns gleichzeitig Freiräume. Keinem Men-

schen wird aber dadurch die Verantwortung für sich selbst abgenommen. Diese Grenzen in Form von Normen verändern sich mit der Zeit und der Gesellschaft.

Vor einigen Jahrzehnten schrieben diese Normen unseren jugendlichen Grossmüttern noch vor, auf dem Tanzboden still zu warten, bis ein Tanzpartner sie zum Tanzen auffordert. Einem jungen Mann einen «Korb» zu geben, war schon eine kleine Ungehörigkeit. Vielleicht in einer Tanzrunde mit Damenwahl durften sie selbst wählen. Jedes andere Verhalten hätte böse Konsequenzen nach sich gezogen.

Beobachten Sie heute das gesellige Miteinander in einer Diskothek, so bemerken Sie, dass junge Mädchen tanzen, wenn die Musik sie dazu anregt. Wenn es sein muss auch allein. Die geschriebenen und ungeschriebenen Gesetze passen sich dem Zeitgeist an oder werden bei veränderten Bedingungen angepasst. Sicherlich hat das für das Kennenlernen junger Paare auch Nachteile. Enger Kontakt entsteht nur bei einer brechend vollen Tanzfläche, vielleicht entsteht noch ein Blickkontakt. Von einem Gespräch beim Tanzen müssen die heutigen Jugendlichen Abstand nehmen, es sei denn, sie Brüllen gegen die Lautstärke der Musik an.

Die Bedingungen haben sich verändert, die Normen auch. Den Partner fürs Leben zu finden, das war und ist sicher immer noch problematisch. Nach welchen Wertmassstäben wird der Partner gemessen? Nach eigenen oder nach denen der Gruppe? Diese Frage beantwortet sich meist erst im Laufe des Zusammenseins.

Welche Möglichkeiten haben Sie nun, Ihr Lebensschiff zu steuern?

Vergleichen Sie sich selbst mit einem Ozeanriesen. Die Sterne, nach denen Sie navigieren, sind die geschriebenen und ungeschriebenen Gesetze der Gesellschaft. Die Vorschriften, nach denen das Leben an Bord abläuft, das sind die Werte Ihres «Über-Ichs» und Ihres Gewissens. Ihr Unterbewusstsein, das «Es», ist der Maschinenraum. Ihr Unterbewusstsein nimmt alles auf, ohne es zu werten. Geben Sie keine Befehle, dann arbeiten die «Maschinisten» so, wie sie es gewohnt sind. Das Tempo ist vielleicht gerade langsam, weil sie gewohnt sind, mit Ihrer Energie sparsam umzugehen. Den «Maschinisten» im Unterbewusstsein wurde einmal gesagt, dass die Reserven knapp seien und die Leistungsfähigkeit der Maschinen begrenzt (überkritische Wertung, vielleicht bereits aus Erfahrungen in der Kindheit abgeleitet, fehlendes Selbstvertrauen). Diese Aussage nehmen Sie als immerwährende Tatsache und haben sie von sich aus nie überprüft. Ausserdem, so lautete der einmal vor langer Zeit gegebene Befehl, wäre es in unbekannten Gewässern sicherer, sich langsam und vorsichtig zu bewegen. Einerseits, weil Ihnen das Vertrauen in die Seetüchtigkeit Ihres Lebensschiffes fehlt und andererseits, weil das Schiff mit zu schweren Lasten beladen ist (überbehütet sein, Angst der Eltern und Nicht-loslassen-wollen). Nehmen wir einmal an, es ist ein routinemässiges Programm, das Ihr Schiff mit halber Kraft fahren lässt, weil es soviel mit sich herumträgt.

Solange von Ihnen als Kapitän keine anderen Befehle kommen, läuft im «Maschinisten-Team» (Unterbewusstsein) alles seinen gewohnten Gang. Egal, ob es zu Ihrem Nutzen ist oder ob es Ihre Lebensfreude trübt. Negative Gedanken und Gefühle kommen, wie bereits gesagt, bei vielen Menschen wie von allein. Sie fühlen sich ihnen hilflos ausgeliefert. Können diese Menschen diese quälenden Gedanken nicht mehr ertragen, so suchen sie vielleicht die Schuld in der Aussenwelt. Dort sollte die Veränderung stattfinden, die die eigene Befindlichkeit verbessern soll. Damit das Schiff besser vorwärtskommt, erwarten sie, dass die Strömung eine andere Richtung nimmt oder dass die Klippen an dieser Stelle verschwinden sollen. Das gerade werden Strömung, Wind und Klippen ganz gewiss nicht tun! Ändern lässt sich nur der Kurs des Schiffes, nachdem der Kapitän den eindeutigen Befehl dazu gegeben hat. Bei eingeschliffenen Verhaltensweisen wird eine häufige und konsequente Kontrolle erforderlich sein.

Betrachten wir nun einmal die Ladung, die Ihr Lebensschiff transportiert. Woraus besteht sie? Wohin gehört sie? Haben Sie einen Überblick über die Ladung (Aufgaben)? Die Ladung hat Ihre Seele geordnet. Damit hat sie für sich festgelegt, welche Häfen angesteuert werden müssen und was dort zu erledigen ist. Gelingt es Ihnen, diese Aufgaben einzulösen, dann ist alles im Laderaum übersichtlich geordnet. Sie kommen ohne Schwierigkeiten an die Aufgaben heran, die nun erledigt werden müssen. Was aber, wenn Sie sich weigerten, in den Frachtpapieren nachzuschauen oder ein Bündel aufzuschnüren und sich mit dem Inhalt vertraut zu machen? Wohin gehört es? Sie lassen die Aufgabe unbearbeitet. Das Bündel blockiert den Laderaum. Sie müssen es immer wieder wegräumen, um an die anderen Aufgaben zu kommen.

Je mehr Pakete nicht abgearbeitet wurden, desto mehr Chaos entsteht in Ihrem Laderaum. Werfen Sie es über Bord, ohne es an den Bestimmungsort zu bringen, so haben Sie eine Hypothek, also Schuld auf sich geladen. Für diese Schuld müssen Sie irgendwann aufkommen. Die Last schleppen Sie mit sich herum, auch wenn Sie so geschickt verdrängt haben, dass sie glauben, das Bündel sei nicht mehr da. In einem Sturm können Pakete, die im Laderaum liegengeblieben sind, Ihr Schiff sogar zum Kentern bringen. Sie haben sich selbständig gemacht und bringen Ihr Lebensschiff ins Schlingern. Sie müssen ankern, also innehalten. Diese Zeit des Stillstands können Sie nutzen, um eine Inventur zu machen und Ordnung in Ihrem Laderaum herstellen. Unwichtiger Ballast kann im gleichen Zuge aussortiert und gelöscht werden. Das Schiff wird leichter. Der neue Kurs wird entsprechend der Ladung bestimmt und eingeschlagen.

Diesen Zwang zum Innehalten übt Krankheit in Ihrem Leben aus. Sie können die Ladung auch weiterhin ignorieren. Die Instabilität Ihres Schiffes treibt Sie dazu, sich mit der Ladung zu befassen. Ob Sie nun Gegengewichte laden, die ein scheinbares Gleichgewicht herstellen und damit ausgleichen, die Ladung über Bord werfen und sie dann immer wieder umschiffen müssen, oder sie festbinden und sie weiter mit sich herumschleppen. Sie sind gezwungen, sich damit zu befassen, auf die eine oder andere Art. Nun können Sie sich mittels Ihres Verstandes einreden, dass Ihr Schiff schwankt, weil die Umgebung so unwirtlich ist. Ihr Schiff könnte ruhig seine Bahnen ziehen, wenn die Umwelt nicht so lebensfeindlich wäre…

Der einzige Mensch, den Sie ändern können, sind Sie selbst. Haben Sie Ihr Lebensschiff in die Richtung gelenkt, die zu Ihren Zielen führt, dann ändert sich auch die Umgebung. Nehmen Sie Ihr Ruder in die Hand und bestimmen Sie Ihren Kurs!

Werte und Selbstwertgefühl

Über Ihren Verstand können Sie Ihren Körper steuern. Wenn Sie sich am rechten Arm verletzt haben, dann benutzen Sie vermehrt den linken Arm, um dem rechten Arm Zeit und Ruhe zum Heilungsprozess zu geben. Das tun Sie ganz bewusst, weil der Schmerz Sie ständig daran erinnert. Welchen Einfluss hat eine verletzte Seele, zu ihrem Recht zu kommen? Sie sendet Signale über den Körper. Es kann vorkommen, dass der Verstand der Seele Schweigen gebietet, weil «nicht sein kann, was nicht sein darf». Dann macht die Seele über den Körper verstärkt auf ihre Qualen aufmerksam.

Wertesystem und Lebensgefühl

Wir haben alle unseren «blinden Fleck». Es ist die Seite von uns, die wir selbst nicht kennen. Für unsere Mitmenschen gehört diese Seite durchaus zu unserer Persönlichkeit. Diese Seite können wir nur durch einen «Spiegel» betrachten. Wir müssen die anderen danach fragen. Das kostet nicht wenig Überwindung. Wir haben Angst davor. Es ist etwas Unbekanntes, das wir lieber verdrängen wollen. Es genügt auch nicht, nur einen Menschen danach zu fragen, denn jeder «Spiegel» gibt ein subjektives Bild wider.

Übereinstimmung	Blinder Fleck
(einem selbst und den anderen bekannt)	(einem selbst unbekannt den anderen bekannt)
Fassade	Unbewusstes
(das, was die anderen von uns glauben sollen; wie wir von anderen gerne gesehen werden wollen)	(uns selbst und den anderen unbekannt)

Johari-Fenster.

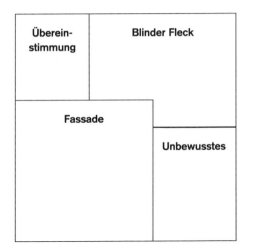 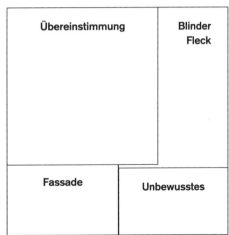

Varianten.

Jeder Mensch identifiziert sich mit seinem Wertesystem. Die Vorstellungen davon, wie er sein möchte, sind sein «Ideal-Ich». Die Übereinstimmungen damit kann er akzeptieren. «Ja, genau das bin ich.» Sein Wunsch ist es, von seinen Mitmenschen genauso gesehen zu werden. Da gibt es aber auch Bereiche seines Selbst (bestimmte Bündel in seinem Laderaum), die der Mensch nicht akzeptieren kann. Sie fallen im Vergleich mit seinem Wertesystem negativ ins Gewicht. «Auf keinen Fall! Das bin ich nicht!» Diese Bereiche werden verdrängt. Sie lasten auf der Seele mit dem zusätzlichen Gewicht der eigenen Ablehnung. Menschen, deren Selbstbild von ihrem «Ideal-Ich» sehr weit abweicht, haben ein geringes Selbstwertgefühl. Die Ablehnung eines Teils von sich fördert ein Minderwertigkeitsgefühl. «Es fehlt etwas. Ich bin unvollkommen.» Minderwertigkeitsgefühle, das sind negative Energien, die den Tatendrang hemmen und das Lebensgefühl beeinträchtigen. Sie tun der Seele weh.

Es gibt keine ruhende Energie. Diese negative Energie strahlt als Schwingung aus dem Körper aus. Die Körpersprache signalisiert: «Ich bin nichts wert.» Die Umwelt reagiert entsprechend und bestätigt unbewusst die ausgesandte Botschaft. Das negative Gefühl, minderwertig zu sein, verstärkt sich. Die Seele beginnt sich zu wehren. Menschen mit geringem Selbstwertgefühl erkranken häufiger.

Ist eine Person im Arbeitsumfeld Mobbing ausgesetzt, so erlahmen die Abwehrkräfte. Das Opfer erfährt ständige Angriffe auf sein Selbstwertgefühl. Das Gefühl, hilflos zu sein und den Gewalten bedingungslos ausgesetzt zu sein, hinterlässt tiefe Spuren. Es erkranken der Körper, die Seele – und die Leistungsfähigkeit des Körpers und des Verstandes verringert sich. Dieser Mensch ist nicht mehr er selbst. Schlechtes Betriebsklima schlägt wegen hohen Ausfallzeiten durch Krankheit auch ökonomisch negativ zu Buche.

Umgang mit den dunklen Seiten

Jeder Mensch entscheidet anders, wie er mit dem Gefühl des Minderwertigseins umgeht. Entweder er leidet und ist mit sich selbst und der Welt unzufrieden. Seine Seele rebelliert und der Mensch wird krank an Leib und Seele. Dann fühlt er sich noch unglücklicher. Er macht die Krankheit dafür verantwortlich. Und nimmt es als gegeben hin und gibt sich auf. Es ist leichter, sich selbst als Opfer zu betrachten. Die Schuld dafür projiziert er auf die Umwelt, ohne dabei den nächsten Schritt zu gehen. Der wäre, den Ursprung des Bildes zu suchen. Nur an der Quelle (bei sich selbst) entsteht das Bild. Es ist ja nur das projizierte Bild, das er sieht. Der Film liegt vor der Lichtquelle. Und die ist wie beim Projektionsapparat in ihm drin. Gefällt der Film nicht, muss er dort gewechselt werden. Den Versuch, das Bild allein an der Leinwand zu ändern, würde kein Filmvorführer unternehmen. Es nützte ja nichts, die Leinwand zu verstellen. Die gleichen Bilder würden, in etwas veränderter Form, dennoch zu sehen sein. Morgens vor dem Spiegel kämmen wir auch unser Haar auf dem Kopf und nicht den Spiegel. Der Begriff «Spiegelfechterei», wenn eine Erscheinung bekämpft wird und nicht die tatsächliche Ursache, ist eine treffende Umschreibung.

Suchen = Sucht?

Sollte ein Mensch auf der Suche nach Abhilfe zu einer Substanz greifen, die sein Inneres aufhellt und ihm das Gefühl der Leichtigkeit und des Überschwangs gibt, dann glaubt er zunächst, sein Problem gelöst zu haben. Diesem Glauben kann er sich hingeben, bis er nicht mehr verdrängen kann, dass nun die Substanz selbst zu einem noch viel schwerwiegenderem Problem geworden ist. Dieser Mensch wurde auf seiner Suche nach Abhilfe zum Süchtigen. Er handelt nach dem Prinzip: «Mehr vom Selbigen.» Eine immer höher werdende Dosis vergiftet seinen Körper, ohne dass sich der Betroffene besser fühlt. Sowohl nach innen als auch nach aussen sichtbar, schreit die Seele ihre Qualen über den Körper hinaus. Eine Änderung dieses Zustandes kann nur der Betroffenen selbst herbeiführen. Nämlich dann, wenn er sich bewusst selbst dazu entscheidet. Die Hilfe, die ihm dabei angeboten wird, sollte ihm ermöglichen, sein Wertesystem zu hinterfragen und sein Selbstwertgefühl zu steigern. Was steht hinter der Sucht, was sucht er? Dieser Frage sollte nachgegangen werden.

Auch Süchtige neigen dazu, die Schuld auf die Umwelt zu projizieren. Sie versperren sich damit den Weg zur Erkenntnis, weil sie das projizierte Bild für die Wirklichkeit halten. Sie werden Meister im Lügen. Am meisten belügen sie sich selbst. Sie halten die Täuschung selbst für die Wahrheit, weil sie es anders nicht ertragen könnten.

Eine weitere Form der Sucht ist gar nicht so leicht zu erkennen. *Es ist die Sucht, gebraucht zu werden.* Betroffene glauben, nicht «Nein» sagen zu können. Sie können es doch. Sie sagen, wenn sie «Ja» zu anderen sagen, zu sich selbst «Nein». Diese Menschen brauchen die stetige Anerkennung von anderen Menschen. Ihre Angst vor Liebesentzug ist so gross, weil sie sich selbst nicht liebenswert finden. Sie meinen, sich die Liebe anderer ständig verdienen zu müssen.

Fassade

Eine andere Möglichkeit des Umgangs mit dem quälenden Gefühl der Unzulänglichkeit ist das Bauen einer Fassade für die Aussenwelt. Dabei schlägt das Pendel häufig von einem Extrem ins andere. Ein Pol soll mit dem Zurschautragen des anderen Pols überdeckt werden. Tiefer Selbstverachtung im Innern steht Überheblichkeit und Arroganz nach aussen gegenüber. Eine Fassade nach aussen, die der inneren Gefühlswelt total widerspricht, ist auch eine Form des Selbstbetrugs. Wieviel Schmerz damit verbunden sein kann, weil eigene Gefühle und die der anderen durch die starre und harte Fassade verletzt werden können! Alle Energie wird dafür eingesetzt, diese Fassade zu polieren und ihren Glanz erstrahlen zu lassen. Doch sie ist spröde und die Angst, das Gesicht zu verlieren, kann alle anderen positiven Gefühle verdrängen. Legt dann doch jemand den Finger auf die Wunde und drückt zu, dann sitzt dies wie ein Stachel in der Seele. Der Mensch fühlt sich tief beleidigt. Sein Leid steckt tief. Die Gefühle Wut und Hass auf den, der ihm diese «Beleidigung» zugefügt hat, drücken sich über den Körper aus. Jetzt hat er die Chance, sich mit den Vorwürfen und seinem Wertesystem auseinanderzusetzen – oder die negative Energie manifestiert sich als Krankheit im Körper.

Akzeptanz und Toleranz

Die auf die Dauer vorteilhaftere Version des Umgangs mit dem Gefühl der Unzulänglichkeit ist Auseinandersetzung mit dem sich selbst. Müssen Sie in allem perfekt sein? Müssen Sie überall und bei allem Bescheid wissen? Und das in einer Welt, in der sich das Wissen der Menschheit in immer kürzeren Abständen verdoppelt? Was ist es, was Sie an sich selbst nicht akzeptieren können? Fürchten Sie sich vor dem, was Sie entdecken könnten? Es ist vorhanden. Machen Sie sich damit vertraut und lernen Sie es lieben. Etwas Bekanntes wirkt weniger bedrohlich. Angst haben wir nur vor dem Unbekannten und Unüberschaubaren.

Weist Sie dann jemand auf eine Schwäche von Ihnen hin, dann können Sie ihm antworten: «Ach, so ist es nun einmal. Ich kann damit leben.» Sie können dann auch einmal «Nein» sagen, wenn die Sache Ihnen selbst nicht nutzt.

Neid auf Stärken anderer Menschen ist ein besonders intensives und unangenehmes Gefühl mit negativer Energie, die innerlich vergiftet. *«Er ist gelb vor Neid»* besagt nichts anderes, als dass die Leber, welche Gifte in unserem Körper abbaut, überfordert ist.

Betrachten wir die Einheit von Körper Geist und Seele, so empfinden wir das als unser «Selbst». Es ist unser Körper, den wir als erstes wahrnehmen. Er besteht aus einer Vielzahl von Organen, die als Organismus zusammenwirken. Unser Gehirn ist ein körperliches

Organ, also Materie. Wird es durch Einflüsse von aussen geschädigt, so kann der Verstand, den wir unvollkommenerweise auch Geist nennen, geschädigt sein. Der Geist ist das Leben an sich, der den Körper in seiner Funktion steuert. Ein toter Körper zerfällt in seine Bestandteile, weil ihn der Geist nicht mehr durchdringt und zusammenhält. Geist ist nicht materiell, wir haben an ihm teil, solange wir leben.

Die Seele mit ihren Schichten nach Sigmund Freud ist nur eine Betrachtungsweise. Wie jede Betrachtungsweise beleuchtet auch das Schichtenmodell von Freud nur einen Ausschnitt der Wirklichkeit. Ist unsere Seele nur ein Produkt unseres körperlichen Gehirns? Sie ist nicht von stofflicher Natur, sie kann in unserem Körper nicht gefunden werden. Wir spüren die Seele nur durch unseren Körper.

Danach gibt das Gehirn die Information an den Körper, wie und wann welche Prozesse abzulaufen haben. Doch woher beziehen unser Gehirn und unser Nervensystem diese Information?

Diese Informationen sind Bewusstsein oder Seele. Der Körper ist der materielle Träger der Seele, vom Geist durchdrungen und dadurch lebendig. Unser Körper ist der materielle Träger unseres Bewusstseins, also der Seele. Der Körper ist die Einheit aus unseren Organen. Die Organe bestehen aus der Einheit der Zellen. Auch sie haben Teil am Bewusstsein.

Unsere Wirklichkeit ist ein Spiegel dessen, was wir wahrnehmen. Wir leben oft in dem Irrtum, das alles, was wir nicht wahrnehmen und damit nicht in unsere Wirklichkeit aufnehmen, nicht existiert. Analog dazu das wissenschaftliche Weltbild, das nur die Dinge als gegeben ansieht, die zu sehen, zu messen oder anderweitig nachweisbar sind. Jedes wissenschaftliche Zeitalter glaubte sich selbst auf dem wahren Erkenntnisstand und bekämpfte alles, was dem widersprach. Es hätte ja das Gebilde, welches sich die Wissenschaft bis zu diesem Zeitpunkt geschaffen hatte, zum Einsturz bringen können. Das brächte Unsicherheit mit sich, könnte alles, was damit in Zusammenhang steht, in Frage stellen. Eine höhere Entwicklung der Mess- und Beobachtungsinstrumente liess weiterführende Erkenntnisse zu. Doch aus den Fehlern der vergangenen Wissenschaftergenerationen wurde nicht gelernt, auch wenn man über deren Starrköpfigkeit den Kopf schüttelt. Es werden immer wieder Grenzen gesetzt, die für die nachfolgenden Generationen Anlass zum Schmunzeln geben.

Das Weltbild hat sich im Laufe der menschlichen Geschichte verändert. Die Mächtigen einer jeden Zeit waren darauf bedacht, am Alten festzuhalten, da sie darin die Stütze ihrer Macht sahen. Philosophen haben mit ihrem Denken versucht, ein Abbild der Wirklichkeit zu geben. Es war immer nur ein Ausschnitt, der in sich gesehen, der Wahrheit entsprach. Jeder Philosoph war ein Mensch, der von seiner Subjektivität begrenzt war. Seine Gedanken und Sichtweisen waren immer Anlass zu weiteren Erkenntnissen. Es blieben aber stets Fragen offen.

So verhält es sich auch mit wissenschaftlichen Erkenntnissen. Je präziser die Messinstrumente werden, desto genauer werden die Messergebnisse. Fragen werden beantwortet und neue tauchen auf. Je genauer ein Gebiet erfasst werden soll, desto enger wird es eingegrenzt. Mich fragte einmal ein Seminarteilnehmer, ob ich wüsste, was ein Spezialist sei. Seine scherzhafte Auslegung: Ein Spezialist ist jemand, der viel über «Wenig» weiss, bis er am Ende alles über «Nichts» weiss.

Fortschrittsgläubigkeit ist ein Teil unseres heutigen Weltbildes. Eine immer teurer werdende Apparatemedizin hat die Gesundheitsfürsorge fast unbezahlbar gemacht. Es gibt aber dadurch kaum weniger Krankheit. Wer vom wissenschaftlichen Fortschritt eine höhere Lebensqualität erwartet, der wird enttäuscht sein. Für seine Lebensqualität ist jeder selbst verantwortlich. Verantwortung und Macht gehören zusammen. Wer nur Macht und keine Verantwortung will, der muss zwangsläufig irgendwann scheitern. Ich fordere Sie auf, für sich selbst die Verantwortung zu übernehmen und damit Ihrer selbst mächtig zu sein.

Nutzen Sie die Möglichkeiten der modernen Medizin, aber gehen Sie auch den zweiten Schritt: Erkennen Sie aus Ihren Krankheitssymptomen, was für Sie der nächste Schritt zu Eigenverantwortung, zum Lernen und zu einem erfüllten Leben sein kann.

Mit dem Strom zu schwimmen ist zwar energiesparend, macht gleichzeitig träge und kraftlos. Ein Mensch, der sich nur anpasst, entwickelt sich nicht weiter. Konflikte werden vermieden, statt gelöst. Entscheidungen werden anderen übertragen, damit auch die Verantwortung. Damit bleibt der Lernprozess im Leben stecken.

Ständig allein gegen den Strom zu schwimmen, kostet sehr viel Energie und ist oft wenig effektiv. Es kräftigt den Willen, im schlimmsten Fall bis zum Starrsinn. Ein Leben entgegen den Normen der Umwelt macht einsam, denn wir sind ein Teil dieser Welt.

Die günstigere Lösung liegt in der Mitte zwischen den Extremen. Wir müssen uns ständig neu entscheiden, in welcher Situation Widerstand oder Anpassung sinnvoll sind. Das bedeutet auch, dass wir unser ganzes Leben lernen müssen. Benjamin Britten hat seine eigene Erfahrung mit dem Lernen in diese treffenden Worte gekleidet: *«Lernen ist wie Rudern gegen den Strom. Sobald man aufhört, treibt man zurück.»*

Kapitel 4

Unsere Wahrnehmungen und unser Denken

Seit die Menschen denken können, bemühen sie sich, die Welt zu erkennen. Bereits im Altertum bestanden philosophische Schulen, die mit einer jeweiligen Denkrichtung die Welt beschrieben. Es gelang immer nur ein Abbild von einem Ausschnitt, der meist den Anspruch der Vollkommenheit für sich erhob. Je mehr die Menschheit von der Welt erkannte, desto mehr Fragen taten sich auf. Je mehr Wissen zur Verfügung stand, desto klarer wurde die Erkenntnis, wie wenig wir in Wirklichkeit wissen. Wissen bedeutet Verantwortung. Liegt die Umsetzung des Wissens im Interesse der einen Gruppe, dann stehen die Vorteile dafür im Blickpunkt. Sie nehmen nur diese Aspekte wahr. Diejenigen, die Gefahren darin erkennen, bewerten die gleiche Sache nach anderen Massstäben. Sie rücken diese Erscheinungen in den Mittelpunkt ihrer Wahrnehmung.

Wir leben im Informationszeitalter. Täglich stürmen viele Nachrichten auf uns ein. Meist sind es sehr bedrohliche. Wir haben uns die Welt ins Wohnzimmer geholt. Viele der Nachrichten haben wir gleich, nachdem sie uns erreicht haben, wieder vergessen. Wir nehmen nur die auf, an denen wir Interesse haben. Wir wählen aus, das heisst wir selektieren. Es hängt mit unseren Lernstrategien zusammen, ob wir mehr Gehörtes oder Gesehenes behalten. Bilder prägen sich unserem Gedächtnis leichter ein. Nachrichten, die auf bereits vorhandenes Wissen treffen, verarbeiten wir intensiver. Einige TV-Sender bringen deshalb zum Ende der Hauptnachrichten noch einmal eine Zusammenfassung in Bildern mit gesprochenem Text. Diese Überflutung macht es uns nicht einfacher. Wir sollten bewusst entscheiden, was für uns wichtig und was Nebensache ist. Auch dann, wenn versucht wird, uns weizumachen, dass wir bestimmte seelische Bedürfnisse mit dem Kauf eines bestimmten Produktes erfüllen können. Unsere Seele wird dadurch niemals satt, eher hungrig. Sehnsüchte werden geweckt, die für uns kaum erfüllbar sind. Idealbilder entstehen, denen wir nicht gerecht werden können.

Wir Menschen nehmen unserer Umwelt durch unsere Sinnesorgane wahr. Augen, Ohren, Zunge, Haut, Nase enthalten den Gesichts-, Gehör-, Geschmacks-, Tast- und Geruchssinn. Tasten setzen wir dem äusseren Fühlen gleich. Diese Sinnesreize werden in unserem Gehirn verarbeitet und gespeichert. Unser Gehirn ist ein sehr komplexes Gebilde und hat sich im Laufe der Evolution immer weiter entwickelt. Es besteht aus der linken und der rechten Hemisphäre.

Unser Gehirn besteht aus zwei Hemisphären

Dass diese beiden Gehirnhälften auch unterschiedlich funktionieren, erkannten Hirnforscher erst in den letzten Jahren. Die beiden Hirnhälften sind in der Mitte durch den Balken getrennt und gleichzeitig verbunden.

Thorwald Dethlefsen beschrieb einen Fall, bei dem dieser Balken bei einem Patienten mit schwerer Epilepsie durchtrennt wurde. Es ergaben sich vorerst scheinbar keine Beeinträchtigungen, obwohl dies einen bedeutenden Eingriff in das menschliche Gehirn darstellte. Erst gezielte Untersuchungen ergaben, welche Bedeutung dem Balken zukommt. Die

Nervenbahnen werden über den Balken gekreuzt, so dass die rechte Hirnhälfte die linke Körperseite und die linke Hirnhälfte die rechte Körperseite steuert. Erkannt wurde, dass das Zusammenspiel der rechten und linken Hirnhälfte und das der Körperhälften einzeln nicht funktionierte. Beim Ertasten eines Gegenstandes mit der rechten Hand erkannte der Proband den Namen, wusste aber nicht, was man damit tut. Beim Befühlen mit der linken Hand wusste er genau, wozu der Gegenstand dient, nur sein Name wollte ihm nicht einfallen. Als er den Gegenstand mit beiden Augen erfassen konnte, war die Gesamtheit wieder hergestellt. Er wusste, wozu der Gegenstand gebraucht wird und wie er heisst.

Linke Hälfte

Wir denken mit der linken Hirnhälfte logisch und digital. Das heisst, eines nach dem anderen, das Prinzip Ursache-Wirkung. Für das Nacheinander brauchen wir Zeit. Schreiben, Sprechen und Rechnen sind Leistungen der linken Hirnhälfte. Wissenschaftliche Arbeit, vor allem Fakten, Einzelheiten und gesetzmässige Zusammenhänge erfassen, ist linkshirniges Denken. Darüber hinaus steuert, wie bereits angedeutet, die linke Hirnhälfte die rechte Körperseite. Das hat auch für die Körpersprache Bedeutung. Sie sehen, die linke Hirnhälfte ist ein wichtiger Teil eines Ganzen, aber eben nur der eine Teil.

Rechte Hälfte

Die Funktion der rechten Hirnhälfte ist das analoge Denken. Hier denken wir in Bildern und Symbolen. Wir nehmen ganzheitlich wahr. Es ist das Reich der Phantasie, der Kreativität, von Musik, Tanz und Kunst.

Haben Sie schon einmal versucht, einem Vortrag über ein für Sie völlig neues Wissensgebiet zu folgen? Es könnte Ihnen hierbei wie mir ergangen sein. Das Ganze war für mich uninteressant, und nach einer kleinen Weile gingen meine Gedanken eigene Wege. Meine Phantasie wurde nicht angesprochen. Ich hatte für die vermittelten Fakten keine Bilder. Ich konnte sie nicht zuordnen, weil mir die Vorstellung davon fehlte. Die Informationen schwebten frei im Raum und verflüchtigten sich allmählich. Wurden die Fakten und Zusammenhänge bildlich dargestellt vermittelt, dann gab es für mich beim weiteren Hören bereits eine Grundlage. Meine Bilder wurden wieder angefordert, ich konnte vergleichen, neu zuordnen und bekam allmählich ein Bild von dem neuen Wissensgebiet.

Die Vermittlung des Lehrstoffes in der Schule spricht vorwiegend die linke Hirnhälfte an. Fakten werden vermittelt und wieder so abgefragt wie bei einem Computer. Input = Output: Das, was eingegeben wurde, kann auch wieder abgefordert werden. Computer entsprechen der Funktion der linken Hirnhälfte. Ihre Leistungsfähigkeit ist auf diesem Gebiet unserem Gehirn beinahe überlegen. Der Computer vergisst nichts. Doch wird er niemals das leisten können, was unser Gehirn leistet. Einem Computer fehlt die Kreativität. Er kann keine analogen Zusammenhänge erkennen. Es ist auf deutsch gesagt ein Rechner. Es gibt aber Dinge zwischen Himmel und Erde, die sich auf keinen Fall berechnen lassen. So wird auch die Körpersprache eines anderen Menschen niemals eindeutig zuzuordnen sein. Eindeutigkeit bedeutet auch starres Festhalten und schliesst Entwicklung aus. Eindeutigkeit ist ein Wesensmerkmal der linken Hirnhälfte. Diese Denkweise setzt Grenzen. Um körpersprachliche Signale zu deuten, brauchen wir mehrere Zeichen, die im Zusammenspiel einen analogen Schluss zulassen.

Alle Bilder die wir aufnehmen, lösen Gefühle in uns aus. Gefühl, das ist die Energie, die den Körper durchströmt. Die Bilder, die wir aufnehmen, werden durch das limbische System mit der jeweiligen positiven oder negativen Energie versehen und damit abgespeichert. Tauchen die Bilder wieder auf, lösen sie in uns die gleichen Gefühle aus, mit denen wir sie abgespeichert haben.

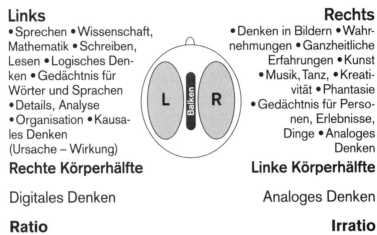

Links	Rechts
•Sprechen •Wissenschaft, Mathematik •Schreiben, Lesen •Logisches Denken •Gedächtnis für Wörter und Sprachen •Details, Analyse •Organisation •Kausales Denken (Ursache – Wirkung)	•Denken in Bildern •Wahrnehmungen •Ganzheitliche Erfahrungen •Kunst •Musik, Tanz, •Kreativität •Phantasie •Gedächtnis für Personen, Erlebnisse, Dinge •Analoges Denken
Rechte Körperhälfte	**Linke Körperhälfte**
Digitales Denken	Analoges Denken
Ratio	**Irratio**

Jeder Mensch hat im Laufe seines Lebens Programme oder Muster entwickelt, nach denen er wie von selbst gewisse Tätigkeiten verrichtet. Sie erleichtern uns die Handlungen, weil wir dabei nicht mehr lange überlegen müssen. Probieren Sie es an einem kleinen Handgriff aus: Verschränken Sie die Arme! Die Finger welcher Hand sind oben? Nun probieren Sie es einmal anders herum! Wie ist es gelaufen? Leichter oder schwerer? Es ist Ihr Programm, die Arme zu verschränken. Wenn Sie ein Fahrrad schieben, von welcher Seite geht es am besten? Das hat auch nichts mit Links- oder Rechtshändigkeit zu tun. Ich kenne Rechtshänder, die schieben ihr Fahrrad an der rechten Seite und welche, die schieben es an der linken Seite. Alle beschwören, dass sie andersherum Schwierigkeiten hätten. Nach diesem Programm verfahren sie eben, und für sie ist es so richtig. Es gibt auch Programme, die zu einer bestimmten Zeit ihre Berechtigung hatten. Unter anderen Bedingungen werden sie zum Hindernis. Das sind solche, die einem Kind verhalfen, seinen Willen durchzusetzen. Diese kindlichen Muster funktionieren beim Erwachsenen kaum, wenn sich seine Umwelt verändert hat. Sie beginnen zu stören.

Programme können geändert werden, doch das nur bewusst und mit einiger Anstrengung. Sehr leicht läuft alles wieder in eingefahrenen Gleisen, wenn Sie nicht achtgeben.

Es gibt Programme, die den Familienalltag reibungsloser ablaufen lassen. Es ist das Programm der Gewohnheit von mehreren Menschen. Wir bezeichnen diese Programme auch als Rituale. Wehe, wenn die durcheinanderkommen! Dann sind Stress und Hektik angesagt. Stellen Sie sich vor, Sie haben verschlafen! Wie beginnt Ihr Tag? Wie gewöhnlich? Wohl kaum. Und wie verläuft er weiter? Das verursacht ein Teil unseres Gehirns. Es setzt Stoffe frei, die uns den erhöhten Anforderungen anpassen.

Das Reptiliengehirn

Unser Gehirn entwickelte sich im Laufe der Evolution immer höher. Das heisst auch, dass in seinen unteren Schichten Teile des Gehirns arbeiten, denen früher eine wesentliche Bedeutung bei der Steuerung der Überlebensprogramme zukam. Dieses alte Gehirn steuert auch alle unsere unwillkürlichen körperlichen Prozesse wie Atmung und Herzschlag. Wir nennen es das Reptiliengehirn. Es kennt bei Gefahr nur zwei Entscheidungsmöglichkeiten – *Kampf* oder *Flucht*. Nun mag es zu Zeiten, als die Menschen in Höhlen wohnten, angebracht gewesen sein, sofort kampfbereit zu sein, wenn eine Gefahr drohte. Oder aber laufen und nichts wie weg aus der Gefahrenzone. Für Kampf oder Flucht mussten im Körper alle Kraftreserven mobilisiert werden. Uns macht es heute ganz schön zu schaffen, wenn mal alles aus dem Ruder läuft, dann werden wir hektisch und bringen alles durcheinander. Das ist der schon beschriebene Stress, bei dem uns dann die Fliege an der Wand stört. Unsere Wahrnehmung ist verzerrt, wenn unser Reptiliengehirn Gefahr signalisiert bekam. Als Gefahr sehen wir bereits Prüfungen, erhöhte Leistungsanforderungen, Reize durch verbale Äusserungen oder Störungen im Programmablauf an. Wir reagieren mit Angst und Panik. In unserem Gehirn befinden sich auch Teile, die dem entgegensteuern. Dieses Zusammenspiel ist individuell unterschiedlich, so wie es auch unterschiedliche Temperamente gibt. Die Erregung klingt nach Ausbleiben des Reizes wieder ab. In unserem hektischen Alltag sind wir ständig neuen Reizen ausgesetzt. Wir haben uns noch gar nicht richtig beruhigt, so trifft uns der nächste Reiz in Form einer Störung. Die sogenannte «Stress-Treppe» baut sich auf.

In solchen Situationen können Sie mit Ihrem Verstand entsprechende Befehle geben. Ruhig durchatmen und eins nach dem anderen! Den Rhythmus wiederfinden! Und nun alles der Reihe nach!

Die selbsterfüllende Prophezeiung

Stellen Sie sich vor: Sie stehen vor einer neuen Herausforderung. Sie haben zum Beispiel eine Prüfung in einem Fachgebiet Ihres Berufes abzulegen. Sie wissen, dass der Referent, zu dem Sie am wenigsten Resonanz finden konnten, den Prüfungsvorsitz führt. Sie haben sich gut vorbereitet. Zu Hause fällt es Ihnen leicht, den Stoff zusammenhängend vorzutragen.

Wenn da nur diese Person nicht wäre… Darum kreisen nun alle Ihre Gedanken. *Diese Person mag mich nicht! Sie wird mir eine Falle stellen!* Sie stellen sich vor, dass Ihnen die Fragen so gestellt werden, dass Ihnen die passende Antwort nicht einfallen kann. Sie sehen sich auf der vorderen Kante des Stuhles sitzend und mit den Händen an der Sitzfläche festgekrallt. Ihre Knien zittern. Sie hören das Blut in Ihren Adern pulsieren. Ihnen ist zumute, als würde Ihnen jeden Moment Ihr eigener Herzschlag die Luftröhre zudrücken und Ihnen den Atem nehmen. Ihre Worte wollen nicht aus dem Mund finden. Sie stottern und alles in Ihrem Kopf dreht sich im Kreise.

Mit diesen Bildern gehen Sie in die Prüfung. Prompt tritt das Erwartete ein. Sie nehmen in dieser Situation nur das wahr, was Sie erwarten. Alle anderen gegenteiligen Eindrücke filtern Sie heraus. Ihre Prophezeiung hat sich selbst erfüllt. So passiert es nicht nur in Extremsituationen.

Stellen Sie sich dagegen in der Prüfung als sicher und gelassen vor, dann sind Ihre Chancen, den Part mit Bravour zu meistern, ungleich grösser. Vertrauen in sich selbst schafft Ruhe und Gelassenheit. Angst macht Enge. Das Reptiliengehirn schaltet das Denken aus, weil bei Gefahr der lebensrettende Instinkt gebraucht wird. Denn das Denken kostet wertvolle Bruchteile von Sekunden.

Der erste Eindruck

Alle Eindrücke, die wir durch unsere Sinne aufnehmen, unterziehen wir einer Wertung. Wir polarisieren. Entweder ist es gut oder schlecht. Es fällt uns schwer, etwas als weder gut noch schlecht, also in der Mitte, im wertfreien Raum, stehen zu lassen. Wir haben für die Dinge und Personen ein «ganzes System von Schubladen» im Hinterkopf, in die wir sie einsortieren. Gerade bei Personen tun wir das in den ersten acht Sekunden des Zusammentreffens. Sicher ist der erste Eindruck meist nahe an der Wahrheit. Wir entscheiden für uns, ob wir diese Person mögen oder nicht. Aber genauso wie mit anderen Menschen gehen wir auch mit uns selbst um.

Kapitel 5

Körpersprache ist analog

Was sind Analogien?

Analogien sind die älteste Form der Menschheit, die Welt zu erkennen und zu deuten. Ein Zeugnis für dieses Weltbild sind die Mythen und Sagen. Die Menschen deuteten die Erscheinungen der Natur und der Gesellschaft analog zu ihrem Erleben und übertrugen diese auf die Götterwelt. Gar manch menschlicher Charakterzug kennzeichnete diese Götter.

Analogie unserer Vorfahren

Die *germanischen Göttersagen* entsprechen dem Bild der Natur des Landstriches, in dem die Menschen lebten (z. B. die Weltesche). Die Taten der Götter und ihre Charakterzüge haben ihre Parallelen zu denen der Menschen. Das Göttergeschlecht der Asen bestand nach ihrer Ansicht aus den Nachkommen der Riesen, die in dunkler Zeit die Welt beherrschten. Das Riesengeschlecht wiederum war aus dem Wasser des Urweltbrunnens, aus Eis und Feuer entsprungen. Möglich, dass Knochenfunde von keinem bekannten, aber riesigen Lebewesen dieser Deutung zugrundeliegen.

Die germanischen Göttersagen entsprachen dem idealen Selbstbild der Menschen. Sie ordneten ihnen bestimmte Werte zu. Wodan steht für *Geist*, Hönir für *Wille* und Loki für *Weihe oder Heiligtum*, vielleicht auch für *Seele*. Sie eroberten im Kampf mit den Riesen die Weltherrschaft. Die Riesen stehen für Naturgewalten. Ein Riesenpaar überlebte das Gemetzel. Sie wurden die Stammeltern des folgenden Riesengeschlechts, denn Naturgewalten sahen sich die Menschen immer noch ausgeliefert. Aus dem Körper des mächtigen erschlagenen Riesen Ymirs wurde die neue Welt erschaffen. Hierbei wird das Analogie-Denken besonders deutlich: Aus dem Fleisch wurde die *Erde*, aus dem Blut das *Meer* und alle *Gewässer*, die Knochen wurden zu *Bergen*, die Zähne zu *Steinen*, aus den Haaren des Riesen entstanden *Bäume und Sträucher*, aus dem Gehirn die *Wolken* und aus der Schädeldecke die *Wölbung des Himmels*. Die Augenbrauen wurden zu Wällen, die das Meer vom Land trennen. Sie schützen ja auch unsere Augen davor, dass Schweiss von der Stirn hereinlaufen kann.

Die Menschen sahen in der Natur Analogien zum menschlichen Körper und behandelten sie mit Ehrfurcht.

Wodan, der Herrscher, wurde mit Eigenschaften wie Kühnheit und Klugheit ausgestattet. Die Luft, das geistige Element, ist seine Naturgrundlage. Er war der alles durchdringende Geist, der Weltgeist. In den Augen der nordischen Völker war er allwissend und allmächtig. Er lenkte, ordnete, regierte und belebte alles. Seine unumschränkte Macht und die göttlichen Eigenschaften behielt er so lange, wie er ohne Fehler und Schuld war. Als die Asen Mord und Betrug begingen, war das «Goldene Zeitalter» vorbei. Die Nornen, die Schicksalsgöttinnen aus dem Stamme der Riesen, gewannen Einfluss auf das Schicksal der Götter, der Menschen und der Welt. Sie stehen für die *Vergangenheit* (Urd, «das Wort»), die *Gegenwart* (Werdandi,) und die *Zukunft* (Skuld). Die Norne der Zukunft ist die Unerbittliche, die Strenge, die

Unnachgiebige, die den guten Gaben ihrer Schwester noch vom Unheil zufügt. Die Schicksalsschwestern sitzen unter der Weltesche, die ihre Wurzeln auch im Schattenreich hat. Analog dazu haben die Menschen erkannt, dass das Leben auch Aufgaben an sie stellt, die zu lösen sind oder sie vernichten. Auch in unserer heutigen Wahrnehmung erscheint uns die Vergangenheit verklärt und immer besser als die Gegenwart. Doch waren es wirklich «Goldene Zeitalter»? War die Vergangenheit immer nur lieblich und fröhlich, die Gegenwart erträglich, nur die Zukunft grausam? Unsere Vergangenheit und unsere Gegenwart, das war die Zukunft unserer Vorfahren. Leider sind die germanischen Sagen unverschuldet durch den Missbrauch durch das Hitler-Regime in ein zwiespältiges Licht geraten.

Die griechische Mythologie

Eine Analogie finden Sie zwischen den germanischen und den griechischen Mythen. Auch in diesem Mythenbereich wurden die Titanen (ebenfalls riesige Ungeheuer) von den Göttern entmachtet. Die Götter verfügen ebenfalls über menschlichere Eigenschaften. Während in den germanischen Göttersagen die Kriege und brutalen Einzelkämpfe eine besondere Rolle spielen, ist in der griechischen Mythologie bereits die zur Entstehungszeit der Legenden weiter entwickelte Kultur zu erkennen. Ihre Götter spinnen im Kampf um die Macht kleine Intrigen gegeneinander. Die eifersüchtige Hera lässt ihren Zorn an den Nachkommen des Göttervaters Zeus mit Menschenfrauen aus. Göttervater Zeus ist kein Kostverächter und nimmt es mit der ehelichen Treue nicht so genau. Ihre Rivalitäten lassen die Herrschaften auf dem Olymp auch von den menschlichen Sagengestalten auskämpfen. Manches bittere Leid entstand so für die Sterblichen. Falsches Verhalten der menschlichen Sagenfiguren, wie Überheblichkeit und Eitelkeit, wurde durch ausgeklügelte Strafen geahndet. Die Götter der griechischen Mythologie hatten ihre Zuständigkeitsbereiche. Sie wurden mit besonderen Stärken und auch Schwächen (Eitelkeiten) ausgestattet. Sie waren Symbole, die für etwas Bestimmtes stehen. Sternbilder tragen Namen von Gestalten der griechischen Mythologie, sie sind eben Analogien zu diesen.

Analoge Urprinzipien

Die Verantwortungsbereiche, Vorlieben, Charaktereigenschaften, Schicksale und Handlungsweisen der griechischen Götter spiegeln sich in den Urprinzipien wider. Die Planeten unseres Sonnensystems sind nach ihnen benannt.

Der Planet ist nicht das Prinzip und verkörpert nicht den griechischen Gott. Sie entsprechen diesen analog. Auf jeder Ebene finden sich die Entsprechungen wieder. Es ist ein senkrechtes Denken, das durch alle Ebenen geht. Für dieses Denken gibt es kein Wahr oder Falsch wie bei der Logik. Es ist unser Harmonieempfinden, welches die Zuordnungen auswählt. Was passt zueinander? Nach welchen Gesichtspunkten ordnen wir es zu?

Vergleichen Sie die Zuordnungen der Urprinzipien nach der Tabelle! Es ist die Symbolik, das Muster hinter den Vorgängen, die dabei erfasst werden.

Analoge Urprinzipien

Prinzip	steht für	unerlöste Eigenschaften	erlöste Eigenschaften
Mond	das **Widerspiegelnde**	Trägheit und Faulheit	Ruhe und Passivität
	Instinkt; Aufnahmebereitschaft; Austragung; Fruchtbarkeit und Wachstum; Mütterlichkeit; Rhythmus und Periodenhaftigkeit (Mondphasen, Ebbe und Flut) Wasserhaushalt; Werden und Vergehen; Hingabe und Ergebenheit; Reflexion	Unselbständigkeit	Hingabe und Anpassung
		Vereinnahmung, Aussaugen	Aufnahmefähigkeit
		Unterwürfigkeit	Anpassung
		Selbstmitleid und Eingeschnapptsein	Gefühlstiefe
	Körperfunktionen: Aufnehmend, lockend, periodisch		
entspricht Lebensphase: 0 bis 6 Jahre	Körperregionen: Mittlerer Brustkorb, Lymphsystem, Wiederherstellung (Reproduktion)		

Prinzip	steht für	unerlöste Eigenschaften	erlöste Eigenschaften
Merkur ☿	das **Vermittelnde**	Listigkeit und Geschwätzigkeit	Heiterkeit und Wendigkeit
	Selbständigkeit; Kommunikation; Sprache; Rhetorik; Analyse; Begreifen, Ergreifen (Tastsinn); Denken und Handeln; Übermittlung; Vermittlung; Vereinigung und Ausgleich der Gegensätze	Oberflächlichkeit und Neugier	Vielseitigkeit und Interessiertheit
		Kritiksucht, Misstrauen und Ängstlichkeit	Bedachtheit, Pflichtbewusstsein und Sorgsamkeit
	Körperfunktionen: Leitend, vermittelnd, austauschend, anregend	Unterwürfigkeit und schwaches Selbstvertrauen	Bescheidenheit und Unterordnung
entspricht Lebensphase: 7. bis 13. Lebensjahr	Körperregionen: Schulter und Brustkorb, Atmung	Abweisung, Isolation und Widerstand	Distanz und Klarheit

Prinzip	steht für	unerlöste Eigenschaften	erlöste Eigenschaften
Venus ♀ (Aphrodite)	das **Ausgleichende**	Unnachgiebigkeit, fehlende Beweglichkeit	Festigkeit und Verlässlichkeit
	Frieden und Harmonie; Schmerz und Trauer; Weiblichkeit; Lust und Sexualität; Aufnahme der Süsse; Kontakt; Ausgewogenheit – Versöhnung der Gegensätze	Zeitdruck und Langsamkeit	Ausdauer, Geduld
		Schmeichelei	Freundlichkeit und Höflichkeit
	Körperfunktionen: Filtrierend, ausgleichend, entgiftend, harmonisierend	Gier, Besitzdrang, Neid und Hartnäckigkeit	Ruhe; Zärtlichkeit, Gelassenheit und Bodenständigkeit
entspricht Lebensphase: 14. bis 20. Lebensjahr	Körperregionen: Hals, Nacken, Drüsen, Haut, Körperflüssigkeiten	Unehrlichkeit	Diplomatie

Prinzip	steht für	unerlöste Eigenschaften	erlöste Eigenschaften
☉ **Sonne** *entspricht Lebensphase: 21. bis 27. Lebensjahr*	das **Lebensspendende** Autorität; Vitalität; Energie; Kraft; Individualität; Eigenverantwortung; Selbstbewusstsein; Stolz Körperfunktionen: Tonisierend (nervlich bestimmter Spannungszustand der Muskeln), aktivierend, entkrampfend Körperregionen: Raum um den Nabel (Solarplexus – Sonnengeflecht; Nervenknotengeflecht unter dem Zwerchfell), Kreislaufsystem	Hitzigkeit und Aggression (Verbrennung) Abhängigkeit erzeugend Beachtungs- und Anerkennungsanspruch Dominanzgelüste, Machtstreben und Selbstherrlichkeit	Wärme und Ausstrahlung Aktive Zuwendung Kluges Schöpfertum, Licht ins Dunkle bringen Autorität und Auftrieb

Prinzip	steht für	unerlöste Eigenschaften	erlöste Eigenschaften
♂ **Mars** (Ares — der Kriegsgott) *entspricht Lebensphase: 28. bis 34. Lebensjahr*	das **Aggressive** Mut; Tapferkeit; unbändiger Wille — Durchsetzungsvermögen; Energie; Impuls; Aktivität; An-Trieb; Druck; Stress; Einseitigkeit; Ungerechtigkeit; Krieg Körperfunktionen: Aktivierend, anfeuernd, anspannend, zerlegend, erweiternd Körperregionen: Kopfregion, Muskelsystem, harte Gebilde, wie Zähne und Nägel	Ausnutzung anderer Wut und Zorn Aggressionslust und Rastlosigkeit Rivalität Unbedachtsamkeit	Verwertung und Benutzung Mut und Tapferkeit Willenskraft und Einsatz Ritterlichkeit Direktheit

Prinzip	steht für	unerlöste Eigenschaften	erlöste Eigenschaften
♃ **Jupiter** (Zeus)	das **Entwickelnde** Offenheit; Weite; Freiheit; Dynamik; Wachstum; Idealismus; Optimismus; Erfolg; Reichtum; Fülle; Grossmut; Hilfsbereitschaft Körperfunktionen: lebens- und wachstumsfördernd, beschützend, entgiftend, organisierend, verbindend	Arroganz und Grossspurigkeit Macht und Härte Flüchtigkeit Vorschnelligkeit, Hektik	Selbstbewusstsein, Offenheit und Optimismus Autorität, Toleranz und Grossmut Leichtigkeit Begeisterungsfähigkeit, Lust an Bewegung
entspricht Lebensphase: 35. bis 41. Lebensjahr	Körperregionen: Hüft- und Oberschenkelregion, Stoffwechselsystem, (Muskulatur)		

Prinzip	steht für	unerlöste Eigenschaften	erlöste Eigenschaften
♄ **Saturn** (Kronos – Zeit)	das **Einschränkende, Begrenzende** Einfachheit; Ordnung; Verlässlichkeit; Halt; Lasten tragen; Widerstand gegen das Leben – einschneidende, loslösende und abtrennende Massnahmen; Rückzug, um zu ordnen; Tod (des Alten) als Voraussetzung für Wiedergeburt (des Neuen); Reife; Zeit; Grenze; Isolation; Schutz Körperfunktionen: Stützend, zusammenziehend, zusammenhaltend, verhärtend, abgrenzend	Langsamkeit und Verzögerung Begrenzung und Einschränkung Mangel Geiz Härte und Alter	Geduld und Ausdauer Struktur und Ordnung Verzicht Beschränkung auf das Wesentliche Gewissen, Verantwortung und Ernst
entspricht Lebensphase: 42. bis 48. Lebensjahr	Körperregionen: Knieregion, Skelettsystem		

Prinzip	steht für	unerlöste Eigenschaften	erlöste Eigenschaften
⛢ **Uranus**	das **Exzentrische, Unstete**	Nervosität und Unruhe	Einfallsreichtum
	Begeisterung und Schöpfertum; Freiheit; Sprunghaftigkeit; Plötzlichkeit; Unberechenbarkeit (Ausbruch); Intuition (Eingebung, Geistesblitze); Reizbarkeit; Unruhe; Originalität; Lebensferne; Verfremdung; Wechsel	Exzentrizität und Spitzfindigkeit	Originalität und Genialität
		Getriebenheit und Gefühlskälte	Veränderungslust
		Zerstreutheit	Vielseitigkeit
	Körperfunktionen: Verkrampfend, rhythmisch erregend, wellenförmig fortschreitend	Oberflächlichkeit	Leichtigkeit
entspricht Lebensphase: 49. bis 55. Lebensjahr	Körperregionen: Wadenregion, Nervensystem		

Prinzip	steht für	unerlöste Eigenschaften	erlöste Eigenschaften
♆ **Neptun** (Poseidon)	das **Auflösende**	Schwindelei und Undurchsichtigkeit	Phantasie und Ahnungsvermögen
	Täuschung; Undurchsichtigkeit; Unklarheit und Verschleierung; Indirektheit; Verwirrung; Einfühlungskraft; die Tiefe – das Unbewusste; Auflösung der Gegensätze; Flucht; Öffnung; Chaos	Haltlosigkeit, Einschmeichelei und Charakterlosigkeit	Einfühlsamkeit, Mitgefühl und Selbstlosigkeit
		Abhängigkeit	Bindungsfähigkeit
	Körperfunktionen: Lösend, lähmend, versetzend, narkotisierend	Willenlosigkeit	Selbstbeherrschung
entspricht Lebensphase: 56. bis 62. Lebensjahr	Körperregionen: Fussregion		

Prinzip	steht für	unerlöste Eigenschaften	erlöste Eigenschaften
♇	das **Zersetzende**	Fanatismus	Idealismus
	Umwandlung und Wiedergeburt; Lebensfeindlichkeit; Zerstörung; Zersetzung; Hinterhältigkeit; Unterdrückung; Druck;	Besessenheit und Rücksichtslosigkeit	Wandlungsfähigkeit und Offenheit
Pluto			
(Hades)	Zwang	Verbissenheit und Machtanspruch	hoher Selbstanspruch
	Körperfunktionen: Umwandelnd, opfernd, ausscheidend	Selbstzerfleischung und Widerstandslosigkeit	Opferbereitschaft und angepasste Aggressivität nach aussen
entspricht Lebensphase: 63. Lebensjahr bis Tod	Körperregionen: Afterbereich und Schamgegend, Wiederherstellung (Reproduktion)		

Analoges Denken wich dem logischen Denken

Diese uralte Art zu denken wurde mit der Entstehung des wissenschaftlichen Weltbildes immer mehr in den Hintergrund gedrängt. Alles das, was messbar und nachweisbar, erhielt Anerkennung und galt als seriös und wahr. Logische Zusammenhänge nach dem Prinzip «Jede Wirkung hat ihre Ursache» erklärten den Ursprung, das Aussehen und das Zusammenwirken auf dieser Welt. Alles sollte berechenbar und nachweisbar sein. Der technische Fortschritt der Menschheit basiert auf dieser Art der Erkenntnis. Die Überlegenheit des logischen Denkens schien sich über mehrere Jahrhunderte zu bestätigen. Mehr und mehr zeichnen sich aber Grenzen ab. Das wissenschaftliche Weltbild erfasst nur die eine Seite der Welt. So wie unsere linke Hirnhälfte. Unser Gehirn besteht aber aus zwei Hälften mit unterschiedlichen Funktionen und Denkweisen, die einander gegenseitig ergänzen.

Lesen wir heute die alten Volksmärchen unter logischen Gesichtspunkten, so verstehen wir sie in ihrer Tiefe nicht mehr. Wir haben die Märchen der Kinderzeit und dem Wunschdenken, dem Reich der Phantasie, zugeordnet. Jedoch stecken sie voller tiefer Symbolkraft. Wir lesen diese Märchen heute meist oberflächlich, finden sie grausam oder kitschig. Ja, wir bezeichnen uns aufgetischte Lügen sogar als Märchen. Ihre tiefe Weisheit und die grundlegenden Muster sind in fast allen Volksmärchen zu finden, egal in welcher Region unserer Erde sie ihren Ursprung haben. Nur die Figuren tragen andere Namen, Tiere sind andere und ebenso die Umgebung, in der sie agieren. Aus ihnen können sogar Schlussfolgerungen über die Mentalität des jeweiligen Volkes und ihr Wertesystem abgeleitet werden.

Analogien in der Sprache

Die alten Sagen und Märchen haben jedoch bis heute ihre Faszination auf die Menschen nicht verloren. In ihnen steckt auch eine gehörige Portion menschlicher Weisheit. Sie sind Bestandteil unseres kulturellen Erbes.

Die alten Sagen, besonders die Ursprungsmythologie, sind eine Quelle, aus der immer wieder Stoff für neue literarische Werke, die sich mit Menschen in ihrer jeweiligen Zeitepoche auseinandersetzen, geschöpft wird.

Erinnert sei da an die Gestalt der Heilerin Medea, die aus Liebe zum Flüchtling wurde oder an Kassandra, die Seherin des alten Troja, der von den Göttern die Gabe verliehen wurde, die Zukunft vorauszusagen. Allerdings mit der Einschränkung, dass niemand ihr Glauben schenken werde und dass ihr der Blick auf die eigene Zukunft versagt bleibt. Diese literarischen Stoffe lassen uns bei der Beurteilung unserer Zeit eine neue Sichtweise einnehmen. Aus den Irrfahrten des Odysseus entstehen immer wieder neue Fassungen von spannenden Abenteuerfilmen.

Ein literarisches Stilmittel ist die *Metapher* (bildlicher Vergleich). Ein Zusammenhang in einem in sich geschlossenen Bild ist besser nachvollziehbar als jede rationale Schilderung. Diese Form der Darstellung kann auch Laien in einem bestimmten Fachgebiet einen Zusammenhang vereinfacht nahebringen. Das Prinzip aus dem bewussten Bereich wird anhand von vergleichbaren, für jeden nacherlebbaren Bildern verdeutlicht. Das Prinzip wird in das Bild übertragen und ist nicht die Sache selbst.

Wie lässt Shakespeare dem Dänenprinzen Hamlet vom Geist seines Vaters die Art verdeutlichen, auf die er heimtückisch ermordet wurde? Mit dieser Metapher:

> *Beschlich der Oheim meine sichre Stunde*
> *Mit Saft verfluchten Bilsenkrauts im Fläschchen,*
> *Und träufelt' in den Eingang meines Ohrs*
> *Das schwärende Getränk; wovon die Wirkung*
> *So mit des Menschen* **Blut in Feindschaft** *steht,*
> *Dass es durch die natürlichen Kanäle*
> *Des Körpers* **hurtig, wie Quecksilber,** *läuft;*
> *Und* **wie ein saures Lab, in Milch** *getropft,*
> **Mit plötzlicher Gewalt gerinnen** *macht*
> *Das leichte, reine Blut.*

Wie das Blut in den Adern gerinnt, dafür gibt es keine Bilder. Es ist eher selbst ein bildlicher Vergleich für das Gefühl, das bei einer schrecklichen Entdeckung einsetzt. Gesehen, wie das Blut in den Adern gerinnt, hat noch niemand. Den Vorgang des Milchsäuerns konnte man zur damaligen Zeit, als es noch keine homogenisierte Milch in Tetra-Paks gab und Quark und Butter fast in jedem Haushalt selbst hergestellt wurde, wohl noch oft beobachten.

Es ist nicht der Vorgang an sich, der bildliche Vergleich steht für den Vorgang. Dafür haben die Menschen Bilder gespeichert. Haben wir für eine Sache keine Bilder, so nehmen wir sie entweder gar nicht wahr oder wir stellen uns etwas Ähnliches vor. Dabei kann es manchen Irrtum und manches Missverständnis geben. Bildersprache kommt unserem visuellen (mit den Augen) Aufnahmevermögen entgegen.

Über Gefühle sprechen

Unsere Gefühle sind in uns. Sie können niemals fühlen, was ein anderer Mensch fühlt. Wenn Sie Ihren Partner streicheln, dann spüren Sie seine Haut. Sie empfinden aber nicht das Gleiche, was Ihr Partner beim Gestreicheltwerden fühlt. Sie schliessen analog zu Ihren eigenen Gefühlen bei einer zärtlichen Berührung. Sie müssten sie/ihn fragen, was sie/er empfindet. Doch auch die Worte sind nichts als Abbilder der Gefühle, sie sind nicht das Gefühl selbst.

Unsere Gefühle in Worte zu kleiden, fällt uns oft sehr schwer. In der maximalen Anpassung an die Normen der Gesellschaft vermeiden viele Menschen, Ihren Gefühlen auch verbal (mit Worten also) Ausdruck zu verleihen. Sicher wäre es unangebracht, jedem Menschen, dem man begegnet, sein Herz auszuschütten. Gefühle zu zeigen gilt generell im kollektiven Wertesystem unseres technisierten Zeitalters als Schwäche. Gefühle sind aber auch unsere Stärke, sie vertiefen unsere Erlebnisfähigkeit. Dennoch, obwohl die Gefühle ständig in uns sind, verleugnen wir sie oft. Wir gestehen sie uns nicht einmal selbst ein. Sie durchdringen uns und werden über die Signale der Körpersprache und unsere Ausstrahlung nach aussen gesendet.

Gerade in Partnerschaften kann dieses Zurückhalten von gefühlsmässigen Äusserungen zu Missverständnissen führen. Wissen wir, was unser Partner fühlt? Wie sind seine körpersprachlichen Signale zu deuten? Welche Gefühle drückt er wie aus? Partner können sich nur soweit kennenlernen, wie sie es zulassen und in welchem Masse sie sich gegenseitig öffnen. Über Gefühle sprechen heisst, Nähe zulassen. Wer seine Liebe einsperrt, baut einen Grenzwall zwischen sich und seine Mitmenschen. Durch diese Festungsmauern kann ihn auch keine Liebe von anderen erreichen.

Sprechen Sie von Ihren Gefühlen, welche Worte finden Sie dafür?
* *Sagen Sie zum Beispiel, wenn Sie gestreichelt werden*: «Es ist recht angenehm.»
  Darunter könnte sich ihr Partner etwas sehr Allgemeines und wenig Spektakuläres vorstellen. Möglich, dass er/sie über diese Reaktion sogar enttäuscht ist, weil er/sie sich eine leidenschaftlichere Wirkung vorgestellt hatte.
* *Eine analoge Wiedergabe der Empfindungen könnte so lauten*: «Es ist, als durchströme eine wohlige Wärme meinen Körper.»
  Das ist nachvollziehbarer, denn eine wohlige Wärme empfindet man auch von aussen, zum Beispiel in einer Badewanne voll warmem Wasser.
* *Ein weiteres Beispiel für die Schilderung eines Gefühls*: «Es regt mich an.»

- *Die Metapher als bildliche Entsprechung könnte so lauten*: «Mir ist, als krabbeln tausend Ameisen in meinem Bauch.»

Wer bei einem Spaziergang im Wald vor einem Ameisenhaufen der Roten Waldameise stand und dieses Gewimmel aufmerksam betrachtet hat, kann sich darunter etwas vorstellen.

Gerade beim Ausdruck von Gefühlen tun sich Menschen unseres Kulturkreises besonders schwer. Am schwersten tun wir uns bei allem, was mit Sexualität zu tun hat. Verglichen mit asiatischen blumigen Umschreibungen für die Sexualorgane klingen die in unserem Sprachraum verwendeten Begriffe verschämt oder gar abwertend. Für die schönste Nebensache der Welt haben wir kaum Worte, die ihr gerecht werden. Dabei bietet unsere deutsche Sprache viele Varianten an.

Suchen Sie bildliche Beschreibungen, die Ihre Gefühle in folgenden angenommenen Situationen verdeutlichen könnten:

- Sie sind bereits zweimal durch die praktische Führerschein-Prüfung gefallen. Morgen früh neun Uhr beginnt Ihr dritter Anlauf.

- Sie haben an einem Projekt mitgearbeitet. Der Verlauf der Arbeit glich einem Hürdenlauf. Nun ist es geschafft. Es wurde ein voller Erfolg.

- Es ist soweit, die schönsten Wochen des Jahres stehen bevor. Die Koffer sind gepackt, die Papiere in Ordnung und der Nachbar kümmert sich um Ihre Katze. Gleich steigen Sie ins Flugzeug und fliegen in den Süden.

Nun versuchen Sie Worte zu finden, die Ihre Gefühle in einer romantischen intimen Stunde schildern könnten! Mit einem bildlichen Vergleich können Sie ein verständlicheres Abbild Ihrer Gefühle vermitteln. Sie trainieren damit Ihre rechte Hirnhälfte und damit das analoge Denken.

Digitale und analoge Zuordnungen

Ordnen Sie bestimmte Worte einem Oberbegriff unter, dann tun Sie dies nach linearen, also digitalen Gesichtspunkten.

- Kaffeesieb, Nudelholz, Suppenkelle, Reibe, Gurkenhobel – *Haushaltsgeräte*
- Lenkrad, Kurbelwelle, Scheinwerfer, Scheibenbremse, Zündschlüssel – *Kraftfahrzeug*
- Notenschlüssel, Tonleiter, Dreiklang, Moll, Dirigent – *Musik*

Diese Zuordnungen fallen uns leicht. Wir haben sie trainiert. Die ganze Schulzeit hindurch und auch bei unserer beruflichen Ausbildung wurde überwiegend die linke Hirnhälfte angesprochen.

Analoge Zusammenhänge werden von uns eher gefühlsmässig erfasst. Machen Sie mit mir eine Reise in Gedanken. Wir machen einen fiktiven Urlaub in Japan, wollen Kultur und Menschen kennenlernen:

Sie haben gerade die hektische Metropole Tokio hinter sich gelassen und sind an Ihrem Ziel angelangt. Ihr Urlaubsort ist so, wie Sie sich Japan vorgestellt haben. Die Architektur, die Natur, und überall freundliche Menschen. Freunde haben Sie am Abend zu einer Tee-Zeremonie in ein Teehaus eingeladen. Sie betreten den gepflegten Garten mit einer grossen Anzahl Bonsai-Bäumchen. Ihr Weg führt über eine anmutige kleine Brücke. Die Luft ist wie aus Seide. Sie betreten das Teehaus und sind entzückt. Eine freundliche Geisha im traditionellen Kimono nimmt Sie an der Tür in Empfang. Sie neigt sich vor Ihnen mit vor der Brust zusammengelegten Händen, ohne dabei den Blick von Ihnen abzuwenden. Mit kleinen gleichmässigen Schritten geleitet sie Sie zu Ihrem Platz auf einem niedrigen Polster. Sie nimmt dann Ihnen gegenüber Platz und beginnt mit der Zubereitung des Tees. Sie schauen Ihr zu und geniessen die besondere Atmosphäre des Raumes. Mit einem Lächeln reicht Ihnen die Geisha die Schale mit dem Tee. Sie nehmen die Schale in beide Hände und führen sie dann zum Mund. Der aromatische Duft durchströmt Sie. Sie setzen die Schale vorsichtig an Ihre Lippen, um den Tee in kleinen Schlucken aufzunehmen. Aus dem Garten dringt ein Geräusch zu Ihnen herein. Schwungvoll erklingt der *Radetzky-Marsch*.

Was fühlen Sie jetzt? Die Stimmung ist dahin, die Harmonie gestört. Diese Musik passt nicht zu dem, was Sie erwarten. Auch wenn dieses Ständchen von Johann Strauss eine Aufmerksamkeit Ihrer Gastgeber gewesen sein könnte, es wäre eine zwiespältige Freude.

Analog zur Umgebung und zum Anlass hätten Sie vielleicht die perlenden Töne alter japanischer Saiteninstrumente erwartet.

Unsere Vorstellung von dem, was uns erwartet, gestalten wir analog. So wie unser ganzes Harmonieempfinden auf Analogien beruht. Genauso erwarten wir bei einer bestimmten Körperhaltung, gekoppelt mit Mimik und Gestik, auch die dazu passende Aussage. Sagt die Körpersprache etwas anderes aus, als der Inhalt des gesprochenen Wortes, dann schrillen unsere Alarmglocken. Vorsicht! Hier stimmt etwas nicht! Das alles geschieht unbewusst. Wir achten nicht im Detail darauf, das würde viel zu lange dauern. Unsere Einstellung zu dem Vorgang ist zwiespältig. Ein unsicheres Gefühl breitet sich in uns aus.

In unserem fiktiven Beispiel ist die Ganzheitlichkeit verletzt, das Erlebnis durch die Enttäuschung Ihrer analogen Erwartung unvollkommen.

Sie werden sich nun fragen, was das Ganze mit den Selbstheilungskräften Ihres Körpers zu tun hat. Wir begeben uns auf die analogen Ebenen, die dem senkrechten Weltbild entsprechen. Für das Verständnis dieses Buches ist es erforderlich, das analoge Denken wieder zu aktivieren. Analoges Denken haben wir weitestgehend verlernt, doch es hat sich in unserer Sprache manifestiert. Nur, wir bemerken es gar nicht mehr.

Analoges Denken im Sprachgebrauch

In unserm Sprachgebrauch ist es so fest verankert, dass wir auf die Ursprünglichkeit überhaupt nicht achten. Redewendungen, wie

«Er hat ein Herz aus Stein, ist hartherzig.» *Lieblosigkeit, Kälte, starre Haltung*

«Ich möchte aus der Haut fahren.» *Haut – Kontaktorgan und Grenze des «Ich»; davonlaufen wollen*

«Es verschlägt mir den Atem.» *Unterbrechung des Rhythmus, es fällt aus der Reihe, Unerwartetes, Erschreckendes*

«Bei dieser Sache habe ich Bauchschmerzen.» *Unüberblickbares oder schwer Einzuschätzendes in Hinblick auf Verdaulichkeit einer Sache oder eines Sachverhaltes*

«Es ist zum Kotzen.» *Zuviel Unverdauliches, für den Menschen ein zu grosser Brocken oder unbekömmlich*

«Du bist hartnäckig.» *Starrköpfigkeit, steifer Nacken, Unbeugsamkeit*

«Musst du deine Nase in alles stecken?» *Nase – Dominanz, Macht, Kontrolle*

«Das juckt mich nicht.» *Haut – über den Dingen stehen, keine Berührungsängste*

«Da läuft mir gleich die Galle über.» *Sehr viel von einer Sache, die negative Gefühle auslöst*

«Das geht mir sehr zu Herzen.» *Herzeleid – etwas, das auch im Herzen spürbar wird*

«Das Geschehene ist bitter.» *Zunge – Geschmack, Bitterkeit*

«Ich habe doch keinen Geldscheisser.» *Geiz – nicht loslassen können*

«Mir stockte bei diesem Schreck das Blut in den Adern.» *Aus dem Fluss geraten, ähnlich einem Schockzustand*

«Dabei hast du dir wohl die Finger verbrannt.» *Fehlende Sensibilität beim Anpacken der Dinge*

«Ich will mir doch nicht bei jeder Gelegenheit die Zunge verbrennen.» *Zunge als Artikulationsinstrument – bei Ansprache von heissen Tabu-Bereichen; Reaktion kann die Seele so verletzen wie ein zu heisses Getränk*

«Ich will nichts hören und sehen.» *Augen und Ohren schliessen, erst nicht sehen wollen; bei verfestigter Haltung: nicht mehr sehen oder hören können*

haben auch Sie sicherlich schon in der einen oder anderen Form benutzt. Diese Formulierungen, die seelische Befindlichkeiten über die analoge Körperebene ausdrücken, gehen uns ganz leicht von der Zunge. Wir hinterfragen sie im Alltag kaum. Wir haben verlernt, die analoge Symbolik zu erkennen.

Genausowenig nehmen wir unsere Körpersprache bei der Kommunikation bewusst wahr.

Kapitel 6

Körpersprache als wesentlicher Bestandteil der Verständigung

Wir kommunizieren miteinander immer gleichzeitig auf zwei Ebenen, der Beziehungs- und der Inhaltsebene. Der Anteil der Beziehungsebene am Informationsaustausch beläuft sich dabei auf 80%. Diese Beziehungsebene entwickelt sich in den ersten acht Sekunden einer erstmaligen Begegnung, das ist der erste Eindruck. Von ihrer Beschaffenheit hängt die Qualität der Vermittlung inhaltlicher Informationen ab.

Was trägt nun zur Gestaltung der Beziehungsebene bei?

1. Die Erwartungshaltung der einzelnen Partner
2. Die persönliche Ausstrahlung
3. Körperhaltung und Bewegungen
4. Gesichtsausdruck (Mimik)
5. Kleidung, äusseres Erscheinungsbild
6. Atemfrequenz
7. Geruch
8. Einhaltung der persönlichen Distanz
9. Klang der Stimme
10. Art der Formulierungen (erst im weiteren Gesprächsverlauf)

Sie sehen, es ist eine ganze Reihe einzelner Informationsgruppen, die wir in so kurzer Zeit aufnehmen, bewerten und speichern. Wären wir gezwungen, sie nacheinander abzuhaken, käme kaum ein spontanes Gespräch zustande. Wir nehmen das Bild der Person *ganzheitlich* und *analog* wahr. Fast gleichzeitig vergleichen wir mit Abbildern von Personen, die wir bereits kennen. Da kann es leicht passieren, das wir jemanden in eine bestimmte Schublade stecken, nur weil die Person uns an jemanden erinnert.

Körpersprachliche Signale senden wir auch, wenn wir anderen Menschen auf der Strasse begegnen. «Man kann nicht nicht kommunizieren», sagt der österreichische Psychologe Paul Watzlawick. Stellen Sie sich vor, Sie stehen an der Bushaltestelle in einer Grossstadt. Mit Ihnen warten andere Personen. Sie alle senden und empfangen Signale, ohne sich dessen bewusst zu sein. Mit dem Körper sprechen wir alle, ohne diese Sprache jemals gelernt zu haben.

Die Distanzzonen

Wir signalisieren, wie weit jemand an uns herankommen darf. Wir senden Signale, wann unsere Reviergrenzen überschritten werden: Haben Sie schon einmal erlebt, dass Ihnen beim Einkaufen eine fremde Person von vorn sehr nahe kam? Wie haben Sie sich dabei gefühlt? Sie gingen einen Schritt zurück? Das ist eine Möglichkeit, sich weniger bedrängt zu fühlen. Haben Sie keine Ausweichmöglichkeit, so sendet Ihr Körper die Signale, die bedeuten sollen «Bis hierhin und nicht weiter!» Das können bereits Ihre Augen sagen. Wenn das nicht reicht, spiegelt sich in Ihrem Gesichtsausdruck der Unwille wider. Bei sehr unaufmerksamen Zeitgenossen müssen Sie vielleicht sogar die Hände zur Abwehr heben. Anders, wenn sich jemand seitlich nähert. Dann darf eine fremde Person näher an uns herankommen. Den Raum hinter uns beanspruchen wir nur in einem geringen Ausmass. Unsere Reviergrenzen dehnen sich nach vorn weiter aus.

Im Gedränge setzen wir die Taktik ein, dass wir die fremden Menschen um uns herum ignorieren. Wir ziehen uns in uns selbst zurück.

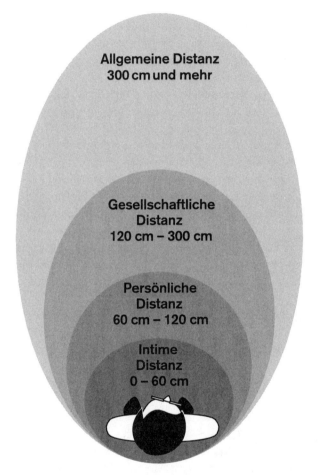

Allgemeine Distanz
300 cm und mehr

Gesellschaftliche
Distanz
120 cm – 300 cm

Persönliche
Distanz
60 cm – 120 cm

Intime
Distanz
0 – 60 cm

Beobachten Sie selbst einmal bewusst das Verhalten fremder Menschen, wenn Sie frontal auf sie zugehen! Oder wenn sich bei einer Party Gesprächsgruppen bilden. Stehen sich die Partner frontal gegenüber, dann weiss jeder, sie wollen unter sich bleiben. Es wäre unangebracht, sich in das Gespräch einzumischen. Stehen die Menschen im stumpfen Winkel zueinander, dann sind sie offen für weitere Gesprächspartner. Sie wären also gegebenenfalls willkommen.

Einheit von Sprache und Körpersprache

Dem gesprochenen Wort, das mit dem Tonfall und der körperlichen Ausdrucksweise nicht übereinstimmt, werden Sie keinen Glauben schenken. Und das mit Recht! Fehlen bestimmte Signale ganz, sind Sie wahrscheinlich verunsichert.

Es wird nicht nur ein einziges Signal sein, das wir beobachten. An einem einzigen Signal können wir uns nicht orientieren. Es gehören weitere Signale dazu, um Schlussfolgerungen über Absicht oder Stimmung zu ziehen.

Stellen Sie sich folgende Situation vor: Sie sitzen mit Ihrem Partner am Frühstückstisch. Er hat sich hinter der Morgenzeitung verkrochen. Mit dem Zeigefinger weist er auf die Mitte des Tisches. Sie sind ratlos, denn Sie können ihn hinter der Zeitung nicht sehen. Ohne weitere Informationen können Sie nicht herausfinden, was er wünscht, denn auf der Tischmitte ist verschiedenes angeordnet. Mit Ihrem fragenden Blick erreichen Sie solange nichts, bis die «Zeitungsbarriere» vom Tisch verbannt wird. Dann kann die Verständigung wieder fast ohne Worte klappen.

Betritt jemand einen Raum, in dem mehrere Personen versammelt sind und ist vollkommen ausser Atem, so bringt der- oder diejenige eine störende Unruhe mit sich.

Geht von einem Menschen ein unangenehmer Körpergeruch aus, so gehen wir auf Distanz. Wir mögen diese Person «nicht riechen». Ist die Kleidung dazu noch sehr nachlässig und entspricht sie nicht dem Anlass, unterliegt die Beziehungsebene erheblichen Störungen.

Der Klang der Stimme kann für einen Menschen einnehmen, wenn sie angenehm klingt. Spricht jemand sehr zaghaft oder brüllt polternd los, so mag das am geringen Selbstwertgefühl der Person liegen. Wer leise und hoch spricht, traut sich nicht, wer poltert, der hat zuviel Anlauf genommen und überspielt damit sein Problem. In jedem Fall nehmen wir erst einmal innerlich einen gewissen Abstand ein, weil auch diese Person unbewusst auf einen Sicherheitsabstand aus ist.

Im Laufe eines Gespräches fallen Ihnen bei Formulierungen meist nur sehr gekonnte Rhetorik oder, entgegengesetzt, eine fehlerhafte Grammatik auf. Das Normale registrieren Sie kaum bewusst. Bedient sich jemand jedoch einer sehr vulgären Sprache, könnten Sie sich abgestossen fühlen und möchten das Gespräch so schnell es geht beenden.

Kommt jemand mit einer «Leichenbitter-Miene» auf Sie zu, dann gehen Sie der Person unbewusst lieber aus dem Wege. Es sei denn, es ist ein enger Freund oder eine enge Freundin, den oder die Sie nach dem Grund des Kummers fragen werden.

Auch unsere momentane Stimmung drückt sich in der Körpersprache aus. Sind Sie durch einen Misserfolg niedergeschlagen, dann hängen Ihre Schultern und Sie senken den Kopf meist nach unten. Ihre Bewegungen sind langsamer als sonst. (Sie tragen eine seelische Last auf Ihren Schultern.) Ihre Gesichtszüge sind hängend, Ihr Blick glanzlos. Ihrer Stimme fehlt der Schwung und die Kraft.

Jetzt aber sind Sie fröhlich: Eine gute Nachricht könnte Ihre Stimmung schlagartig aufgebessert haben. Ihr Körper strahlt nun Spannkraft aus. Ihre Schritte werden leicht und beschwingt. Ihre Augen und Ihr Gesicht strahlen gleichermassen. Alles, was Sie anpacken, fällt Ihnen leicht. Ihre Fröhlichkeit wirkt auf Ihre Mitmenschen ansteckend. Jeder Passant, der Ihnen auf dem Gehweg entgegenkommt, schaut Sie freundlich an.

Was aber, wenn kein positives Signal von aussen kommt, weil Sie allein sind – oder nur mit der Person zusammen, die für die negative Stimmung mit verantwortlich ist?

Verändern Sie zuerst einmal Ihre Körperhaltung. Straffen Sie Ihre Haltung und heben Sie das Kinn ein wenig. Nach geraumer Zeit spüren Sie, dass sich mit Ihrer eingenommenen äusseren Haltung auch Ihre innere verändert. Lächeln Sie sich im Spiegel an! Auch so können Sie Ihre Stimmung aufbessern, wenn Sie eine ganze Weile bewusst lächeln.

Sehen Sie sich ungerechtfertigten und böswilligen Angriffen ausgesetzt, so heben Sie das Kinn noch ein wenig höher und schliessen den Mund. Die analoge Symbolik, die hinter dieser Gestik und Mimik steht, bedeutet: Ich schlucke dies nicht. Es (be)trifft mich nicht und geht an mir vorbei, gleitet ab. Ihre äusserlich gezeigte stolze Haltung nimmt auch Ihr Inneres ein. Diese Reaktion löst einen Selbstschutzmechanismus aus.

Soweit die eigene Programmierung mittels Ihres Körpers. Ich nannte diesen Abschnitt «Die Einheit von Sprache und Körpersprache». Mit den von Ihnen gewählten Worten programmieren Sie sich selbst. Es sind Befehle an Ihr Unterbewusstsein. Worte, wie «Mir geht es hundsmiserabel» sind wenig geeignet, Sie positiv zu motivieren. Sagen Sie sich dagegen laut: «Es wird bereits besser», so werden Sie das auch so spüren. Sie können es sogar nach einer Weile noch steigern, bis Sie dorthin gelangen, dass Sie aus ehrlichem Herzen zu sich selbst sagen können: «Ich fühle mich blendend!»

Sagen Sie diese Worte laut zu sich, denn verstärken Sie die Wahrnehmung über den Gehörsinn. Das ist keineswegs so etwas wie Selbstbetrug. Wem nützt schon Ihre schlechte Stimmung? Anderen Menschen? Ihnen selbst? Keinem!

Um nochmal daran zu erinnern: Im Umgang mit anderen Menschen kann eine manipulierte Körpersprache Störungen verursachen. *Da kann nur Ihre innere Einstellung der Ansatz zur Änderung sein.*

Beobachtete körpersprachliche Signale

Mit Ihrer inneren Einstellung ändert sich gleichzeitig Ihre Wahrnehmung. Beobachten Sie einmal zwei Menschen, die sich miteinander unterhalten! Sie können im wahrsten Sinne des Wortes erkennen, wie sie zueinander stehen.

Wollen sie in ihrer Unterhaltung nicht gestört werden, dann stehen sie frontal zueinander. Halten sie Blickkontakt beim Sprechen? Nickt der Zuhörende ab und zu zustimmend? Berühren sie sich hin und wieder körperlich?

Sitzen die Gesprächspartner, dann könnten Sie Ihre Aufmerksamkeit auf weitere Einzelheiten richten. Neigen sich die Oberkörper zueinander? Hat einer der Partner die Arme vor dem Körper verschränkt und lehnt sich zurück? Haben sie die Beine übereinandergeschlagen, zeigen dann die Knien zueinander oder voneinander weg? Wie ist die Mimik der Personen?

Sie werden, wenn Sie bewusst hinschauen, bei anderen Menschen mehr entdecken, als Sie sonst wahrgenommen haben. Sie müssen es sich vornehmen, auf diese Einzelheiten zu achten. Im Alltag geschieht das weiterhin unbewusst, weil andere Dinge Ihre bewusste Aufmerksamkeit fesseln werden.

Setzen Sie einmal ein bewusstes *Halt* in Ihren Tagesablauf und halten Sie auch Ihre momentan angenommene Körperhaltung bei. Vergleichen Sie diese mit Ihrer Augenblicksstimmung und Ihrer Einstellung zu den anwesenden Personen!

Rolle und Körpersprache

Einen wesentlichen Einfluss auf die Gestaltung der Körpersprache hat die Rolle, in der man gerade in Erscheinung tritt. Wir füllen in unserem Leben verschiedenen Rollen aus. Das kann an einem Tag, von Minute zu Minute wechseln. Wir sind Ehepartner(in), Eltern, Freund(in), Vorgesetzte(r), Angestellte(r), Beauftragte(r), Sohn oder Tochter. Mit jedem Rollenwechsel ändert sich unsere Körpersprache. Beobachten Sie eine Verkäuferin im Umgang mit Ihnen und, falls sich die Möglichkeit ergibt, wenn sie mit Vorgesetzten spricht!

So wie Sie die Beobachtungen bei anderen als Spiegel für Ihre Selbsterkenntnis nutzen können, so können Sie dies auch bei anderen Körpersignalen tun.

Kapitel 7

Körpersprache als Signale der eigenen seelischen Befindlichkeit

Die Gefühlswelt

Unsere Gefühle werden von unserer überwiegenden Denkweise beeinflusst. Denken wir meist negativ, dann sind wir auch voller negativer Gefühle. Gefühle sind Energie. Positive Gefühle bauen uns auf und bringen uns voran. Negative Gefühle verletzen uns durch ihre negative Energie innerlich. Körperliche und gefühlsmässige Empfindungen beeinflussen einander wechselseitig. Mit positivem Denken allein verschwinden keine ungelösten Probleme. Sie werden nur aus unserem Bewusstsein verdrängt. Die negativen Bilder mit der ihnen anhaftenden negativen Energie wirken unterschwellig. Irgendwann brechen sie sich ihre Bahn. Im schlafenden oder kranken Zustand haben Sie weniger Kraft und bewusste Disziplin zum Verdrängen. «Ich bin noch da!» – so könnte die Botschaft lauten. «Nimm mich endlich wahr und finde eine Lösung!»

Ihr Körper reagiert mit Krankheitsbildern auf Ansprüche der Seele, die nicht berücksichtigt worden sind. Diese Sprache des Körpers, der wir uns nun zuwenden wollen, wird von uns kaum als solche wahrgenommen. Wir sind geneigt, eine Erkrankung als ein ärgerliches Ereignis zu betrachten, das schleunigst wieder mit Hilfe von Medikamenten oder anderen Behandlungen zu verschwinden habe. Wir suchen nach naheliegenden sichtbaren Erklärungen, warum dieses Krankheitssymptom gerade jetzt auftritt. Wir haben uns erkältet, weil das Wetter gerade so scheusslich ist. Als nächstes ist es der Stress, dem der Körper nicht mehr gewachsen ist, der herangezogen wird. Unbedingt ist negativer Stress, der uns über eine längere Zeit über die Massen fordert, ein Krankheitsrisiko. Wann tritt er auf? Dann, wenn die Arbeit unbefriedigend und das Arbeitsklima gespannt ist. Stressrisiken finden wir auch im Privatleben. Ungesunde Beziehungen, deren Fassade mit aller Energie aufrechterhalten werden, schwächen das Abwehrsystem. Auch Schicksalsschläge, die wir nur schwer verarbeiten können, rauben uns die positive Energie, die wir für die Abwehr brauchen. Schlimmer noch, sie verwandeln sie in negative Energie, die noch zusätzlich belastet. Ein Infekt kann so ohne grossen Widerstand von unserem Körper Besitz ergreifen.

Nun hat sich der Körper die Ruhe und Zeit verschafft, auch gegen unseren Willen. Jetzt besteht die Möglichkeiten, über unsere Lebenssituation nachzudenken – zu fragen, was nicht in Ordnung ist und nach einer ehrlichen Antwort zu suchen. Aus den bisherigen Gleisen sind wir für die Dauer der Erkrankung ausgebrochen. Wir haben den Abstand, den wir brauchen, alles zu überblicken. Stattdessen schauen wir lieber auf unsere Füsse und sehen uns als Opfer des Symptoms. Wir leiden – und geniessen es ganz nebenbei, umsorgt und bedauert zu werden.

Sind die schlimmsten Beschwerden gelindert, haben wir es eilig, wieder in den vertrauten alten Trott einzusteigen. Über kurz oder lang zeigen sich dann andere Symptome. Sie erinnern daran, dass das eigentliche Problem, die Ursache hinter der Krankheit, wieder nur verdrängt, aber nicht bearbeitet wurde.

Unsere Eigenblindheit verhindert die Erkenntnis. Etwas, was wir verdrängt haben, wollen wir meist auch nicht wahrhaben. Unsere eigene Wertung verhindert das Aufsteigen ins Bewusstsein. Für manche Schicksalsschläge hatten wir zu Zeiten, als sie geschahen, auch keine Kraft, sie zu bearbeiten. Da war das Verdrängen und scheinbare Vergessen eine Wohltat. Doch alles Verdrängte bricht sich irgendwann einmal seine Bahn. Je mehr und je heftiger verdrängt wird, desto grösser wird der Druck in unserem Innern. Über akute Entzündungen verwirklicht sich das Thema aggressiv auf der körperlichen Ebene. Wird es immer wieder verdrängt, verfestigt sich das Ausleben im Körperlichen in einer chronischen Erkrankung.

Anstelle der Aggressionen, die wir zur Änderung unserer Lebensumstände einsetzen könnten, toben diese sich analog in unserem Körper aus. Entsprechend der analogen Symbolik geschieht das in dem Körperbereich, der für das jeweilige Thema steht.

Seelische Anteile von uns, die sich nicht mit unserem Wertesystem vereinbaren lassen, verwirklichen sich auf der körperlichen Ebene, wenn wir nicht in der Lage sind, sie anzunehmen. Aggressivität ist ein Bestandteil von uns. Sie gehört zum Leben.

Machtansprüche zu stellen, finden wir überheblich und überzogen. Sich dazu vor anderen zu bekennen, könnte Liebesentzug zur Folge haben. Gelingt es nicht, diese Machtansprüche im Leben zu verwirklichen, so kann es passieren, dass wir unbewusst die Krankheit dazu nutzen.

Kinder, denen während einer Krankheit volle Aufmerksamkeit und Zuwendung zuteil wurde, können daraus ein Programm entwickeln. Immer dann, wenn es ihnen an Zuwendung und Aufmerksamkeit mangelt, erkranken sie.

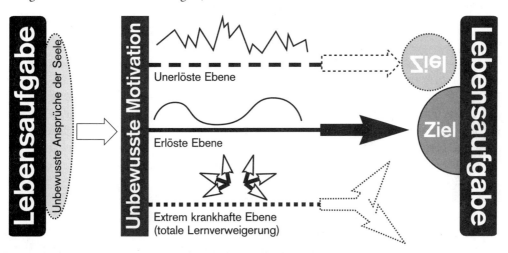

Es erscheint Ihnen etwas weit hergeholt? Gehen Sie wie bei den Beobachtungen zur Körpersprache vor! Sehen Sie sich in Ihrem Bekanntenkreis um! Welche Zusammenhänge erkennen Sie? Tun Sie sich den Gefallen und behalten Sie Ihre Erkenntnisse für sich. Es könnte passieren, dass Ihnen eine unsanfte Abwehrreaktion entgegenschlägt. Wer ist besonders beglückt darüber, wenn jemand genau auf das Schlimme haut? Sie sicherlich auch nicht. Wir haben auch nicht das Recht, anderen unsere Erkenntnisse aufzuzwingen. Es wäre einem Angriff auf die Unverletzlichkeit der Persönlichkeit gleichzusetzen. Doch einen

Nutzen können diese Beobachtungen für Sie haben: Überwinden Sie damit einen Teil Ihrer Eigenblindheit. So, wie Sie in einen Spiegel schauen und sich darin selbst erkennen, bietet Ihnen Ihre Umwelt ein Spiegelbild.

Bedenken Sie, dass Sie nur sich selbst ändern können. Mit der Änderung Ihrer Denkweise und Ihres Verhalten ändert sich auch Ihre Umwelt.

Die Tabelle mit den analogen Urprinzipien, die von den Schicksalen, Taten, Charaktereigenschaften und Zuständigkeiten der Götter der griechischen Mythologie abgeleitet sind und in allen alten Religionen ihre Entsprechung haben, kann Ihnen auch in dem Fall weiterhelfen, wenn Ihr gesundheitliches Problem nicht in den Tabellen aufgeführt ist. Lernen Sie wieder, analog zu denken und dabei das Beste für sich selbst herauszufinden. Erkennen Sie den Lehrplan Ihres Lebens! Es ist nicht leicht, doch die Anstrengung lohnt sich.

Der Lehrplan des Lebens

Die Frage nach dem Sinn des Lebens für alle Menschen beantworten zu wollen, diesen Versuch werde ich nicht unternehmen. Jeden Menschen gibt es so, wie er ist, nur ein einziges Mal. Weder in der Vergangenheit, Gegenwart oder Zukunft wird ein identisches Duplikat zu finden sein. Nicht einmal eineiige Zwillinge sind identisch.

Der Lebenslehrplan der Seele ist genauso verschieden angelegt, wie jeder einzelne Mensch. Lernen ist Erkenntnis, ist also an die Polarität gebunden. Welche Lernbereiche wann absolviert werden, ist im eigenen Lehrplan festgelegt. Ihre Seele weiss das.

Mit der Geburt finden wir uns in der Polarität wieder. Die ersten Lebensjahre lernen wir durch die Natur und die Umwelt. Bis zur Mitte des Lebens sind wir auf der Suche. An der Peripherie angekommen, ist es Zeit zur Umkehr. Von diesem Zeitpunkt an sollten wir uns auf das Wesentliche konzentrieren. Unsere Erfahrungen auswerten und Rückblick halten. Die Ereignisse in unserem Leben unter neuen Gesichtspunkten betrachten. Auch nach dieser Zeit können neue Wege gegangen werden, nämlich die, die uns persönlich wichtig sind. Nach der Zeit der beruflichen Tätigkeit entsteht bei vielen Menschen, die darin ihre einzige Erfüllung sahen, ein Vakuum. Genauso kann es Müttern ergehen, wenn ihre Sprösslinge das warme Nest verlassen und ihre eigenen Wege gehen. Sehr häufig entstehen gerade in dieser Zeit Krisensituationen. Es treten Krankheitssymptome auf und das in einer Anzahl, wie diejenigen es zuvor niemals kannten.

Die plötzliche Ruhe ist kaum zu ertragen. Das Selbstwertgefühl leidet, weil die Bestätigung von anderen Personen fehlt. Wie habe ich das früher alles geschafft? – diese Frage stellen sich Menschen, deren Leben in eine neue Phase tritt. Jetzt ist es an der Zeit, andere Schwerpunkte zu setzen. Viele Dinge, die für einen selbst wichtig waren, könnten jetzt zu ihrem Recht kommen. Wenn es gelingt, sich darauf zu besinnen. Das Wertesystem muss neu geordnet und Freiräume können für sich selbst genutzt werden. Festhalten an Gewohntem führt zu Unzufriedenheit. Die Zeit lässt sich nicht zurückdrehen. Es bringt nichts,

Vergangenem nachzutrauern. Jedes Alter hat seine guten und weniger guten Seiten. Es kommt darauf an, von welchem Standpunkt aus es betrachtet wird, wie es gewertet wird.

Das Mandala – der Lehrplan des Lebens

Kapitel 8

Rückblicke mit Abstand

Pausengespräch

Am Rande eines meiner Seminare wurde ich Ohrenzeuge des folgenden Gesprächs zwischen zwei Teilnehmerinnen:

«Frau K., erinnern Sie sich, wir sind uns früher schon einmal bei einem Seminar begegnet. Das war in W.»

«Ja, richtig. Ich habe auch schon überlegt. Sie kamen mir irgendwie bekannt vor.»

«Das Thema war damals ein anderes. Sie sprachen von ihrer Tätigkeit in der Stadtverwaltung, über ihre Erfahrung als ehrenamtliche Gleichstellungsbeauftragte. Üben Sie diese Tätigkeit noch aus?»

«Es freut mich, dass Sie sich daran erinnern. In der Zwischenzeit ist so manches geschehen, das mein Leben völlig verändert hat. Interessiert es Sie?»

«Gewiss.»

«Wissen Sie, diese Arbeit habe ich neben meiner eigentlichen getan. Ich hatte ein Ressort zu leiten. Es verfolgte mich mein ganzes Leben. Ich habe mich nie um eine Führungsrolle bemüht, geriet aber immer wieder hinein. Schon als Kind erlebte ich ständig solche Situationen. Obwohl ich sehr klein an Wuchs war, geriet ich stets in eine Anführerrolle. Dabei wollte ich nur mitmachen und dazugehören, niemals die erste Geige spielen.»

«So eine Aufgabe ist doch aber sicherlich auch eine Herausforderung für Sie gewesen?»

«Sicher, doch damit wurde ich eben ständig gefordert. Mehr als mir lieb war. Wenn ich eine Aufgabe übernommen hatte, dann hatte ich auch den Ehrgeiz, das Beste daraus zu machen. Stand also immer irgendwie unter Druck, wenn Sie verstehen, was ich damit meine.»

«Ich glaube schon.»

«Eine Karrierefrau bin ich vom Wesen her nicht, falls dieser Eindruck bei Ihnen entstehen sollte. Meinen Kindern war ich eine gute Mutter. Doch meine Ehe litt unter der Alkoholkrankheit meines Mannes. Das Problem habe ich nie in den Griff bekommen. Ich liebte meinen Mann. Es war grausam für mich, zuzusehen, wie er immer mehr verfiel. Meine Arbeit hat mir in dieser Situation die Kraft gegeben, durchzuhalten.»

«Hat sich die Anstrengung gelohnt?»

«Nein. Ich habe meinen Mann den Kindern zuliebe verlassen. Das Klima bei uns zu Hause konnte auch ich nicht mehr ertragen. Es war alles so hoffnungslos.»

«Hat das Ihrem Mann zu denken gegeben?»

«Keineswegs. Er trank noch mehr und verliess die Wohnung nur noch, um sich Alkohol zu besorgen. Es war ein Bild des Jammers, das ich Ihnen nicht schildern möchte. Er lebte nicht mehr, mein Mann vegetierte irgendwie dahin. Bis die Nachbarn meinen Sohn alarmierten, dass er so krank sei, dass er ohne Hilfe sterben würde.»

«Konnte denn Ihr Sohn noch etwas erreichen?»

«Mein Mann wollte auf keinen Fall ins Krankenhaus. Er war bereit zu sterben und sah im Leben keinen Sinn mehr. Doch er wollte zu Hause sterben. Wir haben ihn dann doch ins

Krankenhaus bringen lassen. Einen todkranken Mann in dieser verlotterten Umgebung sich selbst zu überlassen, das konnten wir mit unserem Gewissen nicht vereinbaren. Nach einer Woche ist er dann im Krankenhaus gestorben.»

«Wie wurden Sie denn damit fertig?»

«Am Anfang plagten mich schon Schuldgefühle. Einmal, weil wir gegen seinen Willen gehandelt haben und auch, weil ich es als liebende Partnerin nicht ändern konnte. Doch inzwischen denke ich, dass ich meine Trauerarbeit geleistet habe.»

«Sie sprachen von Schuldgefühlen. Wie sind Sie damit umgegangen?»

«Das hat eine ganze Weile gedauert, bis ich mir klarmachte, dass ich nicht jedes Problem lösen kann. Auch mir sind Grenzen gesetzt. Mein Mann hatte für sich entschieden, sein Leben so zu leben und so zu beenden. Er gab mir keine Möglichkeit, ihm zu helfen. Was hätte es für Folgen gehabt, wenn ich bis zum bitteren Ende bei ihm geblieben wäre? Es hätte nichts geändert, ausser dass ich und meine Kinder noch mehr gelitten hätten. So habe ich die Erinnerung an die schönen gemeinsamen Zeiten, die es auch in unserer Ehe gab, noch erhalten können. Ich denke jetzt an meinen Mann ganz ohne Groll zurück.»

«Ich verstehe Sie, ich habe eine ähnliche Situation in meinem Leben erlebt, aber davon später.»

«Ihnen ist sicher aufgefallen, dass ich beim Gehen Schwierigkeiten habe.»

«Jetzt, wo Sie mich darauf aufmerksam machen, ja.»

«Nun, das hängt mit dem eigentlichen Erlebnis zusammen, von dem ich Ihnen erzählen wollte. Inzwischen kann ich schon wieder ganz gut auf meinen Beinen laufen, doch es war wirklich eine lange Geschichte.»

«Erzählen Sie, es ist angenehm, Ihnen zu zuhören.»

«Zu meiner Tätigkeit als Gleichstellungsbeauftragte bekam ich noch die Aufgaben der Frauenbeauftragten übertragen. Weil ich nun schon einmal in der Materie drin stecke, war das Argument. Nun, wie sie mich nun kennengelernt haben, fällt es mir schwer, ‹Nein› zu sagen.»

«Gleichstellungsbeauftragte und Frauenbeauftragte, ist das nicht das gleiche?»

«Keineswegs. Sie unterliegen einem sehr weit verbreitetem Irrtum, oder besser gesagt, die Begriffe werden in den Gesetzestexten tatsächlich mal in der einen oder anderen Art verwendet. Die Aufgaben der Gleichstellungsbeauftragten beziehen sich auf die Bürger, die der Frauenbeauftragten auf die Verwaltung. Es sind also innerbetriebliche Personalaufgaben zu lösen. Jedenfalls ist es dort so, wo ich herkomme.»

«Ah ja, ich verstehe.»

«Eine Aufgabe als Frauenbeauftragte war, mit den Angestellten zu sprechen, denen die Möglichkeit der vorzeitigen Pensionierung eingeräumt wurde. Der erforderliche Personalabbau sollte durch eine neue Bestimmung so weit wie möglich sozial abgefedert werden. Die Verwaltungsangestellten im Alter von 58 Jahren konnten sich entscheiden, ob sie von dieser Regelung Gebrauch machen wollen oder nicht.

Diese Gespräche führte ich mit vielen Frauen, die den Hauptanteil dieser Personengruppe bei uns ausmachten. Diese Regelung käme aber auch für mich in Frage. Die Entscheidung, aufzuhören, konnte und wollte ich einfach nicht fällen. Meine Nachfolgerin in meinem Hauptaufgabenfeld stellte sich nicht gerade vielversprechend an. Ich musste vieles in Feuerwehr-Manier wieder geraderücken. Doch es stand erst einmal mein Urlaub bevor. Darauf hatte ich mich sehr gefreut.»

«Sie sind verreist? Wohin?»

«Ich fuhr gemeinsam mit einer Freundin nach Italien. Die Gegend war wunderschön. Und jetzt ich kann mal so richtig entspannen, dachte ich! Beim Aufstehen am ersten Urlaubsmorgen bemerkte ich ein Ziehen am rechten Bein. Es war leicht gerötet. Wird schon nicht so schlimm sein, sagte ich mir, und nach dem Frühstück machte ich mit meiner Freundin den ersten Tagesausflug. Das sollte auch mein letzter Ausflug für diesen Urlaub sein.»

«Wie das?»

«Am Abend konnte ich kaum noch laufen. Mein Bein begann anzuschwellen. Ich kühlte es die ganze Nacht hindurch und konnte trotzdem vor Schmerzen nicht schlafen.»

Frau K. holte tief Luft, bevor sie weitersprach.

«Mein Urlaub war damit beendet. Mein Bein war doppelt so dick geworden und seine Farbe war tiefrot. Die italienischen Ärzte stellten fest, dass es sich um Gürtelrose handelt. Das hiess, dass ich eine längere Zeit dort zubringen musste. Ich wurde in Italien ganz hervorragend betreut. Der Heimflug war dann etwas unbequem. Zu Hause musste ich nun für mehrere Wochen das Bett hüten.»

«Bei Ihrem Temperament ist Ihnen das sicher nicht leichtgefallen.»

«Da haben Sie recht. Es war langweilig. Ich habe viel gelesen, doch mir fehlten andere Menschen. Bei meinen Nachbarn zwei Etagen tiefer gab es einen runden Geburtstag zu feiern, und sie luden mich dazu ein. Laufen konnte ich nicht, deshalb trug mich mein Sohn hinunter. Mir tat es richtig gut, mal wieder unter Menschen und richtig lustig zu sein. Mein Sohn trug mich nach der Feier wieder die Treppe hinauf, und dabei passierte es. Er verlor das Gleichgewicht und ich stürzte so unglücklich, das ich mir auch noch das kranke Bein brach.»

«O Gott, da kam ja alles zusammen.»

«In der Tat. Mein Bein war immer noch sehr geschwollen, denn die Gürtelrose wollte einfach nicht abklingen. Es mit Gips ruhigzustellen, damit es verheilen kann? Sie können sich sicherlich vorstellen, dass das nicht ging. Nun musste ich ganz still liegen und durfte mich gar nicht mehr von der Stelle bewegen. Das habe ich mein ganzes Leben noch nie getan.»

«Also Zeit zum Nachdenken.»

«Ja, die hatte ich nun reichlich. Es musste jetzt im Amt auch ohne mich gehen. Die anfänglichen Anrufe mussten unterbleiben. Mein Sohn hatte den Telefonstecker herausgezogen, damit ich nicht das «Hummeln» kriege. Jetzt gelang es mir erst richtig, Abstand zu gewinnen. Vieles ging mir durch den Kopf. Da habe ich also mit allen Frauen gesprochen und ihnen klar gemacht, dass sie, wenn sie in den vorzeitigen Ruhestand gehen, mehr Zeit für sich selbst hätten. Und was ist mit mir?»

«Eine recht einschneidende Entscheidung, nicht wahr?»

«Genau. Nichts wäre mehr so wie früher. Würde meine Arbeit so fortgeführt werden, wie ich sie begonnen hatte? Bis dahin sah es nicht danach aus. Ich fühlte mich verantwortlich. Doch nach und nach machte ich mir klar, dass das in zwei Jahren wieder so sein könnte. Dann könnte ich daran auch nichts ändern.»

«Ihr Alltag sähe ganz anders aus?»

«Das habe ich mir auch überlegt. Klar, ich würde meine Mitarbeiter nicht mehr so oft sehen. Doch, sie haben selbst die Erfahrung mit mir gemacht, Kontaktschwierigkeiten sind nicht mein Problem. Eins, was ich bisher immer zurückgestellt habe, war, das zu tun, was nur mir wichtig ist.»

«Sie haben also doch beschlossen, Ihre Arbeit aufzugeben?»

«Ja. Und das Eigenartige daran war: Kaum, dass ich diese Entscheidung für mich getroffen hatte, liess das Spannen in meinem Bein nach. Ich bin den wohl bis dahin einschneidendsten Schritt gegangen, bedeutungsvoller als der, mich von meinem Mann zu trennen.»

«Wie kommen Sie nun damit zurecht?»

«Sie sehen daran, dass ich jetzt hier bin, dass ich das tue, was mir Spass macht. Ich lebe. Und ich denke, dass ich mir das auch so verdient habe.»

Begegnung im Zug

Besonders beeindruckt hat mich die Lebensgeschichte einer Frau, der ich auf der Rückfahrt von einem Seminar im Zug begegnet bin. Sie blätterte in ihren Unterlagen und atmete mehrfach hörbar ein. Eine Broschüre fiel ihr vom Schoss. Ich hob das Papier auf und reichte es ihr. Dabei las ich: *Mosambik-Rundbrief.*

«Mosambik?» fragte ich.

«Ja», antwortete sie und lächelte verlegen, «wenn ich Ihnen erzähle, was ich damit zu tun habe, werden auch Sie mich für verrückt halten, wie so viele andere.»

«Kommen Sie gerade von dort?» fragte ich, nun neugierig geworden.

«Nein, diesmal nicht. Aber ich war schon mehrmals in dem afrikanischen Land.»

«Sie reisen viel?»

«Nicht so, wie es die meisten Leute tun. Ich war eingeladen und lebte in Mosambik unter den einfachen Menschen. Ich lernte das Leben dort so kennen, wie es der Alltag gestaltet. Mit europäischen Verhältnissen und Werten ist es kaum vergleichbar.»

«Da haben Sie aber allerhand auf sich genommen?»

«Ja, auf Bequemlichkeiten musste ich verzichten. Bequemlichkeiten machen auch bequem. Ich habe von den Menschen sehr viel gelernt. Durch diese Erlebnisse wurde ich ein völlig anderer Mensch. Wieder hier, erlebte ich mein Umfeld als einen Schock. Diese masslose Verschwendung in allen Bereichen! Diese Gedankenlosigkeit im Umgang miteinander und mit den zur Verfügung stehenden Gütern! Es dauerte eine ganze Zeit, bis ich mich wieder zurechtfand.»

«Sie können jetzt wieder damit umgehen. Wie ist Ihnen das gelungen?»

«Das ist eine Geschichte für sich. Ich lebe in einer Stadt, die schlechthin zum Symbol für Ausländerfeindlichkeit gemacht wurde. Zuerst dachte ich, dass alle Menschen hier daran interessiert seien, dieses Bild wieder geradezurücken. Das war mein erster Irrtum, viele waren zu sehr mit sich selbst beschäftigt. Es wurde mir schmerzlich klar, als ich begann, von meinen Erlebnissen zu berichten. Es sei doch alles soweit weg. Wir haben doch hier Probleme genug, um die ich mich kümmern könnte, wenn ich es wolle.»

«Waren Sie enttäuscht?»

«Ernüchtert wäre der bessere Ausdruck dafür, nicht wahr. Zuerst begann ich damit, die Sachen zu sammeln, an denen am ärgsten Mangel herrschte. Das gelang mir noch recht gut. Dann stand ich vor dem Problem, den Transport zu finanzieren. Ich zahlte den grössten Anteil aus eigener Tasche.»

«Was sagte Ihre Familie dazu?»

«Sie rühren da an einen sehr wunden Punkt. Interessiert es Sie, welche persönlichen Schicksalsschläge ich ausserdem noch verarbeiten musste?»

«Ja, schon. Bitte erzählen Sie.»

«In meiner Partnerschaft fehlte es an Harmonie. Mein Mann suchte nach anderen weiblichen Kontakten und liess mich oft allein. Meine beiden Töchter wurden zum Mittelpunkt meines Lebens. Meine ältere Tochter heiratete und zog weit weg. Mir blieb meine Jüngste. Zwar war sie ein schwieriges Kind gewesen. Vielleicht gerade deshalb war sie auch mein Sonnenschein. Ihre Lebendigkeit und ihr Frohsinn hellten meinen Alltag auf.»

«Sie sprechen in der Vergangenheit?»

Mit einem tiefen Atemzug blickte sie zuerst zum Boden. Ihr Blick verlor sich in der vorbeiziehenden Landschaft, ehe sie antwortete:

«Ich verlor sie im Alter von zwanzig Jahren durch einen Verkehrsunfall.»

Erst als sie mich wieder ansah, wagte ich vorsichtig zu fragen, wann das geschehen sei.

«Seitdem sind fünf Jahre vergangen. Es tut aber immer noch weh.»

Nach einer Weile straffte sich ihr Körper, und sie sprach weiter: «Mit meiner Trauer musste ich allein fertigwerden. Zu dieser Einsicht gekommen, stellte ich meinen Mann vor die Entscheidung, entweder ich oder die andere Frau. Er konnte sich nicht entscheiden, also forderte ich ihn auf, zu gehen.»

«Sie haben es also aufgegeben, Ihren Mann ändern zu wollen?»

«Lange genug hat es ja gedauert, nicht wahr. Heute lebe ich allein. Es ist für mich das Beste, obwohl wirtschaftlich schwierig.»

«Sie waren nun allein mit Ihren Problemen?»

«So ganz nicht, meine Geschwister und meine ältere Tochter gaben mir die Kraft zum Weiterleben. Es ging langsam, und manchmal dachte ich, es sei alles zu Ende. Ich war oft sehr traurig und wollte mich zurückziehen. Meine Eindrücke aus Mosambik liessen mich jedoch nicht los. Immer wieder sagte ich mir: Du musst etwas tun. Allein konnte ich es nicht schaffen, das war mir klar.»

«Fanden Sie Menschen, die mit Ihnen zusammenarbeiten wollten?»

«Ich suchte danach. Ich wusste, dass in der Region Mosambikaner leben, die hier verheiratet waren. Also organisierte ich ein Treffen. Meine nächste Ernüchterung! Mit der hätte ich rechnen müssen. Der Funke unseres Pünktlichkeitswahn war noch nicht übergesprungen. Die letzten kamen, als die ersten bereits gegangen waren. In Mosambik leben die Menschen nicht nach der Uhr. Sie hatten sich wohl innerlich von ihrem Heimatland bereits gelöst und waren damit beschäftigt, ihre Heimat hier zu finden.»

«Keine Resonanz?»

«Mit Worten vielleicht, aber Taten folgten in der näheren Umgebung kaum. Informationen von anderen Organisationen, die sich mit Entwicklungshilfe beschäftigten, halfen mir da eher weiter. Die Reisen zu Tagungen belasteten mich zwar finanziell, brachten mir aber Erkenntnisse für einen wirkungsvolleren Ansatz der Hilfe.»

«Sie haben weitergemacht?»

«Ich sprach mit Menschen, die mir zuhören wollten. Es kam vor, dass sie mir spontan Geld in die Hand drückten. Das machte Mut. Ich sah darin gleichzeitig Verpflichtung und Verantwortung.»

«Wie haben Sie das Geld nach Mosambik gebracht?»

«Haben Sie Erfahrungen damit? In der Tat, die Post- und Bankwege nach Mosambik sind ein Kapitel für sich. Ob etwas ankommt oder wann, das steht in den Sternen. Ich wollte das Geld persönlich hinbringen und plante meine nächste Reise.»

«Aha.»

«Zu allem Übel wurde ich auch noch krank. Ich hatte seit geraumer Zeit starke Schmerzen im Unterleib. Da helfe nur eine Operation, sagte mir der Arzt. Sollte wieder etwas dazwischen kommen? Den Gedanken daran verdrängte ich zunächst.»

«Und wie?»

«Mit Arbeit, nicht wahr. Die Fotos, die ich in Mosambik gemacht hatte, waren sehr gut gelungen. Ich liess von den aussagekräftigsten Abzüge anfertigen und gestaltete damit Briefkarten. Den Erlös könnte ich mitnehmen.»

«Sie haben sich also bewusst mit anderen Tätigkeiten von Ihren Schmerzen abgelenkt?»

«Ich glaube, es war mehr als Ablenkung. Es war ein Hoffnungsschimmer, der meine hilflosen Gedanken in den Hintergrund rückte. Ich konnte etwas tun. Mit Video-Vorträgen in Schulen und bei Vereinen gelang es mir immer besser, Interesse für die Probleme in Mosambik zu wecken. Viele gaben mir Geld, ohne dass ich sie darum bat.»

«Fühlten Sie sich durch Ihre Aktivität auch gesundheitlich besser?»

«Es drückte nicht mehr sosehr auf meine Stimmung. Indes, um die Operation kam ich nicht herum. Am Abend vor der Operation schlief ich mit den Gedanken ein: «Ich begebe mich in die Hände des Medizinmannes.» Das hat mit geholfen. Ich erwachte aus der Narkose und mir ging es gut. Am Abend bot man mir Schmerzmittel an, damit ich schlafen könne. Ich lehnte ab, weil ich mir sagte, meine Schwestern in Mosambik müssen auch ohne auskommen. Wenn sie es schaffen, dann schaffe ich es auch. Das war voreilig, wie ich im Laufe der Nacht bemerkte. Die Schmerzen waren fast unerträglich. Aber ich hielt durch.»

«Nun mussten Sie sich doch Zeit nehmen, um gesund zu werden?»

«Stillsitzen und Abwarten? Ich weiss nicht, ob ich dann noch am Leben wäre. Es waren noch drei Monate bis zu meiner Reise. Dieses Ziel liess mich schnell gesund werden. Das war mein Antrieb. Die Ärztin war erstaunt über meine schnelle Genesung.»

«Schön. Aber ich würde gern wissen: Für wen tun sie das alles? Tun Sie es nun für sich oder nur für die anderen?»

«Das ist eine komplizierte Frage, und darüber denke ich kaum nach. Nun jetzt, wo Sie es ansprechen, meine ich, dass wir doch alles, was wir für andere tun, auch für uns selber tun.»

«So sehe ich es auch. Haben Sie denn etwas erreichen können?»

«Ich denke, eine ganze Menge. Durch meine Vermittlungsarbeit entstand eine Tischlerei für Behinderte. Das ist in einem Land, das keine Sozialversicherung kennt und in dem Krieg und Mienen vielen Menschen die körperliche Unversehrtheit geraubt haben, zwar ein Tropfen auf den heissen Stein, aber immerhin ein Anfang.»

«Das haben Sie für andere erreicht, aber was für sich selbst?»

«Sie lassen nicht locker. Über mich selbst spreche ich gar nicht so gern. Nun gut, da fällt mir ein, dass ich darüber viele interessante Menschen kennengelernt habe, mit denen ich mich austauschen kann. Ich fühle mich noch mehr als Bürger dieser Welt. Meine Sichtweise hat sich verändert. Ich erkenne die Zusammenhänge klarer.»

«Also ein Lernprozess?»

«Wenn Sie es so sehen, gewiss. Was habe ich dabei gelernt? Puh! Eine ganze Menge.»

«Was genau für Sie als Persönlichkeit?»

«Ich habe gelernt, mich besser auszudrücken.»

«Mehr nicht?»

«Ich muss überlegen. Es waren nicht nur erfreuliche Erkenntnisse. Der Kampf gegen die Bürokratie. Von einigen Menschen werde ich auch schief angesehen, weil sie mein Anliegen als etwas so Absurdes betrachten.»

«Haben Sie daraus auch gelernt?»

«Damit musste ich fertigwerden. Die Verantwortung für die Gelder, die mir anvertraut wurden, wollte und konnte ich nicht mehr allein tragen. Über diese Dinge unterhielt ich mich mit Freunden, die mir den Rat gaben, einen Verein zu gründen, damit eine rechtliche Grundlage da wäre. Das haben wir dann auch getan, und heute bin ich Vorsitzende des Vereins. Ich musste lernen, zu organisieren, Mitglieder zu motivieren und zu koordinieren. Am schwersten habe ich damit zu kämpfen, dass ich nun auch Anerkennung im öffentlichen Rahmen bekomme und des öfteren im Mittelpunkt stehe. Das empfinde ich unangenehmer als einen Zahnarztbesuch.»

«Ihrem Anliegen kann doch öffentliches Interesse nur dienen?»

«Das sagen meine Vereinsmitglieder auch. Leicht ist es trotzdem nicht. Dieser hohe Bekanntheitsgrad heisst, sich der öffentlichen Meinung zu stellen. Für die einen bin ich eine Verrückte, andere bewundern mich, und manchmal habe ich auch Angst, die hohen Erwartungen nicht erfüllen zu können.»

«Sehen Sie sich unter Druck gesetzt?»

«Manchmal glaube ich, es nicht mehr zu schaffen. So, als wären meine Batterien leer.»

«Spüren Sie das körperlich?»

«Ja, schon. In letzter Zeit schmerzen meine Knie. So, als wollten sie mich bremsen. Habe ich mich dann aufgerafft und bin unterwegs, dann spüre ich es weniger. Wenn ich dann sehe, mit wieviel Herz und Energie die Vereinsmitglieder Aufgaben übernehmen, dann treibt das auch mich voran. Es ist aber so viel zu tun und auch wir schaffen nur einen kleinen Teil der Aufgaben.»

«Sie haben also doch noch mehr gelernt.»

«Nicht schon wieder. Gut, ich habe gelernt, meine Grenzen zu erkennen. Akzeptieren kann ich sie nur schwer. Ich weiss, dass ich nicht von allen geliebt werden kann, auch wenn ich mich noch so anstrenge. Auch, dass ich mit ruhigem Gewissen Arbeit abgeben kann, habe ich gelernt. In Afrika habe ich gelernt, dass die Menschen eine andere Lebenseinstellung haben. Ihr herzlicher Umgang miteinander und die Nähe, die sie zulassen, haben mich beeindruckt und taten mir gut. Die einfachen Menschen sorgen sich um die Nahrung für den Tag, weiter planen sie erstmal nicht. Unsere Hilfe ist nur ein Impuls, ein Samenkorn, das unter den Bedingungen in Afrika gedeihen muss. Auch dort müssen die Menschen selbst die Initiative ergreifen, wenn es aufwärts gehen soll.»

«Werden Sie wieder einmal nach Mosambik reisen?»

«Ja, schon im nächsten Monat. Damit die gesammelten Spenden wirklich ihren Zweck erfüllen, sollte ich die Finanzen für das aktuelle Projekt schon persönlich in die Hand nehmen. Hunger verführt leicht. Ich fühle mich auch den Menschen sehr verpflichtet, die das Geld gegeben haben. Es soll da ankommen, wo es wirklich hilft, bei den Kindern armer Eltern und bei den Waisen.»

«Es steht Ihnen also eine beschwerliche Reise bevor?»

«Bei dem Gedanken daran halte ich mich selbst fast für verrückt. Doch diese Aufgabe ist mein Leben. Ich tue, was ich tun muss.»

Bekenntnis im Seminar

Ich erinnere mich an die Erzählung einer Frau in einem meiner Seminare. Nennen wir sie Britta. Das ist zwar nicht ihr Name, aber er könnte zu ihr passen. Sie war eine quicklebendige, etwas füllige Person, die nur so vor Energie strotzte.

Britta war spontan bereit, vor der Gruppe über ihr Leben zu sprechen und ihre Lebens- und Krankengeschichte als Beispiel zur Verfügung zu stellen.

Lesen Sie Brittas Schilderung:

«Wenn mir früher jemand gesagt hätte, was ich heute so alles tue und was für ein erfülltes Leben ich führe, dem hätte sicherlich die eindeutige Geste mit dem Zeigefinger an die Stirn zur Antwort gegeben. Wie sieht mein Leben heute aus? Ich bin sozusagen der Motor eines Vereins mit fast einhundert Mitgliedern und bin in den Beirat unserer Stadt berufen worden. Bin ich zu Hause, steht mein Telefon kaum still, auch an der Tür klingelt es laufend. Wer sich mit mir treffen will, muss sich rechtzeitig mit mir verabreden. Ich bin fast ständig unterwegs.

Meine Aktivitäten gehen über die Grenzen der Stadt hinaus. Ich habe viele interessante Menschen kennengelernt und konnte dauerhafte Kontakte zur Zusammenarbeit knüpfen.

Gut, ich bin nicht immer gesund und munter. Ab und zu plagt mich schon ein Zipperlein, doch das ist im Vergleich mit früheren Erkrankungen nahezu belanglos. Ich lebe jetzt für mich, tue die Dinge, die mir wichtig sind. Das kann ich nur, weil ich keine ständigen Verpflichtungen gegenüber anderen Menschen habe. Was ich für sie tue, tue ich freiwillig und weil es mir Spass macht.

Das war nicht immer so. Meine Ehe war eine Katastrophe. Ich war blindlings und etwas blauäugig da hinein gestolpert. Gut, ich war noch sehr jung. Dass ich meinen Angetrauten kaum kannte, stellte ich erst nach und nach fest. Aus heutiger Sicht kann ich sagen, dass es deutliche Anzeichen gab. Doch diese Zeichen wollte ich in meiner Verliebtheit nicht wahrnehmen, zumal auch schon unser erstes Kind unterwegs war.

Seine Erwartungen an eine Ehe und die meinen hatten überhaupt nichts miteinander zu tun. Zu ertragen war mein Leben als Ehefrau nur dadurch, dass mein Mann ständig auswärts arbeitete. Kam er nach zwei Wochen Abwesenheit nach Hause, so lebte er die Rolle des Familienoberhauptes aus. Das wäre an sich in Ordnung gewesen, wenn er diese Rolle mit allen Konsequenzen gelebt hätte. Er suchte sich nur den für ihn angenehmen Teil heraus, die Machtposition. Die Seite, die mit Verantwortung verbunden war, überliess er mir. Wirtschaftlich hätten wir ganz gut dagestanden, wenn er mir und den Kindern unseren Anteil zugebilligt hätte. Doch er sah das anders. In den Urlaub fuhr er nur allein. Ich musste über jede notwendige Anschaffung Rechenschaft ablegen. Die Kleidung für die Kinder nähte ich grösstenteils selbst. Brauchten die Kinder Schuhe, so musste ich ihm damit eine Weile in den Ohren liegen, bis er dafür Geld herausrückte. An meiner Haushaltsführung meckerte er stets herum. Ich hätte die Besenkrankheit, weil ich auf Sauberkeit in unseren vier Wänden hielt. Liess ich es sein, dann gab es wieder einen Anlass für Kritik. Auch wenn ich es versucht hätte, ich hätte es ihm niemals recht machen können.

In den ersten Ehejahren litt ich an Durchblutungsstörungen der Beine. Komplikationen gab es, weil eine Krampfader platzte. Kurze Zeit später musste ich eine Operation wegen akuter Blinddarmentzündung über mich ergehen lassen.

Jedesmal, wenn für mich das Mass voll war und ich mich dazu entschlossen hatte, ihn zu verlassen, stellte ich fest: Ich bin schwanger! Also schluckte ich wieder alles hinunter und blieb wieder in meiner fürchterlichen Situation stecken. Mich plagten Schuldgefühle gegenüber meinen Kindern. Auch sie hatten unter seiner Gewalttätigkeit zu leiden. Doch immer wieder suchte ich die Schuld bei mir selber.

Allmählich kam ich dahinter, dass ich nicht die einzige Frau in seinem Leben war. Sie brauchte ihn nicht um Geld zu betteln. Ihr machte er grosszügige Geschenke. Im Alkoholrausch tobte er seine Wut an mir und den Kindern aus. Bis mir eines Tages doch der Kragen platzte. Ich schlug zurück mit einem Gegenstand, der mir gerade in die Finger kam. Ich reichte die Scheidung ein, obwohl gerade mein viertes Kind unterwegs war. Meine Kinder standen in dieser aufreibenden Zeit fest zu mir.

Nach meiner Scheidung begann für mich ein neues Leben. Es bedeutete Verzicht auf bis dahin Gewohntes. Ich war völlig fertig, wusste manchmal weder ein noch aus. Mir fehlte die berufliche Ausbildung. Die holte ich nach und war so in der Lage, für meine Kinder aufzukommen. Es war nicht leicht, alles unter einen Hut zu bekommen. Meine Kinder und mein Beruf wurden zu meinem Lebensinhalt. Für andere Dinge blieb keine Zeit. Langsam erholte ich mich vom Trauma meiner Ehe.

Ein Jahr später kam mein Mann zu mir und bat mich, es noch einmal mit ihm zu versuchen. Doch inzwischen begann ich, meine Selbständigkeit zu schätzen. Ich hatte weniger Angst vor dem Leben. Ich wusste, ich kann es schaffen.

Arbeit, Schule, Haushalt und Kinder – das Tag für Tag! Doch diese Vierfachbelastung erschien mir immer noch besser als eine bedrückende Ehe, der ich hilflos ausgeliefert bin. Als alleinerziehende Mutter hatte ich den Ehrgeiz, in allem perfekt zu sein. Das war ich wohl auch. Doch dann musste ich mich einer Unterleibsoperation unterziehen. Die Sorge um meine Kinder und darum, wie alles verlaufen wird, liessen mich nicht zur Ruhe kommen. Ich wollte so schnell wie möglich wieder einsatzfähig sein. Das war ich dann auch für zwei weitere Jahre. Nun spielte aber die Galle nicht mehr mit. Wieder eine Operation mit einem Krankenhausaufenthalt, bei dem ich die Kinder anderweitig unterbringen musste.

Dann prasselte eine Reihe weiterer Schicksalsschläge auf mich nieder. Es starben kurz hintereinander meine wichtigsten Bezugspersonen: Vater, Mutter, meine jüngere Schwester. Gerade meine Mutter hatte mir immer wieder Halt gegeben und die Kraft, mein Leben zu meistern.

Es nützte nichts. Einfach sich hängenlassen, das war nicht meine Art. Mein Beruf machte mir Spass. Auch der Kontakt mit den Arbeitskollegen half mir über manches Tief hinweg. Dann holte mich wieder die harte Realität ein. Diagnose: Unterleibskrebs. Das war die Krankheit, an der vor weniger Zeit meine Schwester verstorben war.

Eilig wurde ein Operationstermin festgelegt, und danach musste ich die langwierigen und unangenehmen Bestrahlungen über mich ergehen lassen. Die Strahlen griffen ausser den Krebszellen auch mein Immunsystem an. Es zeigten sich erste allergische Reaktionen.

Die viele freie Zeit im Krankenhaus liess mich mein altes Hobby wiederentdecken. Ich hatte immer sehr gern Bastelarbeiten gemacht. Dazu war ich in den letzten Jahren kaum gekommen. Meine Kinder musste ich während meines Krankenhausaufenthaltes in einem Heim unterbringen. Es tröstete mich ein wenig, dass sie dort alle zusammen waren.

Nachdem ich das alles so recht und schlecht überstanden hatte, fuhr ich das erste Mal in meinem Leben zur Erholungskur. Das erste Mal war ich für mich allein. «Was ist mit mir passiert? Ich kann auf einmal leben, wie ich will. Den ganzen Tag habe ich zu meiner Verfügung?» Ich konnte es kaum fassen. Nun hatte ich Zeit zum Nachdenken. Ich lernte viele Menschen kennen. Sie hatten ähnliche Erkrankungen wie ich durchgemacht. Darüber zu sprechen, half mir, seelisch damit fertig zu werden. Mir wurde bewusst, wie wichtig für mich andere Menschen sind. An ihrem Schicksal teilzuhaben, liess mich mein Leben in einem anderen Licht erscheinen.

Wieder zu Hause, war ich überglücklich, meine Kinder wieder in die Arme schliessen zu können. Ich wusste, dass sie mich brauchen. Unser Haushalt musste nun neu organisiert werden. Meine beiden älteren Kinder bekamen feste Pflichten, die sie täglich zu erfüllen hatten. Das klappte nach anfänglichen Schwierigkeiten ganz gut, hin und wieder musste ich schlichtend eingreifen. Mein Anteil war immer noch erheblich. Das nächste Jahr machten mir Kreislaufprobleme zu schaffen. Während eines Schwindelanfalls stürzte ich unglücklich und brach mir die Hand. Wenn alles einigermassen weiterlaufen sollte, mussten noch weitere von meinen Aufgaben meinen Kindern übertragen werden.

Weil ich so sehr abgenommen hatte, wurde ich wieder zur Kur geschickt. Doch auch das half nichts, ich nahm weiter ab. Von dieser Kur kehrte ich mit einer schweren ansteckenden Gelbsucht heim. Das bedeutet für mich und die Kinder Quarantäne. Wir durften über mehrere Wochen das Haus nicht verlassen. Versorgt wurden wir durch hilfreiche Hände, die uns die Lebensmittel vor die Tür stellten. Doch das Zusammenleben auf engem Raum wurde sehr problematisch. Die Kinder begannen sich zu langweilen und stritten häufig. Wir kamen einander ständig in die Quere.

Allmählich kam meine jüngste Tochter in das Pubertätsalter. Was ich bei den anderen Kindern kaum als Belastung empfand, hatte bei ihr extreme Auswirkungen. Sie war nicht gewillt, noch irgendwelche Normen zu akzeptieren. Sie kam häufig am Abend nicht nach Hause. Wir suchten sie dann. Doch zweimal kam es vor, dass sie in einer entfernten Stadt von der Polizei aufgegriffen wurde. Ich musste einsehen, dass ich die Probleme mit ihr nicht in den Griff bekam. Ich fühlte mich schlecht bei dem Gedanken, mein Kind in ein Heim zu geben. Ich tat es dennoch, weil ich keinen anderen Rat wusste.

Gesundheitlich war diese Zeit geprägt durch Herzrhythmusstörungen. Ich brach zusammen und erfuhr, dass ein bleibender Schaden entstanden ist. Dann die nächste schlimme Nachricht: An meiner Schilddrüse hatte sich ein heisser Knoten gebildet. Wieder half nur eine Operation. Nachdem ich diese überstanden hatte, wurde mir nahegelegt, den Schaden an der Herzklappe operativ beheben zu lassen. Schluss jetzt! – habe ich da geantwortet. Keine Operation mehr! Ich will leben!

Meine Kinder sind nacheinander aus dem Haus gegangen und haben eine eigene Familie gegründet. Alle haben ihren Platz im Leben gefunden. Auch meine Jüngste hat die Kurve gekriegt. Doch es gelang mir, loszulassen. Ich habe mich dem zugewandt, woran ich Freude habe. Das tue ich, ohne dabei ein schlechtes Gewissen zu haben. Wenn ich tatsächlich einmal Probleme habe, kann ich mit Freunden darüber reden. Das hilft mir sehr. Für meine Kinder bin ich immer noch da, wenn sie mich brauchen. Allerdings lasse ich mich nicht ständig in die Pflicht nehmen.»

Soweit Brittas Geschichte. Alle drei Frauen haben mir die Erlaubnis gegeben, über sie zu schreiben. Krankheit, Lebensumstände und Schicksalschläge stehen bei allen in einem engen Zusammenhang. Wenn Sie sich umhören, dürfte es Ihnen nicht schwerfallen, weitere solche Geschichten zu finden. Am ehesten von Personen, die auf einen Teil ihres Lebens zurückblicken, sich mit etwas Abstand auf das Wesentliche besinnen können.

Kapitel 9

Mit dem eigenen Körper
in Dialog treten – Meditation

Sehr häufig werden Sie bisher das Wort «Loslassen» gelesen haben. Was ist das? Loslassen, von etwas, das nicht hergegeben werden will? Alles, was festgehalten wird, kann sich nicht weiterentwickeln. Werden Sie irgendwo festgehalten, dann erreichen Sie Ihr Ziel nicht. Loslassen kann man einen geliebten Menschen. Diese Liebe wird wertvoll, weil sie freiwillig ist und aus dem Herzen kommt. Loslassen sollte man auch einen Lebensabschnitt, der vergangen ist. Nur dann ist man offen für den folgenden.

Wichtig ist es, von der Anspannung des Tages loszulassen. «Schalte ab!» Leichter gesagt als getan. Probleme, die nicht gelöst sind, verfolgen uns weiter und rauben uns des Nachts den Schlaf. Immer wieder wälzen wir uns hin und her. Zu einer Lösung zu kommen fällt schwer. Hier hilft Meditation. Das sind Entspannungsübungen. Auch diese müssen wir erst lernen.

Es ist ein Programm, wenn wir ständig angespannt sind. Programme können geändert werden.

Gelingt es Ihnen nicht gleich von Anfang an, die Spannung loszulassen, dann lassen Sie sich nicht entmutigen. Entwickeln Sie Gespür für Ihren Körper. Gut geeignet für den Einstieg sind die Entspannungsübungen nach Jacobsen. Bei diesen Übungen werden bei den Füssen angefangen nacheinander die Muskeln leicht angespannt, um sie dann zu entspannen. Dabei können Sie bewusst die Entspannung spüren. Zuerst wenige Sekunden Anspannung, um sich dann dem Gefühl der Entspannung hinzugeben. Ihre Aufmerksamkeit richtet sich auf den Körperteil, der gerade bearbeitet wird.

Diese Übungen können Sie in Kursen erlernen. Wer damit gut zurecht kommt, dem gelingt es meist auch sehr schnell, die Technik des autogenen Trainings zu erlernen.

Im Tagesverlauf hilft schon, mit einer bewussten Atemtechnik den Stress abzubauen. Gerade in Stresssituationen neigen wir oft zu oberflächlicher Atmung.

Dabei setzt man sich entspannt auf einen Stuhl, schliesst die Augen. Zuerst einmal alle verbrauchte Luft ausatmen und dann langsam tief durch die Nase einatmen. Die Luft kurz anhalten. Dann durch den Mund langsam ausatmen. Die Lippen setzen dem Luftstrom dabei etwas Widerstand entgegen. Achten Sie darauf, dass die Atemluft möglichst vollständig ausgeatmet wird. Lassen Sie damit gleichzeitig den Stress aus sich herausströmen. Atmen Sie so bewusst etwa zehn Mal hintereinander. Wenn Sie die Augen öffnen, fühlen Sie sich entspannter als vorher. Sie haben frische Kräfte, weil Sie Ihrem Körper den notwendigen Sauerstoff zugeführt haben.

Musik, die Sie mögen, kann den Entspannungsprozess hilfreich unterstützen. Musikkassetten oder CDs dafür sind im Handel erhältlich. Es gibt auch Angebote dieser Art mit gesprochenen Entspannungsanweisungen, Musik und beruhigenden Geräuschen. Wollen Sie darauf nicht zurückgreifen, so können Sie sich selbst eine Kassette mit den Anweisungen besprechen. Es fällt Ihnen dann leichter, den gewünschten Entspannungszustand zu erreichen.

Hier ein Vorschlag, wie Sie Ihre Kassette ganz individuell gestalten können: Lesen Sie die Anweisungen vorher erst einmal durch und wählen Sie ein Bild aus meinen drei Vorschlägen, welches Ihren persönlichen Wünschen entgegenkommt. Sollte keines dabei sein, so gestalten Sie Ihr eigenes in ähnlichem Muster. Sprechen Sie den Text mit ruhiger, getragener Stimme, so, wie es Ihrer Entspannung am besten gerecht werden kann.

Bevor Sie dann mit der Meditationsübung beginnen können, sind noch einige *Vorbereitungen* erforderlich:

Sie ziehen sich in einen ruhigen Raum zurück und bitten Ihre Angehörigen, Sie nicht zu stören. Die Klingel und das Telefon schalten Sie für diese Zeit am besten ab. Es ist eine Zeit, die nur Ihnen gehört. Diese Zeit steht Ihnen zu!

Meditations-Anleitung:

(IN KLAMMERN DIE LÄNGE DER PAUSE IN SEKUNDEN)

Du gönnst dir heute die Zeit für dich.
Du willst deinen Körper wahrnehmen, dich entspannen.
Du legst dich bequem auf deine Unterlage. (8")
Die Beine nebeneinander. (3")
Die Hände locker seitlich neben dem Körper. (3")
Hast du eine dir bequeme Lage gefunden?
Wenn nicht, korrigiere sie noch einmal. (8")
Wenn du deine Lage gefunden hast, dann schliesse deine Augen. (3")
Du spürst deine Unterlage unter dir.
Sie trägt dich sicher.

Du fühlst dich geborgen. (8")
Du schaust nun nach innen, wo ein wunderbares Erleben
für dich möglich ist. (3")
Du lässt alles los und gönnst dir die entspannte Ruhe. (8")
Die Aussenwelt rückt immer weiter von dir weg,
wird bedeutungslos. (5")
Alle äusseren Eindrücke beginnen
aus deinem Bewusstsein zu verschwinden. (8")
Sie erreichen dich kaum noch.
Du nimmst sie nicht mehr wahr. (8")
Du folgst nur noch dieser Stimme. (5")

Du richtest deine Aufmerksamkeit auf deinen Körper. (3")
Du spürst jetzt deine Beine. (3")
Wie wohltuend die Entlastung für deine Beine ist. (5")
Du nimmst dein Becken wahr. (3")

Die Last deines Körpers trägt die Unterlage. Dein Becken kann sich von seiner Arbeit erholen. (5")
Jetzt wendest du deine Aufmerksamkeit deinem Rücken zu. (3")
Du spürst deinen Rücken, der dich im Leben gerade hält. (8")
Nun wanderst du gedanklich den Rücken hinauf, (3")
und deine Aufmerksamkeit gilt nun deinem Nacken. (5")
Nun konzentrierst du dich auf deinen Kopf. (2")
Du spürst deine Kopfhaut (2")
deine Stirn (2")
dein ganzes Gesicht. (2")
Deine Aufmerksamkeit wandert weiter den Hals hinunter zu deinen Schultern. (5")

Du denkst liebevoll an deine Schultern, die die Last deines Lebens tragen. (8")
Von den Schultern gleitet deine Aufmerksamkeit in deine Arme. (3")
Zuerst in die Oberarme, (3")
über die Ellenbogen, (3")
in deine Unterarme. (3")
Du fühlst, wie deine Hände neben deinem Körper auf der Unterlage ruhen. (5")
Du spürst deine Hände bis hinein in die Fingerspitzen. (8")
Gedanklich wanderst du deine Arme wieder hinauf. (5")
Nun wende deine Aufmerksamkeit deinem Brustkorb zu, der deine oberen Organe schützt. (8")
Du nimmst das Zentrum deines «Ichs» wahr.
Du spürst dich selbst. (8")
Weiter gleitet deine Aufmerksamkeit und du bedenkst damit deinen Bauch. (5")
Du spürst, wie sich deine Bauchdecke hebt und senkt. (8")
Es ist dein Atem, der dies so wunderbar geschehen lässt. (3")
Dein Atem strömt bis tief in deinen Bauch (3")
und wieder hinaus (3")

Du spürst deinen Atem, spürst, dass er da ist. (3")
Dein Atem kommt (3")
und geht (3")
wie von selbst. (5")
Mit jedem Ausatmen strömt auch die Spannung aus deinem Körper, und eine wohltuende Entspannung breitet sich in dir aus. (8")
Du atmest ein (3")

und aus, (3")
ein (3")
und aus. (3")
Mit jedem Atemzug gerätst du tiefer in die Entspannung. (10")

Du lässt es zu, dass deinen Gedanke aufsteigen, lässt sie
vorübergleiten. (5")
Hältst sie nicht fest. (3")
Unterdrückst sie nicht. (3")
Es ist in Ordnung so. (3")
Lass deine Gedanken frei schweben und wieder verschwinden. (10")
Im Vorübergleiten verblassen die Gedankenbilder. (8")
Du lässt alles los. (3")
Alles loslassen. (8")

Du richtest deine Aufmerksamkeit wieder auf deinen Körper. (5")
Zunächst auf dein Gesicht. (2")
Deine Gesichtsmuskulatur entspannt sich. (8")
Deine Stirn glättet sich. (5")
Deine Wangen entspannen. (5")
Dein Kinn löst und entspannt sich. (5")
Das ganze Gesicht ist wunderbar entspannt. (8")
Die Spannung weicht auch aus deiner Kopfhaut. (5")
Die wunderbare Entspannung breitet sich in
deinem Nacken aus. (8")
Du gibst allen Widerstand auf. (3")
Du lässt los. (1")
Und alles löst sich. (4")

Du gibst dich vertrauensvoll der Entspannung hin. (5")
Auch deine Schulter entspannen sich nun mehr und mehr. (3")
Die Schultern werden schwer und leicht zugleich. (8")
Die Entspannung fliesst nun in deinen rechten Arm. (3")
Zuerst in den rechten Oberarm. (3")
Du spürst die prickelnde Entspannung. (3")
Spürst, wie sie weiterfliesst über den Ellenbogen in den rechten
Unterarm. (3")
Schwer liegt dein rechter Arm nun auf der Unterlage. (3")
Er wird immer schwerer. (5")
Dein rechtes Handgelenk lockert sich. (3")
Die Entspannung breitet sich in deiner rechten Hand aus. (3")

Deine rechte Hand wird immer lockerer. (3")
Immer schwerer. (5")
Du spürst die Entspannung in deinem rechten Daumen. (3")
Die Entspannung erreicht deinen rechten Zeigefinger, (3")
deinen rechten Mittelfinger, (3")
deinen rechten Ringfinger (3")
und deinen kleinen Finger. (3")
Dein ganzer rechter Arm ist nun entspannt bis in die
Fingerspitzen. (3")
Die wunderbare Entspannung durchflutet deinen rechten Arm. (5")
Eine wohlige Wärme breitet sich in deinem rechten Arm aus. (5")
Du geniesst dieses wunderbare Gefühl der Schwere und Wärme in
deinem rechten Arm. (8")
Du nimmst den Unterschied zu deinem linken Arm wahr. (8")

Deine Schultern entspannen sich nun noch mehr. (5")
Von deinen entspannten Schultern fliesst die Entspannung nun auch
in deinen linken Oberarm. (3")
Dein linker Oberarm wird immer schwerer, (3")
immer lockerer. (5")
Die Entspannung strömt weiter (3")
über deinen Ellenbogen (3")
in deinen linken Unterarm. (3")
Schwer liegt nun auch dein linker Arm auf der Unterlage. (3")
Er wird immer schwerer. (5")
Dein linkes Handgelenk lockert sich. (3")
Die Entspannung breitet sich in deiner linken Hand aus. (3")
Deine linke Hand wird immer lockerer. (3")
Immer schwerer. (5")
Du spürst die Entspannung in deinem linken Daumen. (3")
Die Entspannung erreicht deinen linken Zeigefinger, (3")
deinen linken Mittelfinger, (3")
deinen linken Ringfinger (3")
und deinen kleinen Finger. (3")
Dein ganzer linker Arm ist nun entspannt bis in die
Fingerspitzen. (3")
Die wohltuende Entspannung durchflutet nun auch
deinen linken Arm. (3")
Eine wohlige Wärme breitet sich auch in deinem linken Arm aus. (5")
Du geniesst dieses wunderbare Gefühl der Schwere und Wärme
in deinem linken Arm. (8")

Deine beiden Arme liegen nun schwer und entspannt neben deinem Körper. (5")
Die wohlige Wärme durchflutet von deinem Nacken ausgehend (3")
deine Schultern, (3")
deine beiden Arme bis in die Fingerspitzen. (3")
Sie durchströmt nun auch deinen Brustkorb, der sich mehr und mehr entspannt. (5")
Die Lockerheit lässt das Atmen immer leichter werden. (3")
Du brauchst gar nichts dazuzutun. (3")
Es geschieht wie von allein. (5")
Du lässt es geschehen. (5")
Alles weitet sich. Dein Brustkorb wird frei. (5")
Die Schwere ist gleichzeitig Leichtigkeit. (5")
Dein gesamter Oberkörper liegt nun entspannt auf der Unterlage. (5")

Nun durchflutet die entspannende Wärme deinen gesamten Rücken (3")
bis zu deinem Becken. (5")
Die Entspannung breitet sich wunderbar aus. (5")
Du nimmst die wohlige Entspannung wahr und fühlst die Schwere deines Körpers. (5")
Dein Rücken entspannt sich noch mehr. (5")
Du denkst liebevoll an deinen Rücken und gönnst ihm diese wohltuende Entspannung. (8")

Mehr und mehr entspannt sich auch dein Becken und dein Gesäss. (5")
Dein Becken wird schwer und schwerer. (8")
Vom Becken ausgehend fliesst die Entspannung nun in deinen rechten Oberschenkel. (3")
Du spürst, wie die Entspannung deinen rechten Oberschenkel prickelnd durchzieht. (5")
Die Entspannung wird immer tiefer. (5")
So ist es gut. (8")
Die wunderbare Entspannung dehnt sich auf deinen rechten Unterschenkel aus. (3")
Du fühlst die Lockerheit deiner rechten Wade und die gleichzeitige Schwere deines rechten Unterschenkels. (3")
Die Entspannung gleitet weiter in deinen rechten Fuss. (5")
Du fühlst das entspannende Kribbeln im Sprunggelenk. (5")

Die Entspannung durchfliesst deine Ferse und den Fussrücken. (3")
Deine rechte Fuss-Sohle entspannt sich. (3")
Auch dein ganzer rechter Fuss wird schwer und schwerer. (3")
Die prickelnde Entspannung zieht bis in die Zehenspitzen. (5")
Die Entspannung tut deinem rechten Fuss wohl. (5")
Dein rechtes Bein liegt nun schwer und entspannt auf der
Unterlage. (5")
Eine wohlige Wärme durchzieht nun auch dein gesamtes
rechtes Bein. (8")
Du nimmst jetzt den Unterschied zu deinem linken Bein wahr. (8")
Die Entspannung breitet sich jetzt von deinem Becken und Gesäss
ausgehend auch im linken Oberschenkel aus. (1")
Die Entspannung wird immer tiefer. (5")
So ist es gut. (5")
Die wunderbare Entspannung dehnt sich auf deinen linken
Unterschenkel aus. (3")
Du fühlst die Lockerheit deiner linken Wade und die gleichzeitige
Schwere deines linken Unterschenkels. (3")
Die Entspannung dehnt sich auf deinen linken Fuss aus. (5")
Du fühlst das entspannende Kribbeln im Sprunggelenk. (5")
Die Entspannung durchfliesst deine Ferse und den Fussrücken. (3")
Deine linke Fuss-Sohle entspannt sich. (3")
Auch dein linker Fuss wird nun schwer und schwerer. (5")
Die prickelnde Entspannung zieht bis in die Zehenspitzen. (5")
Die Entspannung tut deinem linken Fuss wohl. (5")
Dein linkes Bein liegt nun auch schwer und entspannt auf der
Unterlage. (5")
Eine wohlige Wärme durchzieht nun auch dein gesamtes
linkes Bein. (5")
Beide Beine liegen nun entspannt und schwer auf der Unterlage. (3")
Du geniesst die erholsame Entspannung deiner Beine, die dich im
Leben vorantragen. (3")
Wie wohltuend die Entspannung für deine Beine ist. (5")
Wie angenehm. (8")

Du spürst jetzt deine Bauchdecke. (3")
Deine Bauchdecke entspannt sich mehr und mehr. (5")
Du spürst die Ruhe, die deinen ganzen Körper ausfüllt. (8")
Du gibst dich ganz und gar dem Gefühl
des völligen Entspanntseins hin. (5")
Lässt es geschehen. (8")

Ein Gefühl der Dankbarkeit und Freude breitet sich von deiner
Bauchdecke ausgehend über deinen ganzen Körper aus. (8")
Du freust dich, dass du dir die Zeit für dich selbst nimmst. (5")
Immer wieder gehen die Wellen des Glücksgefühls
von deiner Mitte aus. (10")
Das Glücksgefühl durchwallt deinen ganzen Körper. (8")
Du gibst dich vertrauensvoll deinem Körpergefühl hin. (5")
Du vertraust dir und deinem Körper. (5")
Die Schwere deines Körpers verwandelt sich in eine schwebende
Leichtigkeit. (8")
Du schwebst so in eine wunderschöne Landschaft, wie du sie dir schon
immer erträumt hast. (8")
Ganz sanft landest du und schaust dich um. (5")

(Bitte fügen Sie an dieser Stelle Bild 1, 2, 3 oder Bilder eines Ortes ein, an dem Sie sich gern aufhalten und erholen würden.)

Du bist dir selbst nah. (5")
Du vertraust dir voll und ganz. (5")
Du bist in Sicherheit. (5")
Du fühlst dich wohl. (5")
Du tust alles, was deinem Körper und deiner Seele wohltut. (10")
Allmählich verblasst die herrliche Landschaft. (5")
Die Bilder ziehen sich zurück. (5")
Das wunderbare Glücksgefühl wirkt weiter in dir nach. (8")
Ich zähle jetzt langsam rückwärts von zehn bis eins. (2")
Du kehrst dabei langsam in Wachbewusstsein zurück. (2")
Bei «eins» öffnest du deine Augen. (2")
Du fühlst dich wunderbar erfrischt und erholt. (3")
Dein Unterbewusstsein gibt dir zu erkennen, was für dich selbst
wirklich wichtig ist. (8")
Zehn (2")
   Neun (2")
      Acht (2")
         Sieben (2")
            Sechs (2")
               Fünf (2")
                  Vier (2")
                     Drei (2")
                        Zwei (2")
                           Eins (2")

Bild 1 – Am Strand in der Karibik

Um dich herum ist weisser warmer Sand. (3")
Du liegst auf dem breiten Strand und spürst die Wärme in deinen
Körper eindringen. (5")
An deinen Füssen spürst du den warmen weichen Sand. (5")
Dein Blick schweift auf das weite blaue Meer hinaus. (3")
Das Wasser ist klar und so blau wie der Himmel. (3")
Eine laue Brise erreicht dich vom Meer her. (3")
Sie trägt ein wenig von dem salzigen Wasser mit sich bis zu dir. (3")
Du spürst den Salzgeschmack zwischen deinen Lippen auf
der Zunge. (5")
Du atmest den Duft des Meeres ein. (5")
Du bist erfüllt von dem frischen salzigen Duft. (5")
Da hörst du das Säuseln des Windes in den Kronen der Palmen,
in deren Schatten du liegst. (5")
Sanft streicht der leichte Wind auch über deine Haut. (8")
Dein Blick wandert an den Stämmen hinauf bis zu den majestätischen
Kronen. (5")
Du siehst, wie die Palmwedel langsam im Wind
hin und her schaukeln. (3")
Du hörst ganz deutlich das Rascheln, wenn sie aneinanderreiben. (5")
Da trägt der Wind ein anderes Geräusch an deine Ohren. (3")
Nicht weit von dir braust die Brandung zwischen den hellen
Felsen. (5")
Die Gischt steigt an den Felsen empor und verteilt die Feuchtigkeit
des Meeres in der Luft. (5")
Wie wunderbar es hier ist. (5")
Wie gut dir deine Ruhe bekommt. (8")
Du geniesst die paradiesische Landschaft am Strand. (8")
Sie tut dir wohl. (5")
Ein Weile noch bleibst du ruhig am Strand liegen und lässt deine
Seele baumeln. (10")

Bild 2 – Die Sommerlandschaft

Du schaust dich langsam um. (3")
Vor dir ausgebreitet liegt eine wunderschöne Sommerlandschaft. (8")
Du liegst auf einer Wiese am Waldrand. (5")
Die Sonne scheint und breitet eine wohltuende Wärme aus. (5")
Alles ist friedlich. Ruhig liegt die Landschaft da. (5")
Nicht weit weg schlängelt sich ein kleiner Bach durch die Wiese. (5")
An seinem Ufer stehen hohe dunkelgrüne Erlen. (3")
Du hörst das freudige Gezwitscher eines kleinen Vogels,
der in den Ästen sein Liedchen singt. (8")
Der kleine Sänger bleibt nicht lang allein, schon bald vernimmst du
ein fröhliches Vogelkonzert. (3")
Es scheint, als wollten sie diesen herrlichen Tag bejubeln. (5")
Schon spürst auch du diese Freude in dir. (8")
Die Luft ist erfüllt von dem Schwirren kleiner Insekten, die die Blüten
der Sommerblumen aufsuchen. (5")
In dieses helle Schwirren mischt sich der dunkle Ton
einer Hummel. (3")
Ganz in der Nähe lässt sie sich auf einer Blüte nieder, deren dünner
Halm sich unter dem Gewicht biegt. (3")
Genau vor deinen Augen erklimmt ein Marienkäfer einen langen
Grashalm. (5")
Oben angekommen, breitet er seine Flügel aus und fliegt davon. (3")
Dein Blick folgt ihm hinüber zum Wald. (5")
Nur ganz leise bewegen sich die Blätter der hohen Buchen. (8")
Ein leichter Windhauch weht den würzigen Duft von Heu zu
dir herüber. (5")
Er vermischt sich mit dem Duft der Blumen. (5")
Du atmest den Duft ein. Den Duft des Sommers. (8")
Wie wohltuend es ist, hier auf der Wiese zu liegen! (8")
Leichte weisse Wölkchen siehst du über dir langsam am blauen
Himmel entlangziehen. (5")
Du geniesst es, hier in dieser friedlichen Landschaft zu liegen, (5")
der Natur so nahe zu sein. (8")
Eine Weile bleibst du auf der Wiese liegen und geniesst den herrli-
chen Tag mit seiner Schönheit und der wohltuenden Ruhe. (10")
Du lässt alles um dich herum einfach geschehen. Alles ist gut so. (10")

Bild 3 – In der klaren herbstlichen Bergluft

Du befindest dich auf dem Gipfel eines Berges. (3")
Unter dir breitet sich ein herbstlicher Laubwald aus. (5")
Du schaust von oben auf die Wipfel der Bäume wie auf eine grossen
bunten Teppich. (5")
Die warmen bunten Farben erfreuen deine Augen, durchdringen und
wärmen dein Gemüt. (8")
Die Sonne lässt alles in goldenem Glanz erstrahlen. (5")
Die Luft ist klar und rein wie Seide. (5")
Du kannst weit hinaus ins Land schauen. (5")
Du fühlst dich frei und leicht. (8")
Die Freude über die Schönheit ringsum durchströmt
deinen Körper. (8")
Dein Blick schweift über weite Wiesen, einen See und
sanfte Hügel. (5")
In der Ferne siehst du ein Dorf,
aus dessen Mitte ein Kirchturm ragt. (2")
Glockenläuten lässt die Luft erzittern und klingt sanft
bis zu dir herüber. (8")
Nun begibst du dich in den Herbstwald. (8")
Durch die goldenen Blätter fällt gedämpftes warmes Licht bis auf den
feuchten weichen Waldboden. (5")
Langsam segeln bunte Blätter nach unten. Eines fällt auf deinen Arm,
bevor es zu Boden fällt. (5")
Du atmest die würzige feuchte Luft des Waldes ein. (8")
Es riecht nach Pilzen. (5")
Leise rascheln die bereits abgefallenen Blätter des letzten Sommers
unter deinen Füssen. (5")
Da siehst du aus dem Waldboden eine kleine Quelle sprudeln. (5")
Die Sonnenstrahlen brechen sich im klaren Wasser. (3")
Du schaust dem Spiel des Lichtes zu. (5")
Das tanzende strahlende Licht erfüllt dein Innerstes mit Freude. (8")
Es ist ein wunderbarer Ort zum Verweilen. (5")
Du fühlst dich wundervoll geborgen in der Stille des Waldes. (8")
Du gibst dich diesem Augenblick ganz und gar hin. (8")

In diesem Zustand nehmen Sie Ihren Körper besser wahr. Die Gedanken lassen Sie kommen und gehen. Nach diesen Übungen steigen Ihre Gedanken nacheinander und nach Wichtigkeit auf. Sie können sich nun Notizen machen und die Dinge in Ruhe abarbeiten.

Kapitel 10

Finden Sie Ihren Weg zur Gesundheit

In der folgenden Auflistung finden Sie analoge Bedeutungen der Körperteile und danach die häufigsten Krankheitsbilder, von denen sie betroffen sein können. Die Krankheitsbilder habe ich dahingehend untersucht, welche Symbolik dahintersteht, was das Symptom verhindert, wozu es zwingt und wie es im Leben umgesetzt werden kann (Erlösung). Sei es, dass die Erkrankung in das Leben einbezogen wird, oder dass das gleiche, was die Krankheit fordert, im Leben gelebt wird. Auf jeden Fall dient es der Selbsterkenntnis.

Aggressionen können verschiedene Krankheitsbilder auslösen. Mit Aggressionen richtig umzugehen will gelernt sein. Der erste Schritt dazu ist, sie sich einzugestehen. Poltern Sie jedoch Ihre Wut gleich heraus, so verletzen Sie nicht nur die anderen, sondern auch sich selbst. Druck erzeugt immer Gegendruck. Einer momentanen Erleichterung folgt dann meist ein Katzenjammer. Das Problem hat sich dadurch keineswegs erledigt, es wird nur von einem neuen Problem überlagert. Ohne dass es Ihnen bewusst ist, kann so ein Knäuel schier unlösbarer Konflikte entstehen. Der Umgang mit Aggressionen, der durch Schuldzuweisungen geprägt ist, kann die Beziehungen zu anderen Menschen total vergiften.

Sie haben sich also eingestanden, dass Sie von aggressiven Gefühlen erfüllt sind. Der nächste Schritt wäre, die Situationen herauszufinden, die die Aggression ursprünglich ausgelöst hat. Könnte es nicht sein, dass es auch nur der berühmte letzte Tropfen war, der das Fass zum Überlaufen gebracht hat? Situationen sind immer das Ergebnis von Entscheidungen. Nur Ihre Entscheidungen, Ihre Einstellungen und Wertungen können Sie ändern, keineswegs einen anderen Menschen. Denn der einzige Mensch, den Sie ändern können, sind Sie selbst. Wenn Sie Ihren Unmut aussprechen, so sprechen Sie in *Ich-Botschaften*.

Etwa in dieser Weise:

Ich fühle mich durch diese Massnahme eingeengt. Ich fühle mich durch die laute Musik schlecht.

Sie erleichtern so Ihren Mitmenschen das Einlenken. Eine barsche Gegenreaktion ist auf diese Weise kaum zu befürchten, es wird eher Betroffenheit gezeigt werden.

Entschuldige, daran habe ich gar nicht gedacht.

Meist reagieren wir aber so:

Deine laute Musik ist eine Frechheit. Mach gefälligst leiser!

Die wahrscheinliche Reaktion:

Du hast aber auch immer was zu meckern. Mir gefällt gerade diese Lautstärke.

Das Ergebnis wäre Frust auf beiden Seiten. Negative Gefühle und Stress, was keinem guttut. Versuchen Sie bewusst, Ihrem Ärger angemessen Luft zu machen.

Leichter kann es Ihnen fallen, wenn Sie berechtigte Kritik so anbringen, wie Sie selbst kritisiert werden wollen. Ein treffender analoger Vergleich von Max Frisch macht dies anschaulich. Er empfiehlt, dem anderen die Wahrheit wie einen Mantel hinzuhalten, bei dem er selbst entscheiden kann, ob er ihn anzieht. Keineswegs sollte die Kritik dem anderen wie ein nasser Lappen um die Ohren gehauen werden. Diesen «Mantel der Kritik», mit viel Herz hingehalten, wird kaum jemand zurückweisen.

Ein entsprechendes Durchsetzungsvermögen, ohne die Brechstange anzuwenden, hebt das Selbstwertgefühl dauerhafter. Es muss trainiert werden. Ihr bisheriger Umgang mit

Aggressionen ist Ihr Programm, das Sie ändern können, indem Sie bewusst darauf achten. Genauso ein Programm ist Ihre bisherige Wertung Ihrer Krankheitssymptome.

Die folgende Zusammenstellung erhebt keineswegs einen Anspruch auf Vollständigkeit. Es sind erste Gedanken dazu. Wenn Sie Ihre Fähigkeit, analoge Bezüge herzustellen, entwickelt haben, wird es Ihnen leicht fallen, auch den Bezug zu Ihrem Leben herzustellen. Sicher erkennen Sie dann noch weitere Analogien aus dem Erleben der Krankheit heraus. Es ist eine Form der ganzheitlichen Betrachtung. Sie ersetzt nicht unbedingt den Arzt. Seinen Rat sollten Sie in jedem Fall einholen.

Im Leben können Sie sich aber vom behandelten Menschen zum handelnden Menschen wandeln und so ein Stück neuer Lebensqualität für sich erobern.

Haben Sie den Mut, sich selbst zu erkennen!

Haben Sie auch den Mut, Ihr Leben selbst in die Hand zu nehmen!

Aller Anfang ist schwer, doch dann wird es immer leichter.

Kapitel 11

Die Symbolik des Körpers und der Krankheitsbilder

Gesamter Organismus

Rechte Körperseite
Prinzip: Sonne ☉
Sachlichkeit
Gebende, austeilende Seite
Verstandesmässigen Willen kundtuend

Linke Körperseite
Prinzip: Mond ☽
Gefühl und Herzlichkeit
Aufnehmende, empfindsame Seite
Gefühlsmässige Botschaften

Erkrankungen, die den gesamten Organismus betreffen können

Fettleibigkeit   Jupiter ♃
- ⟷ Sich als Ersatz für eine belastbare Seelenhaut mit einer dicken körperlichen Hülle umgeben
  Mehr Raum einnehmen wollen
- ✖ Wirkliches inneres Sicherheitsgefühl zu spüren
  Sich leichtfüssig durchs Leben zu bewegen
- ⚷ Sich zu der inneren Last auch noch die äussere aufzubürden
  Die Leistungsfähigkeit aller Organe zu überstrapazieren
  Sich selbst die Luft zu nehmen
  Körperlich viel Platz für sich zu beanspruchen
- ◉ Statt Fülle die Erfüllung im Leben anstreben
  Die verletzte Seele beachten und sich ihr zuwenden
  Alte Wunden heilen lassen
  Innere Weite herbeiführen

Übergewicht   Jupiter-Venus ♃ ♀
- ⟷ Zu gewichtig sein
  Statt der Seele dem Körper Nahrung zugeführt haben
  Essen als Ersatz für unbefriedigte seelische Ansprüche
- ✖ Sich selbst liebenswert zu finden, mit dem Genuss der Nahrung wirkliche Befriedigung zu erfahren
- ⚷ Trotz Sattheit hungrig zu bleiben
  Unzufriedenheit mit der eigenen erotischen Ausstrahlung
  die selbst aufgebürdete Last mit sich herumzutragen
- ◉ Sich selbst wichtig sein und der Liebe öffnen
  Selbst voll von Liebe sein und reichlich davon abgeben können
  Die wirklichen Bedürfnisse erkennen und diese erfüllen

Untergewicht   Venus-Saturn ♀ ♄
- ⟷ Sich aus der Welt weghungern
  Sich verdünnisieren
  Dem gängigen Schönheitsideal entsprechen wollen

⟷ Symbolik / Analoges Muster   ✖ Woran hindert das Symptom?   ⚷ Wozu zwingt das Symptom?   ◉ Erlösung

(✷) Ausstrahlung von Wichtigkeit
Leistungsfähigkeit und Belastbarkeit
(♄) Ohne Reserven auskommen zu müssen
Wenig Raum einzunehmen
Sich selbst wenig zu gönnen
Pendel schlägt zu weit zu dem einen Pol aus
(☉) Zuerst seelisch-geistige Bedürfnisse erkennen und erfüllen, danach die körperlichen, in der Mitte einpendeln
Sich selbst wichtig nehmen
Korsett der allgemeinen öffentlichen (Mode-)Meinung hinterfragen und ablegen

Schlaflosigkeit Venus-Mars ♀ ♂

(↔) Nicht Abschalten können
Tagesbewusstsein will nicht weichen und die Oberhand behalten
Angst vor Kontrollverlust
(✷) Die Tagesaktivitäten zu beenden und sich dem wohltuenden Schlaf anzuvertrauen
Am nächsten Morgen mit frischen Kräften und Klarheit im Kopf aufzuwachen
(♄) Unbearbeitetes hin und her zu wälzen
Die Probleme zu einem scheinbar unlösbaren Knäuel verwirren zu lassen
Übermüdet sein Tagwerk verrichten zu müssen
Angst vor der folgenden dunklen Nacht mit dem Auftauchen der (eigenen, inneren) «Gespenster»
(☉) Liegengebliebenes für den folgenden Tag aufschreiben
Entspannungsübungen zum Ritual vor dem Einschlafen werden lassen
Sich selbst dem Leben und den dunklen Stunden des Tages vertrauen
Loslassen lernen

Schlafsucht Neptun ♆

(↔) Sich vom Leben und seinen Aufgaben überfordert fühlen
Fluchtwunsch vor der drückender Last des Tages und der Verantwortung
(✷) Mit Freude Verantwortung zu übernehmen
Mit aller Energie die Aufgaben zu bewältigen
(♄) Mit letzter Energie den Anforderungen nachkommen, dem Schlafbedürfnis nachzukommen
(☉) Sich selbst und dem Leben vertrauen – auch der Erholung während des Schlafes
Übersicht verschaffen und sich auf das Wesentliche beschränken

Ausgebranntsein Neptun ♆

(↔) Alle Batterien sind leer und verbraucht, ohne Möglichkeit des Wiederaufladens
Sich für eine Sache aufgeopfert haben, die es nicht wert war oder keine Anerkennung brachte
Nur Geben, ohne Nehmen zu können
(✷) Sich weiter für Aufgaben zur Verfügung zu stellen, bei denen man sich nur ausgenutzt fühlt
(♄) Anspruch der Seele auf Anerkennung körperlich zu spüren
Abgeschlagenheit und Müdigkeit
Noch weitere Reserven zu opfern
(☉) Sich der inneren Leere bewusst werden
In der Meditation sich selbst wiederfinden und wichtig nehmen lernen
Sich Zeit zur Ruhe gönnen
Wieder aus sich selbst heraus Begeisterung finden und Motivation entwickeln

Apathie   Saturn ♄

⟷ Sich von der äusseren Welt abwenden
Sich von nichts und niemand erregen zu lassen
Leben auf Sparflamme ohne Teilnahme daran

✳ Sich Eindrücken zu öffnen, die eine Gefühlsüberflutung auslösen könnten

⚖ Verlust der Leidenschaftlichkeit
Sich und die Welt aufgegeben zu haben

◉ Im Alleinsein sich selbst finden lernen
Sich selbst wahrnehmen und dort abgrenzen, wo ungute Gefühle erzeugt und Schmerzen zugefügt werden könnten

Schmerz   Venus-Mars ♀ ♂

⟷ Spürbare Warnsignale der Seele und des Körpers
Sirene des Nachrichtendienstes (Nerven)
Sich als Opfer des Signals fühlen wollen
Aufmerksamkeit und Zuwendung fordernd

✳ Die eigenen Bedürfnisse zu leben
Sich zu überfordern und die ureigensten Bedürfnisse zu weit zurückzunehmen

⚖ Zum Leiden
Den aggressiven Konflikt ins Bewusstsein zu lassen
Seelische Verletzungen im Körper wahrzunehmen
Den Wunsch, nur den Schmerz ausschalten zu wollen

◉ Über die Bekämpfung des Schmerzes die Ursachen erkennbar machen und bearbeiten
Signale beachten, als Hinweis und nicht als Strafe betrachten

Schmerzüberempfindlichkeit   Venus/Mars-Mond ♀ ♂ ☽

⟷ Hochsensibles Alarmsystem
Reizbarkeit durch kleinste Störungen
Frühwarnung bei Anbahnung eines Konfliktes

✳ Sich intensiv auf die täglichen Aufgaben zu konzentrieren
Das Umfeld noch empfindsam wahrnehmen zu können

⚖ Forderung nach ständiger Aufmerksamkeit für sich selbst nachzukommen
In ständiger Angst vor dem Schmerz leben zu müssen
Stetiger Leidensdruck oder Suche nach den inneren körperlichen und den meist vergessenen seelischen Ursachen

◉ Statt selbst zu leiden, in Leidenschaftlichkeit für eine lohnende Sache und für die Belange der Mitmenschen entbrennen
Die Symbolik der tieferen Ursachen bearbeiten

Schmerzunempfindlichkeit   Venus/Mars-Neptun ♀ ♂ ♆

⟷ Sich von Berührung nicht rühren oder aufrühren lassen
Unempfindlichkeit bis zur Stumpfheit

✳ Sich aus dem inneren Gleichgewicht bringen zu lassen
Intensiven Anteil an der äusseren Wirklichkeit zu haben
Schnelle Reaktionen

⚖ Antennen und Nachrichtendienst schirmen ab
Fast undurchlässige Aussengrenzen
Herabgesetzte Selbstwahrnehmung durch das Fehlen des Spiegels in der Aussenwelt

---

⟷ Symbolik / Analoges Muster   ✳ Woran hindert das Symptom?   ⚖ Wozu zwingt das Symptom?   ◉ Erlösung

⊙ Aus Stumpfheit Gelassenheit werden lassen
 Bewusst in sich selbst ruhen
 Die Ruhe nach aussen ausstrahlen lassen und damit die Verbindung erhalten

Wetterfühligkeit   Uranus, Neptun ♅ ♆

⊖ Unbewusster Widerstand gegen Veränderungen
 Empfindliche Antennen für bevorstehende Änderungen
 Abwehr auf der Körperebene
✖ Sich dem Wechsel problemlos anzupassen
 Sich mit der Umwelt in Einklang zu fühlen
⊕ Sich mit der bevorstehenden Veränderung auseinanderzusetzen, davon mehr als andere in An-
 spruch genommen zu werden
 Übertrieben ausgeprägte Orientierung auf zukünftig zu Erwartendes
⊙ Sich selbst, seinen Ahnungen und der Welt (auch dem Wetter) vertrauen lernen
 Anpassung an veränderliche Umstände trainieren
 Altes leicht loslassen können, Neuem gegenüber offen sein

Föhnkrankheit   Uranus, Neptun, Pluto ♅ ♆ ♇

⊖ Kampf im Kopf gegen *Veränderungen*
 Sich den äusseren Entwicklungen hilflos ausgeliefert fühlen
 Körperliche und seelische Reaktionen wie erhöhte Reizbarkeit, Kopfschmerz, Übelkeit, Müdig-
 keit, Depressionen
 «Selbstmordwetter»
✖ Leistungsfähigkeit
 Sich wohl zu fühlen
 Mit sich und der Welt im reinen zu sein
 Problemlose Anpassung an Veränderungen, sich ihnen gewachsen zu fühlen
⊕ Druck der Veränderung im Kopf zu spüren
 Den Kampf im Kopf austragen zu wollen
 Alle Energien damit zu binden
⊙ *Offenheit* für Entwicklung und Veränderung
 Anspruch auf eigene Einflussnahme auf das äussere Geschehen zurückschrauben
 Vertrauen in den Fluss des Lebens

Alterserscheinungen   Saturn ♄

⊖ Umkehr auf dem Lebensweg
 Auf das Wesentliche beschränken
 Verweigerung der Auseinandersetzung mit dem Tod
 Durchschreiten des Herbstes und des Winters des Lebens
✖ Am Glauben an ewige Jugend festzuhalten
 Am Ausbleiben von Veränderungen und damit neuer Chancen für Erkenntnisse
⊕ Sich des Fortschreitens und der Veränderungen auf dem Lebensweg bewusst zu werden
 Sich auf das Wesentliche beschränken zu lernen
⊙ Intensiv in der Gegenwart leben
 Sich zu den Zeichen eines gelebten Lebens bekennen
 Offene Rechnungen begleichen – sich um die nichtgelebten Pole kümmern
 Mit sich selbst seelisch ins reine kommen
 Die Chancen zu neuer Erkenntnis freudig erkennen und wahrnehmen

Wechseljahrbeschwerden (weiblich) Venus/Mond-Uranus/Saturn ♀ ☽ ♅ ♄

↔ Probleme des schnellen Übergangs in der Mitte des Lebens
Hitzewallungen (das heisse Weib begehrt auf…)
Reizbarkeit, Angst, innere Unruhe
Verstärkte und häufigere Blutungen (Fruchtbarkeit vortäuschend)

✖ Den reibungslosen Übergang in einen neuen Lebensabschnitt
Sich mit dem neuen weiblichen Rollenbild anfreunden zu können

⤓ Angst, seine weibliche erotische Ausstrahlung zu verlieren und etwas versäumt zu haben
Unruhe durch nichtgelebte Themen
Aufbegehren gegen die Veränderung

◉ Die bisherige weibliche Rolle noch einmal in vollem Umfang ausleben
Danach bewusstes Loslassen
Aus der aufsteigenden Hitze innere Wärme werden lassen
Sich dem Neuen öffnen
Sich darauf einstellen, Entwicklungsschritt in die selbstgestaltete neue Rolle frohen Mutes gehen

Wechseljahrbeschwerden (männlich) Sonne/Mars-Uranus/Saturn ☉ ♂ ♅ ♄

↔ Widerstand gegen die allmähliche Umkehr in der Mitte des Lebens
Festhaltenwollen an der Jugendlichkeit
Körperliche Veränderungen in weiblicher Richtung
Verwechslung des (Lebens-)Herbstes mit dem Frühjahr

✖ Den weiblichen Gegenpol in der geistig-seelischen Ebene zu integrieren
Den Weg zum Lebensziel konsequent zu beschreiten

⤓ Veränderte Rolle nicht annehmen zu können
Depressionen
Dem Jugendwahn zu verfallen, kindisch zu wirken
Schwierigkeiten beim Wasserlassen (Prostataschwellung)

◉ Das Wesentliche im Leben erkennen und annehmen
Die menschliche Reife als einen Gewinn betrachten
Die Wichtigkeit der Umkehr zur Erfüllung der Lebensaufgabe anerkennen

Entzündungen Mars ♂

↔ Angestauter Konflikt entzündet das Kriegsgeschehen im Körper
Erreger dringen durch die Körpergrenzen ein und entzündet dort den Kampf mit dem Abwehrsystem des Körpers

✖ Die Anstauung und das Hinhalten des Konfliktes, dessen Bearbeitung in der geistig-seelischen Ebene verweigert wurde

⤓ Die Lösung auf körperlicher Ebene
Sich des Konfliktes bewusst zu werden, die Körperenergien dafür zur Verfügung zu stellen
Rückzug aus der Hektik des Alltags, um den Konflikt mit Abstand und Ruhe zu bearbeiten

◉ Mit Konflikten leben und umgehen lernen
Konfliktfähigkeit trainieren
Das eigene Wertesystem nach Konfliktzündstoff überprüfen
Konfliktlösungsstrategien im Leben bewusst anwenden
Sich an neuen Ideen entzünden und damit dem Körper die Aufgabe abnehmen

Chronische Krankheiten Saturn-Mars ♄ ♂

↔ Konflikt um unerlöste Themen hat sich auf die Körperebene festgelegt und schwelt dort dauerhaft vor sich hin
Lernverweigerung über einen langen Zeitraum

↔ Symbolik / Analoges Muster ✖ Woran hindert das Symptom? ⤓ Wozu zwingt das Symptom? ◉ Erlösung

⊛ Hoffnung auf Lebensfreude
Das zu tun, was eigentlich schon lange fällig wäre
⊕ Das Symptom selbst als Ursache anzusehen
Wut auf das Symptom
Es gleichzeitig als Ausrede nutzen zu wollen
⊙ Mit neuen Programmen eingefahrene Gleise verlassen
Nach dem Fehlenden im Bewusstsein suchen und es einlassen
Sich damit anfreunden

Krebs   Pluto-Jupiter ♇ ♃

⊖ Wildes unkontrolliertes Wachstum in bestimmten Körperorganen, die dabei gleichzeitig zerstört werden
Innere Grenzen werden durchbrochen
Angst vor der Grenzöffnung (auch vor der durch Krebs erzwungenen)
⊛ Funktionstüchtigkeit des betroffenen und der umgebenden Organe
Angst vor der Grenzöffnung auch ohne innere Einkehr überwinden zu können
⊕ Das Wachstum, das auf der geistig-seelischen Ebenen nicht stattgefunden hat, auf der körperlichen Ebene mit allen Konsequenzen zu verwirklichen
Mit der Möglichkeit der Entstehung neuer Wachstumsherde (Tochtergeschwülste – Metastasen) rechnen zu müssen
⊙ Bewusstseinsgrenzen öffnen
Neues hereinlassen und Erkenntnis zulassen
An neuen Aufgaben wachsen
Sich als Persönlichkeit entwickeln
Im Bewusstsein wachsen und damit den Körper von dieser Aufgabe entlasten

Erbkrankheiten   Pluto-Saturn ♇ ♄

⊖ Lernaufgabe der Familie, die nur dadurch möglich ist
Schicksal aller Generationen der Familie
Aufgabe, die über Generationen ungelöst blieb
⊛ Die Aufgabe ungelöst zu lassen, sie aus dem kollektiven (Familien-)Bewusstsein zu verbannen
⊕ Immer wieder an die Chance zur Lösung der Lernaufgabe erinnert zu werden
Entscheidung zu treffen, sich weiter gegen die Lernaufgabe zu wehren und diese den folgenden Generationen zu überlassen oder sie zu lösen
⊙ Das Erbe antreten und sich der Aufgabe stellen
Sich der Tradition der Familie bewusst werden und daran wachsen

Behinderungen / Missbildungen   Pluto-Saturn ♇ ♄

⊖ Spezielle Bedingungen für die jeweilige Lernaufgabe
Durch die Einschränkung und das Fehlen auf die Lernaufgabe direkt hingewiesen werden
⊛ Ein Leben nach den üblichen Mustern zu führen
⊕ Zu lernen, ohne das Fehlende, und mit der Einschränkung, das Leben zu meistern
Nach neuen Wegen und Möglichkeiten zu suchen
Sich der Herausforderung des Schicksals zu stellen oder sich aufzugeben und sein Schicksal zu beklagen
⊙ Symbolik, die durch das fehlende oder missgebildete Organ verkörpert wird, in die geistig-seelische Ebene aufnehmen
Das Thema aufarbeiten
Die besondere Rolle und Aufgabe annehmen

Von Kopf bis Fuss

Kopf
Prinzip: Mars-Sonne-Merkur-Uranus ♂ ☉ ☿ ♅
Haupt des Körpers
Zentrale Steuerung des Organismus
Orientierung
Träger fast aller Wahrnehmungsorgane

Haar
Prinzip: Uranus-Sonne-Venus ♅ ☉ ♀
Freiheit
Antennen nach aussen
Macht

Gesicht
Prinzip: Sonne-Mond-Venus ☉ ☽ ♀
Das, was der Welt präsentiert wird, die Visitenkarte
Die Individualität
Spiegel der Stimmungen

Stirn
Prinzip: Mars-Uranus ♂ ♅
Konfrontation und Kraft des Geistes
Schutzschild fürs Denken
Geisteskraft

Augen
Prinzip: Sonne-Mond ☉ ☽
Spiegel der Seele
Bildliche Wahrnehmung
Einsicht
Aussicht
Gesichtskreis

Tränendrüsen
Prinzip: Mond ☽
Abgabe von überschäumender Seelenenergie
Ausspülen von Trauer, Schmerz und Freude

Nase
Prinzip: Mars-Merkur ♂ ☿
Dominanz
Macht
Sexualität
Stolz
Sinneswahrnehmung: Geruch
Filtern der Atemluft

⊕ Symbolik / Analoges Muster   ✖ Woran hindert das Symptom?   ⊛ Wozu zwingt das Symptom?   ⦿ Erlösung

Nebenhöhlen
Prinzip: Uranus ♅
Auflockerung der Knochenstruktur
Luftigkeit
Leichtigkeit

Mund
Prinzip: Mond-Merkur-Venus ☽ ☿ ♀
Ein- und Ausgang des Körpers
Wahrnehmung: Geschmack
Sinnlichkeit
Ausdrucksorgan der Sprache und Körpersprache

Lippen
Prinzip: Mond-Venus ☽ ♀
Sinnlichkeit
Aufnahme
Kontakt
Sprache formulieren

Zunge
Prinzip: Merkur-Venus ☿ ♀
Geschmacksorgan
Transport der Nahrung
Artikulation der Sprache

Zähne
Prinzip: Mars-Saturn ♂ ♄
Härtester Teil des Körpers
Waffen
Das Stück vom Leben abbeissen
Problembewältigung: «grosse Brocken zerkleinern»

Zahnfleisch
Prinzip: Mond ☽
Halt und Versorgung der Zähne

Kinn
Prinzip: Mars-Saturn ♂ ♄
Wille
Zielstrebigkeit
Durchsetzung
Trotz

Kiefer
Prinzip: Mars-Uranus ♂ ♅
Die Waffen des Körpers in Bewegung setzen
Mund öffnen und schliessen

Ohren
Prinzip: Mond- Saturn ☽ ♄
Gehör
Empfang
Gehorchen
Im Gleichgewicht bleiben

Gleichgewichtsorgan
Prinzip: Venus-Merkur ♀ ☿
Im Innenohr
Hält alles im Lot
Meldet Schlingern und Schaukeln des Lebensschiffes

Hals
Prinzip: Venus-Saturn-Merkur ♀ ♄ ☿
Trägt das Haupt
Umschliesst die Versorgungskanäle wie Schlagader, Luftröhre und Speiseröhre
Empfindliche Körperregion, wird bei Gefahr zuerst geschützt
Analoge Redewendungen: «Den Hals umdrehen», «An die Gurgel springen»
Analoge Bedeutung für Aufnehmen im Sinne von Gier: «Den Hals nicht voll kriegen können», «Geizhals»

Halswirbel
Prinzip: Merkur ☿
Beweglichkeit
Umsicht
«Wendehals» für übertriebene Anpassung zum eigenen Vorteil
Halsstarrigkeit bei Unbeweglichkeit auf der Ebene des Miteinander

Nacken
Prinzip: Venus-Saturn ♀ ♄
Willen
Hartnäckigkeit
Ort der Kraft
Verbindung des Kopfes zur Schulter
Schutz des Rückenmarks

Kehlkopf
Prinzip: Venus-Merkur ♀ ☿
Enthält die Stimmbänder, ermöglicht unsere Ausdrucksfähigkeit, kleiner Kehlkopf – hohe Stimmlage (weiblich, Knaben) , grosser Kehlkopf – tiefe Stimmlage (männlich: Adamsapfel)

Stimmbänder
Prinzip: Merkur-Venus ☿ ♀
Saiten des Instruments Sprache
Werden durch den Atemstrom zum Klingen gebracht
Geben der Stimme die individuelle Klangfarbe

⊕ Symbolik / Analoges Muster   ✹ Woran hindert das Symptom?   ⚡ Wozu zwingt das Symptom?   ⊙ Erlösung

Brust und Brustkorb
Prinzip: Sonne-Saturn ☉ ♄
Ort, auf den wir mit dem Zeigefinger tippen, wenn wir «Ich» sagen oder meinen
Brustkorb umschliesst und schützt Herz (Gefühl) und Lunge (intensiver Kontakt zur Aussenwelt)

Rippen
Prinzip: Saturn-Merkur ♄ ☿
Teil des Brustkorbes
Elastischer Sicherheitskäfig
Anpassung an den Atemrhythmus

Weibliche Brust
Prinzip: Mond-Venus ☽ ♀
Mütterlichkeit
Nahrung
Geborgenheit
Symbol der Weiblichkeit
Sexuelle Ausstrahlung
Stark erogene Zone

Schultern
Prinzip: Saturn-Jupiter ♄ ♃
Tragen die Last des Lebens
Ausdruck des Lebensgefühls
Haltung zu seinen Mitmenschen: «kalte Schulter zeigen» oder «Schulter an Schulter gehen» (zum Schulterschluss bereit)

Rücken
Prinzip: Saturn ♄
Aufrichtigkeit
Rückhalt geben
Lasten tragen
Rückgrat besitzen

Schultergelenk
Prinzip: Merkur-Mars ☿ ♂
Garant für die Beweglichkeit der Arme
Spielraum für (Bewegungs-)Freiheit mit nur geringfügigen Abstrichen (eingeschränkter Bewegungsraum nach hinten)

Arme
Prinzip: Mars-Merkur ♂ ☿
Werkzeuge zum Heranholen von Teilen der Aussenwelt
Ausladende Gestik
Die Welt (und seine Liebsten) umarmen

Oberarme
Prinzip: Mars ♂
Kraft
Schlagkraft
Durchhaltevermögen
Abwehr

Unterarme
Prinzip: Merkur ☿
Handlungsfähigkeit
Hebel der Arme

Ellenbogen
Prinzip: Mars ♂
Durchsetzungsvermögen, sich Raum verschaffen

Ellenbeuge
Prinzip: Venus ♀
Sensibles Gegenstück zum Ellenbogen
Offenheit

Handgelenk
Prinzip: Merkur ☿
Beweglichkeit

Hände
Prinzip: Merkur ☿
Geben und Nehmen
Ergreifen – der Initiative oder von Besitz
Begreifen – im Sinne von Erkennen, Ertasten
Offene Hände– offene Haltung
Rechte Hand – Sachbezogenheit
Linke Hand – Gefühlsbezogenheit

Handflächen
Prinzip: Mond-Merkur ☽ ☿
Ehrlichkeit
Offenheit
Friedliche Absicht bekundend
Hilfe annehmen
Schutz geben – «die Hände darüber halten»

Finger
Prinzip: Merkur ☿
Das Leben in den Griff bekommen
Fertigkeiten, Feinmotorik

↔ Symbolik / Analoges Muster   ✳ Woran hindert das Symptom?   ⚥ Wozu zwingt das Symptom?   ◉ Erlösung

Daumen
Prinzip: Merkur-Sonne ☿ ☉
Dominanz
Hält als einziger den Fingern entgegen (bildet den Gegenpol), ohne Daumen wären Begreifen und Festhalten unmöglich

Zeigefinger
Prinzip: Merkur-Jupiter ☿ ♃
Sachfinger
Erhobener Zeigefinger
Hinweisfinger: «Da geht es lang!»

Mittelfinger
Prinzip: Merkur-Saturn ☿ ♄
Längster aller Finger
Steht für das Selbstwertgefühl
«Stinkefinger» – Geste, wenn sich jemand im Selbstwertgefühl angegriffen fühlt

Ringfinger
Prinzip: Merkur-Sonne ☿ ☉
Steht für Emotionen und Status (Ehestand, Besitz)

Kleiner Finger
Prinzip: Merkur-Merkur ☿ ☿
Soziales Verhalten
Soziale Beweglichkeit
Hilfe suchen und Hilfe anbieten
Gespür

Fingernägel
Prinzip: Mars-Saturn ♂ ♄
Aggressionswerkzeuge – Krallen
Festhalten – sich verkrallen
Schutz für die sensiblen Fingerspitzen

Fingerspitzen
Prinzip: Merkur-Neptun ☿ ♆
Verstärkter Tastsinn
Gefühl und Antennen
Feines Gespür
Erahnen – Fingerspitzengefühl

Zwerchfell
Prinzip: Merkur-Sonne-Venus ☿ ☉ ♀
Trennung zwischen Lunge und Bauchraum
Atemstütze
Blasebalg der Lunge
Verantwortlich für den Atemrhythmus

Bauch
Prinzip: Mond ☽
Enthält in der Bauchhöhle alle Verdauungsorgane
Sitz des Gefühls und der Instinkte

Bauchnabel
Prinzip: Mond ☽
Mitte des Menschen
Verbindungsstelle zur Mutter

Bauchdecke
Prinzip: Saturn, Mond ♄ ☽
Deckt und schützt alle Organe in der Bauchhöhle
Elastischer Halt

Bauchfell
Prinzip: Mond-Merkur ☽ ☿
Innere Hülle der empfindliche Organe in der Bauchhöhle
Signalgeber, wenn etwas nicht stimmt

Becken
Prinzip: Saturn, Mond ♄ ☽
Grundlage, auf der das Körpergeschehen lastet
Trägt die Organe der Bauchhöhle und die Geschlechtsorgane
Körper-Ein- und Ausgänge

Hüfte
Prinzip: Jupiter ♃
Grundlage der Beweglichkeit der unteren Gliedmassen
Ermöglicht das Fortschreiten

Leiste
Prinzip: Mond, Venus ☽ ♀
Umfeld der Geschlechtsorgane, sehr weich und verletzlich
Vordere Verbindung von Körper und Beinen

Gesäss
Prinzip: Jupiter ♃
Passives Durchhaltevermögen, etwas aussitzen
Seinen Platz ausfüllen
Wichtigkeit
Sexuelles Symbol
Hintere Verbindung von Körper und Beinen

Beine
Prinzip: Mars, Jupiter ♂ ♃
Standfestigkeit und Vorwärtskommen im Leben
Bewegung
Bodenkontakt

⊕ Symbolik / Analoges Muster   ✖ Woran hindert das Symptom?   ⚒ Wozu zwingt das Symptom?   ◉ Erlösung

Bodenständigkeit
Wehrhaftigkeit
Gehen, laufen, tanzen, treten

Oberschenkel
Prinzip: Jupiter ♃
Kraft und Fortschritt

Knie
Prinzip: Saturn ♄
Beugen
Anerkennung – Demutshaltung
Demütigung – «jemanden übers Knie legen», «in die Knie zwingen»
Angstausdruck – «weiche Knie kriegen»

Unterschenkel
Prinzip: Uranus, Mars ⛢ ♂
Sprungkraft
Spannkraft
Spontanität
Veränderung

Füsse
Prinzip: Neptun-Saturn ♆ ♄
Bodenständigkeit
Kontakt und Haftung (irgendwo Fuss fassen)
Mit beiden Füssen fest auf der Erde stehen
Halt und Verwurzelung

Ferse
Prinzip: Neptun-Saturn ♆ ♄
Darauf ruht die Last des Körpers, und der Kontakt zum Boden ist am intensivsten
Empfindlich (Achillessehne)

Achillessehne
Prinzip: Merkur-Uranus ☿ ⛢
Sprungkraft
Fortschritt und Aufstieg
Stärkste Sehne, gleichzeitig Schwachpunkt
Leichte Verletzbarkeit

Fussgewölbe
Prinzip: Uranus-Jupiter ⛢ ♃
Gibt Elastizität beim Laufen, ermöglicht kleine und grosse Sprünge und auch den aufrechten Gang

Zehen
Prinzip: Merkur, Neptun ☿ ♆
Sichern unsere Standfestigkeit ab
Ermöglichen Beweglichkeit der Füsse, sind ihre «Fühler» nach vorn
«Jemandem auf die Zehen treten» (wenn er sich zu weit ins eigene Revier gewagt hat)

Zehennägel
Prinzip: Mars ♂
Krallen an den Füssen
Sichern den Halt auf dem Boden und schützen die «Fühler» (Zehen) vor groben Stössen

Erkrankungen des Kopfes

Kopfschmerzen   Mars ♂
↔ Angst, den Anforderungen nicht gewachsen zu sein und vor Machtverlust
  Einseitigkeit
  Kopflastigkeit
  Dickköpfigkeit
  Vernachlässigung der Bereiche Gefühl und Intuition (Eingebung)
✶ So weiterzumachen wie bisher: «höchste Anstrengung – geringes Ergebnis» und alles mit dem Kopf
  «Mit dem Kopf durch die Wand wollen»
  Perfektionismus
⚉ Innehalten und Ruhe: Abstand nehmen vom Alltag, die Angelegenheit mit Abstand betrachten
  Sich dabei auf das Wesentliche konzentrieren
◉ *Harmonie* zwischen Herz und Verstand herstellen
  Scharfe, beissende Gerüche aufnehmen
  Knoblauch essen
  Künstlerische Betätigung mit freier Formgebung in Techniken Ihrer Wahl

Migräne   Mars-Venus-Uranus ♂ ♀ ♅
↔ «Orgasmus im Kopf»
  Abgelehnte Sexualität wird auf der höheren Ebene, im Kopf, ausgelebt
  Zwiespältigkeit – halbseitiger Schmerz
  Spannung
✶ Gedächtnisleistung in gewohntem Umfang zu erbringen
  Geselligkeit zu geniessen
  Aufenthalt im hellen Licht
⚉ Zeit zur Besinnung
  Zwiespalt durch Überbetonung des Verstandes im Kopf wahrzunehmen – Ausgleich durch das zwangsweise Fühlen
◉ Integration des Fehlenden, um Ganzheit (Heil-Sein) herzustellen
  Anerkennung der sexuellen Bedürfnisse des Körpers

Schädelbasisbruch   Mars/Saturn-Uranus ♂ ♄ ♅
↔ Lebensbedrohlicher Durchbruch im Schutzwall der Metropole des Körpers
✶ Weiter mit dem Kopf durch die Wand wollen
⚉ Ruhe und Zeit zur inneren Einkehr
  Impulse von aussen durch die Sinne wahrzunehmen
◉ Kopfzerbrechen über Gefahren, wenn Probleme weiter auf herkömmliche Weise gelöst werden
  eigene Denkstrukturen in Frage stellen und offen sein für Neues

---

↔ Symbolik / Analoges Muster   ✶ Woran hindert das Symptom?   ⚉ Wozu zwingt das Symptom?   ◉ Erlösung

Erkrankungen in Zusammenhang mit der Behaarung

Kopfschuppen   Saturn ♄
↔ Eigene alte Haut abstreifen, mit dem Kopf aus der Haut fahren
✖ Das Signal zu übersehen
An gepflegtem Aussehen
⚇ Lösungsversuche auf der körperlichen Ebene
◉ Auf der bewussten Ebenen aus der alten Haut fahren
Neue Wege mit dem Kopf gehen
Das darunter Verborgene zum Vorschein kommen lassen

Ergrautes Haar   Saturn ♄
↔ Farblosigkeit im äusseren Erscheinungsbild
Ausstrahlung von Freiheit und Vitalität eingeschränkt
Einheitsgrau
✖ Die Haarpracht mit ihrer farblichen Signalwirkung locken zu lassen
⚇ Zum Nachdenken über den weiteren Lebensweg in der zweiten Lebenshälfte
Hinweis zur Besinnung: Was ist das Wesentliche?
◉ Angst vor Alter und Tod überwinden
Bewusstes Leben
Farben im Inneren zum Leuchten bringen

Haarausfall   Uranus-Sonne ♅ ☉
↔ «Federn lassen»
Vom Leben nicht ungeschoren geblieben»
Macht und Freiheit werden weniger
✖ Sexuelle Ausstrahlung allein an der Haarpracht festzumachen
Gängigen Schönheitsidealen hinterherzurennen
⚇ Um Vergängliches ewig zu trauern oder Verluste akzeptieren zu lernen
Neue Wertigkeiten festzulegen
◉ Vergangenheit aufarbeiten
Andere Schönheiten an sich selbst entdecken
Bewusster Verzicht auf äusserlichen Schmuck

Starke Ganzkörperbehaarung   Mars ♂
↔ Überzogene Männlichkeit, an tierische Herkunft erinnernd
Schutz, Wärme
✖ Sich innerhalb der gängigen Norm zu fühlen
⚇ Auseinandersetzung mit Männlichkeit auf der Bewusstseinsebene
◉ Männlichkeit ausserhalb der Klischeevorstellungen erkennen
Sich selbst akzeptieren lernen

Verlust der Ganzkörperbehaarung   Mond-Venus ☽ ♀
↔ Schutz geht verloren
Den Blicken ausgesetzt zu sein, nackt und bloss
✖ Scham zu verstecken, Fassade zu wahren
⚇ Zwang zu Offenheit oder zum Rückzug
Oberflächliche Kontakte abzubrechen
◉ Zu sich selbst ehrlich werden
Eigene Werte vor Wertung von aussen stellen

Damenbart (sowie männliche Behaarung bei Frauen)   Sonne, Mond, Mars-Venus ☉ ☽ ♂ ♀

⊷ Wunsch nach Kraft und Durchsetzungsvermögen
   Vermännlichung
   Verleugnung männlicher Anteile im Bewusstsein
✶ Nur weibliche Anteile zu akzeptieren
   An «vollkommener» Weiblichkeit
⚡ Unsinnige kosmetische Versuche, die unerwünschten Haare zu beseitigen – oder dazu zu stehen
◉ Seelischen männlichen Gegenpol in sich akzeptieren

Erkrankungen im Bereich des Gesichtes

Erröten   Venus/Mars-Neptun, Sonne ♀ ♂ ♆ ☉

⊷ Signalwirkung
   Schamgefühl
   Angst vor Entdeckung
✶ Fassade zu wahren
   Sich ohne sichtbare Reaktion ausserhalb der geltenden Norm zu bewegen
⚡ Zur Ehrlichkeit gegen sich selbst und andere
◉ Schamhaftigkeit ins Bewusstsein holen und als natürliche Reaktion ansehen
   Sich selbst akzeptieren und daraus ein gesundes Selbstwertgefühl entwickeln

Gesichtsrose   Venus-Mars ♀ ♂

⊷ Signalwirkung von lange Aufgestautem
   Aufbrechen und Erblühen unter grossen Schmerzen
✶ Inneren Stau weiter zurückzuhalten
⚡ Entscheidungen zu treffen
   Den inneren Schmerz bewusst zu machen oder im Körperlichen weiter zu ertragen
◉ Offenheit gegenüber sich selbst, eigenes Wesen zur Blüte bringen

Gesichtsschmerzen   Venus-Merkur-Mars ♀ ☿ ♂

⊷ Schmerz zerreisst fast das Gesicht, Lächeln gefriert im Gesicht
✶ Weiterhin immer gute Miene zu bösem Spiel zu machen, eine Maske zu tragen, um die eigenen
   Gefühle dahinter zu verbergen
⚡ Innere Aggression zu ertragen oder bewusst zu machen und sie angemessen herauszulassen
◉ Sich da angemessen Luft machen, wo die Einengung auftritt, persönliche Ansprüche ohne Maske
   durchsetzen

Gesichtsnervenlähmung   Venus-Merkur-Mars ♀ ☿ ♂

⊷ Fassade kann nicht aufrechterhalten werden
   Kontrollverlust
   Einseitigkeit zeigt sich
   Innere Zerrissenheit
✶ Verdrängte Anteile nach aussen dringen zu lassen
   Das Gesicht zu wahren
⚡ Sein wahres Gesicht zu zeigen
   Zum Verlust des einseitigen Gesichts und zum Drängen nach Ehrlichkeit
◉ Eigenes Wesen in seiner Ganzheit erkennen, miteinander in Einklang bringen, beide Seiten zu
   ihrem Recht kommen lassen

⊷ Symbolik / Analoges Muster   ✶ Woran hindert das Symptom?   ⚡ Wozu zwingt das Symptom?   ◉ Erlösung

Erkrankungen der Augen

Augenprobleme   Sonne/Mond, Merkur ☉ ☽ ☿
- ↔ Erkenntnisunwilligkeit
  Angst vor der Zukunft
- ✷ An schnellem und gründlichem Erfassen der Situation mit den Augen
- ♁ Innere Wirklichkeit wahrzunehmen, zu beachten und zu bearbeiten
- ☉ Sich selbst als Teil der polaren Welt und deren Wesen erkennen
  Dem Leben und der Zukunft zu vertrauen

Augentrockenheit   Sonne/Mond-Saturn ☉ ☽ ♄
- ↔ Seelenflüssigkeit (Tränen) ist versiegt, verbraucht
  Zu viele Emotionen haben die Quelle versiegen lassen
- ✷ Die Augen ständig offen zu halten, sich ständig schmerzhafte Dinge vor Augen zu halten
- ♁ Zu neuer Sichtweise
  Zu sachlicher, nüchterner Betrachtungsweise mit mehr Abstand
- ☉ Klarer Blick auf das Wesentliche, vor Unwesentlichem auch mal die Augen verschliessen, nicht alles heranholen und aufnehmen

Altersweitsichtigkeit   Jupiter, Sonne, Mond ♃ ☉ ☽
- ↔ Alles Nahe wird unscharf, das Weite scharf
  Todesnähe aus dem Blick rücken
- ✷ Im täglichen Kleinkram zu versinken
- ♁ Mit grösserem Überblick wahrzunehmen
- ☉ Rückblick auf das Leben
  Das Wesentliche erkennen und danach handeln

Weitsichtigkeit   Sonne-Mond, Jupiter-Uranus ☉ ☽ ♃ ♅
- ↔ Nächstliegendes gerät aus dem Blickfeld, Übersicht wird als bedeutsamer angesehen
- ✷ Nur vor die eigenen Füsse zu schauen und das Geschehen dort scharf zu erkennen
- ♁ Den Blick für die grossen Zusammenhänge zu öffnen
  Dabei das Naheliegende oft zu übersehen
- ☉ Weitsicht mit Überblick verbinden
  Die Dinge des Lebens im Zusammenhang betrachten

Kurzsichtigkeit   Sonne-Mond ☉ ☽
- ↔ Blick über den Tellerrand unterbleibt
  Die Gesamtheit des Lebens bleibt unscharf
- ✷ Sich in der Ferne zu verlieren
- ♁ Das nahe Umfeld genau wahrzunehmen, um dort seine Aufgabe zu erkennen
- ☉ Die Dinge an sich heranlassen
  Sich auch gefühlsmässig öffnen

Schielen   Sonne/Mond-Uranus ☉ ☽ ♅
- ↔ Einseitige Sichtweise
  Nur auf einen Pol gerichtet, um Doppelbilder zu vermeiden
- ✷ Die Welt in ihrer Polarität als Gesamtheit wahrzunehmen
  An räumlichem Sehen
- ♁ Ausgleich der Einseitigkeit auf der Bewusstseinsebene, um die Wirklichkeit erfassen zu können
- ☉ Von einseitiger Sicht zu Einsicht gelangen

Grauer Star   Sonne/Mond-Saturn ☉ ☽ ♄

↔ Getrübter Blick
    Gardine vor dem Fenster der Seele, Grauschleier
✱ Äussere Welt verliert an Schärfe
    Deutlich sehen zu wollen und zu können
⚓ Der inneren Wirklichkeit zuzuwenden
    Die äussere Wirklichkeit nur erahnen zu können
⊙ Der trüben Aussicht mit deutlichem Einblick begegnen

Grüner Star   Sonne/Mond-Pluto ☉ ☽ ♇

↔ Sehen unter Druck (auch seelischer Natur)
    Sich verengendes Gesichtsfeld
✱ Überblick über die Aussenwelt zu behalten
⚓ Nach innen zu sehen
    Der Frage nachgehen: Was drückt oder bedrückt mich?
    Auf den Punkt zu sehen
    Sich nicht in der Weite der Dinge verlieren und vom inneren Geschehen ablenken lassen
⊙ In die Tiefe schauen und erkennen
    Druck von der Seele weinen
    Aggressionen herauslassen
    Mit sich selbst in Einklang kommen

Angeborene Blindheit   Sonne/Mond-Neptun ☉ ☽ ♆

↔ Lebensaufgabe
    Sich nicht vom äusseren Schein trügen lassen
✱ Sich von Äusserlichkeiten beeindrucken zu lassen
⚓ Schärfe des inneren Sehens entwickeln
    Die Dinge in ihrem Wesen erkennen
    Menschen nahe an sich herankommen lassen
⊙ Zu tieferer Verständnis der Wirklichkeit gelangen

Erworbene Blindheit   Sonne/Mond-Neptun ☉ ☽ ♆

↔ Den Anblick nicht mehr ertragen können
✱ Neue Bilder über den noch nicht verarbeiteten ablegen zu können
⚓ Sich den inneren Bildern zuzuwenden
    Tastsinn und Gefühl empfindsamer werden lassen
⊙ Höhere Einsichten gewinnen, sich den Aufgaben stellen

Einseitige Blindheit   Sonne/Mond-Saturn ☉ ☽ ♄

↔ Entweder nur mit Gefühl oder nur mit Verstand erfassen können
    Nur Aussenbereiche erkennen – keine Sicht ins Zentrum
✱ Gesamtheit mit den Augen zu erfassen
    Den Kern der Sache zu erkennen
⚓ Fehlende Bereiche durch Bewusstheit erkennen und ergänzen zu lernen
⊙ Sich der Einseitigkeit bewusst werden und den fehlenden Bereich in der geistig-seelischen Ebene bearbeiten

Farbenblindheit   Sonne/Mond-Saturn ☉ ☽ ♄

↔ Farblosigkeit
    Wenig Unterscheidungsmerkmale

↔ Symbolik / Analoges Muster   ✱ Woran hindert das Symptom?   ⚓ Wozu zwingt das Symptom?   ⊙ Erlösung

(✖) Buntheit und Vielfalt wahrzunehmen
(⊕) Auf andere Unterscheidungsmerkmale zu konzentrieren
(◉) Augenmerk auf Gestalt und Struktur richten
Das Wesen erkennen
Farbe ins innere Erleben bringen

Nachtblindheit   Mond/Sonne-Saturn/Pluto ☽ ☉ ♄ ♇

(↔) Hilflosigkeit im Dunkeln
Dunkle Seiten der Seele ausklammern
(✖) Einschränkung der Bewegungsfreiheit
(⊕) Nur eine Seite und damit halb zu leben
Den verteufelten Bereich auch im Leben ausgeschlossen zu lassen
(◉) Mit eigenen dunklen Seiten vertraut machen
Lernen, mit der Dunkelheit umzugehen

Doppelbilder sehen   Sonne/Mond-Merkur ☉ ☽ ☿

(↔) Wirklichkeit zerrissen wahrnehmen
Gegensatz der Pole erkennen, jedoch nicht die Einheit
(✖) Klares Gesamtbild zu erkennen
(⊕) Ausgleich im Bewusstsein zu schaffen
(◉) Klarheit über die Einheit hinter den Gegensätzen gewinnen

Entzündung der Tränendrüsen   Mond-Mars ☽ ♂

(↔) Konflikt mit dem Weinen, der Entlastung der Seele
Brennendes Hindernis, seine Gefühle auszudrücken
(✖) Augen schmerzlos auswaschen zu können
(⊕) Den brennenden inneren Konflikt durch brennenden Schmerz wahrzunehmen
(◉) Sich dem Konflikt stellen und das Hindernis zuerst im Bewusstsein überwinden
Tränen freien Lauf lassen

Verquollene Augen   Sonne/Mond-Saturn ☉ ☽ ♄

(↔) Überforderung
Müdigkeit
Augen verschliessen wollen
(✖) Allen Anforderungen gerecht werden zu wollen
Den Blick in den Spiegel zu geniessen
(⊕) Rückzug und Ausruhen
Nach innen zu schauen
(◉) Den eigenen Lebensweg anschauen
Frage beantworten: Was bringt mich voran? Was hindert mich?

Lidrandentzündung   Sonne/Mond-Mars ☉ ☽ ♂

(↔) Augen nicht öffnen wollen
Akuter Konflikt, der gelöst werden will
(✖) Augen ohne Schmerzen zu öffnen und zu schliessen
Ständige Konzentration: «Augen offenhalten»
(⊕) Rückzug
Ruhe und Entspannung
Den Lidern Zeit geben
(◉) In der Ruhepause Konflikt erkennen und im Bewusstsein auflösen

Bindehautentzündung   Mars-Sonne/Mond ♂ ☉ ☽

⊕ Hinschauen vermeiden wollen
   Motto: «Was ich nicht sehe, ist nicht da.»
✶ Nur nach der äusseren Projektionsfläche für den Konflikt zu suchen
⚥ Innenschau zu halten
⊙ Sich dem Leben stellen
   Eigene Konflikte als Chance zur Weiterentwicklung sehen

Gerstenkorn   Sonne/Mond-Saturn ☉ ☽ ♄

⊕ Konflikt beim Sehen und Werten
   Wut oder Trauer?
✶ Augen fest zu schliessen
   Blinzeln ohne Schmerz
⚥ Weicher Lidschlag
   Wertfreie Räume betrachten
   Nicht zu hart urteilen
⊙ Balken im eigenen Auge erkennen und nicht nach Splittern bei den anderen suchen
   Neue Sichtweisen zu eigen machen

Geschwür auf der Hornhaut   Sonne/Mond-Pluto ☉ ☽ ♇

⊕ Eigenes Gewachsenes versperrt die Sicht
   Falsches Wachstum
✶ Zu sehen und zu erkennen, was aussen vorgeht
⚥ Beschäftigung mit dem, was in und an einem selbst die Sicht verstellt
⊙ Den «blinden Fleck» ausmachen
   Positives Wachstum im Lernprozess ermöglichen

Erkrankungen der Nase

Schnupfen   Mond-Mars ☽ ♂

⊕ «Schotten dicht»
   «Die Nase gestrichen voll haben»
   Konflikt soll draussen bleiben
✶ Geruchswahrnehmung – (jemanden) riechen zu können
   Andere Menschen nahe an sich heran zu lassen
⚥ Nase fliessen zu lassen
   Isolation
   Zeit und Ruhe, den Konflikt im Innern zu verarbeiten
⊙ Lebensfluss wieder in Gang setzen
   Nach der inneren Lösung Konflikt auch im Umfeld lösen

Heuschnupfen   Mars-Saturn/Pluto/Neptun ♂ ♄ ♇ ♆

⊕ Allergie
   «Stellvertreter-Krieg» mit den Sexual- und Fortpflanzungssymbolen der Pflanzen
   Verbannung der eigenen Sexualität ins Schattenreich
✶ Natur in der schönsten Jahreszeit zu geniessen
   Vermeidung des abgelehnten Teils der Ansprüche in allen Bereichen
⚥ Aufenthalt in sterilen Räumen oder Dichtmachen
   Zu weinen über die eigene Genussunfähigkeit

⊕ Symbolik / Analoges Muster   ✶ Woran hindert das Symptom?   ⚥ Wozu zwingt das Symptom?   ⊙ Erlösung

⦿ Akzeptanz des verdrängten Bereiches
Eigene Wertung hinterfragen
«Leben und leben lassen»

Nasenbluten (vor allem bei Kindern)   Mars-Mars ♂ ♂

↩ Eindrucksvoller Verlust des Lebenssaftes
Druckerhöhung im Innern durch Bedrohungsängste

✸ Übersehen zu werden
Schnelles Handeln der anwesenden Personen herauszufordern
Eigene Handlungsfähigkeit

⚥ Aufmerksamkeit und Zuwendung zu erhalten
Kopf hoch und Abkühlung im Nacken
Zu Druckabbau

⦿ Ängste erkennen und abbauen
Druck bei körperlicher Betätigung abbauen, dabei Kräfte stärken

Nasenbeinbruch   Mars-Saturn/Uranus ♂ ♄ ♅

↩ Übertreibung beim Dominanz- und Machtstreben
«Einen Dämpfer verpasst (und dabei einen Knacks) bekommen»

✸ Die Nase zu weit vor zu strecken und in die Angelegenheiten anderer Leute zu stecken

⚥ Zurückhaltung und sich um die eigene Nase kümmern

⦿ Den «richtigen Riecher» für die jeweilige Situation entwickeln
Mehr um sich selbst kümmern

Nasenscheidewandverkrümmung   Mars-Saturn/Uranus ♂ ♄ ♅

↩ Angeborene Einseitigkeit
Einschränkung und Bevorzugung
Erweiterung *rechts* – mehr *verstandesmässig*,
      links – mehr *gefühlsmässig* Eindrücke mit der Atemluft aufnehmen

✸ Gefühl und Verstand zu gleichen Teilen aufzunehmen und sich von beiden angemessen reizen zu lassen

⚥ Fehlende Seite im Bewusstsein auszugleichen
Einatmen gegen Widerstand
Linksseitig: bei starken Gefühlsempfindungen zu einer emotionalen Überflutung der Seele

⦿ Beide Pole zu ihrem Recht kommen lassen
Starke Seite nutzen, ohne die andere zu vernachlässigen
Bewussten Ausgleich schaffen

Nasen-Nebenhöhlenentzündung   Mars-Uranus ♂ ♅

↩ Druck und Enge im Kopf
Nase chronisch zu
Konflikt hat sich verfestigt

✸ Geruchsempfindungen wahrzunehmen
Klar zu denken

⚥ Druck und Enge mit dem Konfliktgeschehen auflösen zu wollen

⦿ Alles bereinigen und in Fluss bringen – Leben und Nase

Empfindliche Nase   Pluto (Instinkte) ♇

⊕ Witterung aufnehmen
  Bevorzugung dieser Sinneswahrnehmung, «richtiger Riecher = sicherer Instinkt»
⊗ Etwas, was «stinkt», nicht zu bemerken
⊕ Ursache des «Gestanks» auch mit anderen Mitteln zu prüfen
⊙ Auf den Instinkt verlassen, Achtungzeichen als willkommenen Hinweis nehmen

Stinknase   Mars-Pluto ♂ ♇

⊕ Eigene Nase stinkt durch Zerfall der Nasenschleimhaut
  Abstossender Geruch vertreibt Kontaktpersonen aus der Nähe
⊗ Auf die eigene Nase verlassen zu können
  Den eigenen Instinkten zu trauen
  Unbeeinträchtigte innige Kontakte pflegen zu können
  An erotischer Ausstrahlung
⊕ Aufmerksamkeit auf unerlöstem Wege zu finden
  Bannmeile um sich selbst zu errichten – niemand an sich heranzulassen
⊙ Im Bewusstsein klären, warum das eigene Revier von Eindringlingen freigehalten wird
  Sich selbst wieder wahrnehmen – an die eigene Nase greifen

Erkrankungen des Mundes

Starker Speichelfluss   Mond-Venus ☽ ♀

⊕ Appetit auf Leben und Aufnahme
  Gelüste (z.B. bei Schwangerschaft)
⊗ Eigene Bedürfnisse zu ignorieren
⊕ Zum Wunsch nach Aufnahme von Nahrung
  Zu häufigem Schlucken
⊙ Lebenshunger stillen, Erfahrungen verinnerlichen

Feuchte Aussprache   Merkur-Mars-Mond ☿ ♂ ☽

⊕ Gleichzeitig sprechen und spucken
  Uneingestandener Ausdruck von Verachtung und Aggression
⊗ Enge Kontakte und intensiver Austausch
  Nähe
⊕ Zum Gesprächspartner auf grössere Distanz zu gehen
⊙ Ablehnung des Themas und der Personen bewusst machen
  Konflikt im Bewusstsein bearbeiten
  Wertung überprüfen
  Aggressionen in anderer Form Raum geben

Mundtrockenheit   Mond-Saturn ☽ ♄

⊕ Durst nach Leben bei gleichzeitiger Angst davor
  Fehlende Seelenflüssigkeit
⊗ An Hingabe zum Gesagten, am «flüssigen Stil»
⊕ Zum Wunsch, den Mund geschlossen zu halten
  Zu Unlust zum Sprechen
  Zu Verschlossenheit
  Zum Trinken
⊙ Mehr Gefühl beim Sprechen entwickeln, Angst hinterfragen

⊕ Symbolik / Analoges Muster   ⊗ Woran hindert das Symptom?   ⊕ Wozu zwingt das Symptom?   ⊙ Erlösung

Mundgeruch   Venus-Pluto ♀ ♇
⊕ Unbewusster Wunsch nach Abstand
   Ursache kann im Mund liegen oder tiefer, im Hals, Magen oder Darm
⊛ An erotischer Ausstrahlung und ungetrübtem Austausch von Zärtlichkeiten
⊕ Mund geschlossen und Abstand zu halten
⊙ Ursache klären: «Wo ist etwas faul?»
   Aggression – Zähne
   Abwehrsystem – *Mandeln*
   Aufnahmebereitschaft – *Magen*
   Verarbeitung des Materiellen – *Darm*

Unangenehmer Mundgeschmack   Venus ♀
⊕ Etwas Schlechtes schmecken und schlucken müssen
⊛ Auf einen angenehmen Geschmack zu kommen
⊕ Erkenntnis: «Etwas schmeckt mir nicht.»
⊙ Eigenen Geschmack herausfinden und ihm vertrauen

Mundfäule   Mond-Mars ☽ ♂
⊕ Schmerzhafter Konflikt bei Aufnahme und Zerkleinerung (Bearbeitung)
   Kleine Geschwüre
⊛ Alles Angebotene zu schlucken
   Den Mund zu voll nehmen zu können
⊕ Nur bereits Zerkleinertes aufnehmen zu können
   Nur Reizloses aufnehmen zu wollen
⊙ Auseinandersetzung im Leben führen
   Weniger Zurückhaltung
   Kampfbereitschaft ausleben
   Nicht alles aufnehmen, was angeboten wird
   Bewusst auswählen

Pilzerkrankungen der Mundschleimhaut   Pluto ♇
⊕ Etwas Fremdes hat Besitz von der eigenen Mündigkeit ergriffen und beeinträchtigt diese
⊛ Zum eigenen Geschmack und eigener Erkenntnis stehen zu können
⊕ Fremdes zu dulden und Eigenes zurückzustellen
⊙ Für eigene Mundigkeit und Mündigkeit eintreten
   Sich stark machen

Fieberblasen (Herpes labialis)   Venus/Saturn-Merkur-Pluto ♀ ♄ ☿ ♇
⊕ Lippen als Symbol der Sinnlichkeit
   Ausufernd, doch abschreckend
   Konflikt (Zwiespalt) zwischen Wollen und Selbstverbot
⊛ Sinnlichkeit und Lust auszuleben, denn die eigene Ablehnung kommt über die Lippen
⊕ Schmerzhafte Erfahrungen mit verdrängter Sexualität zu machen
⊙ Fieberhaft lieben
   Tabuzonen neu beleuchten und hinterfragen
   Offenheit und Akzeptanz sich selbst gegenüber als geschlechtliches Wesen mit Trieben und Ansprüchen

Schluckstörungen   Venus-Uranus ♀ ♅

↔ Unbewusste Ablehnung der Aufnahme von allem, was zu schlucken ist
✴ Alles hinzunehmen
⚱ Leicht etwas in den «falschen Hals» zu bekommen
   Bewusste und kritische Auswahl treffen
◉ Zu eigenen Ansprüchen stehen
   Eigene Wege gehen
   Lernen, gegebenenfalls «Nein» zu sagen

Mandelentzündung   Venus-Mars-Saturn ♀ ♂ ♄

↔ Kampf am Eingang des Körpers
   Angst (Enge) vor den Erregern
✴ Ohne Widerstand mit Lust zu schlucken und aufnehmen können
⚱ Abgrenzen und Abstand nehmen
   Sich «Reizendes» vom Halse schaffen
◉ Sich seiner Haut wehren
   Lernen, «Nein» zu sagen

Diphtherie   Mars-Venus ♂ ♀

↔ Gefährlicher Krieg am Eingang des Körpers
   Gefahr eines Flächenbrandes
   Erstickungsgefahr
✴ Mit den Erregern auch die lebenswichtigen Stoffe wie Nahrung und Atemluft einzulassen
⚱ Kampf ums Überleben
   Lebenskampf zu führen
◉ Weigerung, alles zu schlucken
   In die Offensive gehen und seine Ansprüche am Leben durchkämpfen

Erkrankungen der Zunge

Zungenbrennen   Venus-Mars ♀ ♂

↔ «Es brennt etwas auf der Zunge»
   «Die Zunge verbrannt haben»
   Konflikt im verbalen Ausdrucksverhalten und beim Geschmack
✴ Sich heisser Themen anzunehmen
   Brennenden Durst zu befriedigen
⚱ Konflikte zu lösen
   Heisse Themen zuerst im Inneren bearbeiten und dann ohne jede Naivität mutig nach aussen vertreten lernen
◉ Überwindung des naiven Herangehens und des überschnellen Äusserns
   Sich den Durst nach Leben bewusst machen
   Eigenem Geschmack Ausdruck verleihen

Zungenentzündung   Venus-Merkur/Mars ♀ ☿ ♂

↔ Konfliktgeschehen in den Bereichen Geschmack und Ausdruck
   «Sich die Zunge verbrennen»
✴ Geschmack körperlich zu differenzieren
   Reibungslose sprachliche Äusserungen

↔ Symbolik / Analoges Muster   ✴ Woran hindert das Symptom?   ⚱ Wozu zwingt das Symptom?   ◉ Erlösung

⚘ Eigenen Geschmack kritisch unter die Lupe nehmen
  Sich den Gegebenheiten entsprechend äussern zu lernen
⊙ Eigenem Geschmack die Chance zur Entwicklung und zum Ausdruck zu geben
  Mitgefühl für andere Menschen entwickeln

Lispeln   Merkur ☿

↔ Mit der Zunge anstossen
  Zischlaute beim Sprechen erzeugen
  Eingeschränkte Verständigungsmöglichkeit
✶ Klare, deutliche Ausdrucksweise
  Auf Anhieb verstanden zu werden
⚘ Auf Verständnis zu pochen
  Aufmerksamkeit und intensiveres Zuhören des Umfeldes fordern
  Einen besonderen Eindruck zu hinterlassen
⊙ Gefühl des Verstandenwerdens entwickeln
  Sich mitteilen
  Verständnis wecken, auch für sich selbst

Stottern   Merkur-Saturn/Uranus ☿ ♄ ♅

↔ Kontrollverlust über die Sprache
  Sprechen unter Druck der Unsicherheit
  Krampfhafter Versuch verhindert das Fliessen
✶ Sich frei und ungehindert zu äussern
  Sprache fliessen zu lassen
⚘ Gespannte Aufmerksamkeit der Zuhörer zu erzeugen
  Gedankenfluss dem möglichen Tempo des Sprachflusses angleichen (nicht zuviel auf einmal)
⊙ Druck und Spannung im Inneren abbauen
  Selbstwertgefühl aufbauen, Versagensängste abbauen

Erkrankungen der Zähne

Karies   Mars-Mars ♂ ♂

↔ Waffen unterliegen faulender Zersetzung
  Behinderung der Aggressivität
✶ Kraftvoll zuzubeissen
  Das Stück vom Leben genussvoll abbeissen zu können
⚘ Zurückhaltender Biss
  Möglicher Mundgeruch
⊙ Vorsichtiger Einsatz der Aggressionen
  Waffen geschickt einsetzen und pflegen

Zahnausfall   Mars-Saturn ♂ ♄

↔ «Zahnloser Tiger»
  Wieder werden wie ein Kind, nämlich zahnlos
✶ Es mit grossen Brocken aufzunehmen
⚘ Alles in kleinen Stücken zu sich zu nehmen, die Nahrung und das Leben
⊙ Zeit zur Umkehr
  Auf das Wesentliche besinnen und nicht mehr alles in Angriff nehmen wollen

Vereiterte Zahnwurzel Mars-Mars ♂ ♂

↪ Konflikt an der Wurzel
  Widerstreit zwischen Mond- und Mars-Prinzip
  Kampf im Innern mit den eigenen Wurzeln
✹ Mit Kraft zuzubeissen
♁ Aggressionen entladen sich im Innern und zerstören so die eigene Grundlage
  Von den Wurzeln abgeschnitten zu werden
  Absterben des Zahnes
⊙ Energien nach aussen kommen lassen
  «Nach-vorn-Strategie» anstelle der Aggression nach innen anwenden

Zahnstein Mars-Saturn ♂ ♄

↪ Mundklima verursacht Aufrüstung der Waffen mit einer Verpanzerung
  Zusätzlicher Schutz richtet sich gegen die eigene Aggression und behindert diese
✹ Zweckgebundener Einsatz der Waffen
  Schärfe und Klarheit der Aggression
♁ Panzerung wird zum Hindernis und richtete sich gegen das Eigene (Zahnfleisch)
⊙ Für geeignetes Klima im Mund sorgen
  Waffen pflegen und von unnötigem Ballast freihalten
  Natürliche Aggression entwickeln und einsetzen

Zähneknirschen Mars-Saturn ♂ ♄

↪ Nächtliches Abarbeiten der angestauten Aggressionen
  Waffen gegeneinander richten
  Verdrängte und verinnerlichte Aggression
  Zerknirscht sein
✹ Aggression dort abzuarbeiten, wo sie eine Änderung des auslösenden Zustandes bewirken können
♁ Waffen werden stumpf, ohne Wirkung erzielt zu haben
  Druck richtet sich gegen sich selbst
⊙ Bewusstmachen und Akzeptanz der eigenen Aggression
  Aggressionen im Leben einsetzen
  Lernen, sich durchzubeissen und durchzusetzen

Zahnfleischbluten Mond-Mars ☽ ♂

↪ Verletztes Selbstvertrauen – mangelndes Urvertrauen
  «Auf dem Zahnfleisch kriechen»
  Erschöpfung
✹ Sich den Herausforderungen gewachsen fühlen
♁ Zurückhaltung und Auswahl nicht so harter Brocken
  Nur unter Opferung des Lebenssaftes Blut Herausforderungen bewältigen zu können
  Schonung
⊙ Urvertrauen nachholen durch Bewusstmachung des Fehlens
  Pflege der Grundlage der Waffen des Lebens

Zahnfleischentzündung Mond-Mars ☽ ♂

↪ Momentaner Konflikt im Urvertrauen
  Der Halt wird in Frage gestellt
✹ Dem Leben und sich selbst zu trauen
  Vom Leben zu sich zu nehmen, was einem zusteht

↪ Symbolik / Analoges Muster   ✹ Woran hindert das Symptom?   ♁ Wozu zwingt das Symptom?   ⊙ Erlösung

⚖ Konflikt wahrzunehmen und darauf einzugehen
  Körperlich nur kleine weiche Häppchen zu sich zu nehmen
☉ Urvertrauen herstellen
  Der eigenen Lebenskraft trauen und sie zur Entfaltung bringen
  Sich mutig auch grösseren Herausforderungen stellen

Paradontose (chronische Zahnfleischentzündung)   Mond/Mars-Neptun ☽ ♂ ♆

☌ Lange schwelender Konflikt um Urvertrauen
  Glaube, keinen Platz im Leben beanspruchen zu können
✴ Aggressionen ohne Angst um die Grundlage freien Lauf zu lassen
⚖ Alles mit Vorsicht zu geniessen, im Leben wie bei der Nahrung
  Aggressionen verzehren sich in ihrer Grundlage, Statt zum Ausdruck gebracht zu werden
  Wieder werden wie ein Kind in der körperlichen Ebene, nämlich zahnlos
☉ Eigene Programme überprüfen, Ansatz zum Ändern suchen und bewusst seinen Platz im Leben einnehmen
  Im geistig-seelischen Bereich wieder werden wie ein Kind: Die Dinge wahrnehmen und ihnen einen Platz im eigenen Leben einräumen, auch der eigenen Aggression

Zahnfleischschwund   Mond/Neptun-Mars ☽ ♆ ♂

☌ Mögliche Folge der Paradontose
  Waffen und Aggressionen verlieren jede Grundlage und fallen aus
  Wurzeln der Aggressionen liegen frei
✴ Den Zähnen und Waffen Halt und Festigkeit zu geben
  Bissfestigkeit
⚖ Aufgeben der eigenen Ansprüche durch fehlende Festigkeit der Grundlage
☉ Leben mutig und ohne Angst in Angriff nehmen
  Eigene Ansprüche durchsetzen und durchbeissen
  Training durch Nutzung

Veränderungen im Bereich des Kiefers und des Kinns

Doppelkinn   Mars-Jupiter ♂ ♃

☌ Durchsetzungskraft, Willen verdoppeln oder abpolstern
✴ Willen deutlich hervortreten lassen
⚖ Doppelte Anstrengung
  Doppelter Einsatz
☉ Anspruch auch auf der seelischen Ebene verwirklichen
  Zurücknahme nur dort, wo es angebracht erscheint

Kieferverrenkung   Mars/Saturn-Uranus ♂ ♄ ♅

☌ Den Mund zu weit aufgerissen haben
  Bissen war zu gross
✴ Willen und Durchsetzungskraft ohne schmerzliche Erinnerung einzusetzen
⚖ Zu Vorsicht und zaghaftem Herangehen an die nun folgenden Herausforderungen
☉ Herausforderungen in der Weise angehen, dass die Brocken zerkleinert und auch verdaut werden können
  Diplomatie beherrschen lernen

Erkrankungen der Ohren

Schwerhörigkeit   Saturn-Saturn ♄ ♄
- (↔) Rückzug von der Aussenwelt
  Unbewusste Verweigerung der Aufnahme von Signalen
- (✱) Für die Aussenwelt erreichbar zu sein
  Die Aussenwelt kontrollieren zu können
- (⚡) Der Innenwelt zuzuwenden
  Neugier auf Belange der Aussenwelt zurückzustecken
- (◉) Mehr Aufmerksamkeit für die eigenen Ansprüche
  Innerer Stimme vertrauen

Altersschwerhörigkeit   Saturn ♄
- (↔) (siehe *Schwerhörigkeit*)
  Erschöpfte Aufnahmebereitschaft
- (✱) Eindrücke in ihrer Vielfalt von aussen aufnehmen, da noch zuviel Unverarbeitetes im Innern wartet
- (⚡) Konzentration auf das Wesentliche
- (◉) Zeit zur inneren Einkehr
  Rückschau auf den durchschrittenen Lebensweg halten
  Erfahrungen weitergeben

Ohrenentzündung   Saturn-Mars ♄ ♂
- (↔) Konflikt zwischen Gehorchen und eigenem Willen
  Aggressive Abwehr (häufig in der Kindheit)
- (✱) Den Konflikt aufgrund der Schmerzen zu ignorieren
- (⚡) Aufmerksamkeit allem zuzuwenden, was mit Hören zu tun hat
  Konfliktlösung bei Strafe einer drohenden Taubheit
- (◉) Einklang von Gehorchen und eigenen Ansprüchen herstellen
  Beide Pole ins Gleichgewicht bringen

Mittelohrentzündung   Saturn ♄
- (↔) Aggressiver Konflikt um Gehorsam
  Abwehrsystem bläst zur Generalmobilmachung
  Kampf mit Fieber und Schüttelfrost
- (✱) Nur auf das Ego zu konzentrieren und den anderen Pol zu vernachlässigen
- (⚡) Polarität zwischen Anpassung und Widerstand ins Gleichgewicht zu bringen
- (◉) *Siehe Ohrenentzündung*
  Kindern Orientierung und Raum für eigene Entfaltung geben

Hörsturz   Saturn ♄
- (↔) Plötzliches *Dichtmachen*
  Überforderung
  Stress und Hektik
  Mehr, als man vertragen und verarbeiten kann
- (✱) Weitere Eindrücke aufzunehmen
  Anpassung um jeden Preis
- (⚡) Innere Situation wahrzunehmen und zu bearbeiten
  Klarheit über eigene Ansprüche zu verschaffen

(↔) Symbolik / Analoges Muster   (✱) Woran hindert das Symptom?   (⚡) Wozu zwingt das Symptom?   (◉) Erlösung

⊙ Der eigenen Befindlichkeit mehr Aufmerksamkeit widmen
Pole Anpassung und Widerstand ins Gleichgewicht bringen
Sich dem «Zuviel» verweigern

Taubheit   Saturn ♄
⊖ Tonlosigkeit
Abschottung nach aussen
Unbewusste Kontaktverweigerung
Eingeschränkte Teilhabe an den Schwingungen anderer Menschen
⊗ Wertung über die Welt der Töne
Am Gehorchen
⊕ Austausch auf das Wesentliche zu reduzieren
Distanz zu überwinden
Andere Wahrnehmungskanäle zu schärfen
Nach eigenem Schwingungsrhythmus zu leben
⊙ Andere Schutzmechanismen erlernen
Eigene Lösungswege suchen
Innerer Stimme mehr Gewicht verleihen
Verbleibende Sinne schärfen

Ohrgeräusche (Tinnitus)   Mond-Merkur-Neptun ☽ ☿ ♆
⊖ Äusserer Lärm wird nach innen genommen
Unbewältigter Stress
Eigene innere Stimme wird übertönt
⊗ Zur Ruhe und inneren Einkehr zu gelangen
⊕ Die Warnsignale der Überforderung durch Unbewältigtes wahrzunehmen
⊙ Sich selbst wieder wichtig nehmen
Innerer Stimme mehr Gewicht verleihen
Nur Wesentliches an sich heranlassen

Ekzem im Gehörgang   Venus-Saturn ♀ ♄
⊖ Aggression gegen das, was gehört wird
Unangenehmes reizt und juckt
⊗ Das Unangenehme, an das erinnert wird, wahrzunehmen
⊕ Sich ständig zu kratzen, was den Schmerz in der körperlichen Ebene verstärkt
⊙ Sich von dem Gehörten innerlich jucken lassen und es kritisch bearbeiten
Dunkles und Verdrängtes nach oben holen
Akzeptieren und bearbeiten, damit es nicht mehr juckt

Verhärteter Ohrenschmalz   Saturn-Venus ♄ ♀
⊖ Körpereigenes verhindert das Hören und Gehorchen
Unbewusstes Zumachen
⊗ Deutliches Hören und Verstehen
⊕ Druck des Eigenen wie einen Fremdkörper zu ertragen
Sich selbst im Wege zu sein
⊙ Weniger ist manchmal mehr
Eigenen verhärteten Standpunkt hinterfragen und mit der Umwelt in Einklang bringen

Gleichgewichtsstörungen   Venus-Neptun ♀ ♆

⊕ Auf schwankendem Boden stehen
  Bedürfnis nach Sicherheit und Kontrolle
✖ Sich selbständig im Raum des Lebens zu bewegen
⊕ Realitätssinn entwickeln
  Wunsch- und Wirklichkeitsdenken in Einklang bringen
◉ Vertrauen in den Fluss des Lebens gewinnen
  Loslassen und auf eigenen sicheren Beinen stehen lernen

Drehschwindel   Neptun ♆

⊕ Die Welt drumherum dreht sich scheinbar im Kreise
✖ Kontrolle auszuüben
  Die Welt anzuhalten
⊕ *Loslassen* lernen
  Von sich aus die Dinge um sich bewegen zu lassen
◉ Sich selbst nicht be-schwindeln
  Sich den Dreh- oder Wendeimpuls für das eigene Leben geben

Reisekrankheit   Neptun ♆

⊕ Kontrollverlust
  Auf unsicherem Boden (Schiffsplanken) stehen
  Keinen eigenen Einfluss auf die Bewegung haben
✖ Zu anderen und zur Bewegung des Lebens Vertrauen zu haben
⊕ Die widersprüchlichen Informationen in Einklang zu bringen
◉ Bewegung ins Bewusstsein bringen
  Sich auf die jeweilige Situation einstellen lernen

Erkrankungen des Halses

Halsschmerzen   Venus-Mars ♀ ♂

⊕ Schlucken wird verweigert
  Kampf um den Eingang
✖ Alles und zuviel zu schlucken
⊕ Zu klären, was geschluckt wird und was draussen bearbeitet werden soll
◉ Kein «armer Schlucker» bleiben
  Sich mit den Dingen auseinandersetzen und nur das reinlassen, was weiterbringt

Wucherungen   Merkur-Saturn-Mars ♀ ♄ ♂

⊕ Wachsen an der falschen Stelle
  Verschliessen wollen
  Ständiger Konflikt
✖ Am Austausch
  Die Welt zu erkennen
⊕ Verschluss des einen Eingangs führt zur Erweiterung der inneren Grenze, ohne den Ausgleich
  herzustellen
◉ Wachstum in die richtigen Bahnen lenken
  Geben und Nehmen im Ausgleich
  Auf die wesentlichen Dinge einlassen

⊕ Symbolik / Analoges Muster   ✖ Woran hindert das Symptom?   ⊕ Wozu zwingt das Symptom?   ◉ Erlösung

Verschlucken   Uranus ♅
- «Etwas in den falschen Hals bekommen»
  Verwechseln (von Speiseröhre und Luftröhre
  Missverständnisse
- ✶ Verschiedene Dinge gleichzeitig zu tun
- ⚖ Husten und Korrektur des Vorgangs
  Wertung im Innern unter verkehrten Vorzeichen
- ☉ Alles schön der Reihe nach
  Eins nach dem andern und in die richtigen Bahnen lenken

Würgen   Venus-Pluto ♀ ♇
- Geschlucktes wird abgelehnt, Annahme verweigert – Sendung zurück
- ✶ Alles ungeprüft zu schlucken
- ⚖ Genaue Prüfung des Angebots
  Zeitweilige Abstinenz
  Abstand davon nehmen
- ☉ Nicht alles hinnehmen
  Auf Bekömmlichkeit überprüfen

Kloss im Hals   Saturn ♄
- Etwas bleibt einem im Halse stecken und drückt dort
  Wie zugeschnürt sein
  «Den Kanal voll haben»
- ✶ An Weite im Hals und freiem Durchgang
- ⚖ Beklemmung wahrzunehmen
  Angst und Enge im Hals zu spüren
  Schlucken oder Ausspucken
- ☉ Entscheidung nach der Beantwortung der Frage: «Was hat sich angestaut?» fällen
  Problem lösen und dann loslassen

Kropf   Venus-Pluto ♀ ♇
- Wachsen über den gegebenen Rahmen hinaus
  Zuviel aufnehmen und bewahren
- ✶ An erotischer Ausstrahlung und an freier Beweglichkeit
- ⚖ Alles sichtbar mit sich herum zu tragen
  Sich auf andere Werte zu besinnen und sie an den dafür vorgesehenen Orten aufzubewahren:
  Verstand im Kopf, Gefühl im Herzen
- ☉ Eingestehen und Loslassen von Besitz- und Machtansprüchen
  Sich überflüssigen Kram vom Halse schaffen

Schiefhals   Venus-Uranus ♀ ♅
- Zwangshaltung des Körpers, die auf den Lernprozess hinweisen kann
  Einseitige Betrachtungsweise der Welt
- ✶ Rechte (verstandesmässige) oder linke (gefühlsmässige) Seite der Wirklichkeit gleichbetont wahr-
  zunehmen
- ⚖ Die eine Seite bevorzugt wahrzunehmen und zu verinnerlichen
- ☉ Ausgleich auf der bewussten Ebene schaffen
  Der anderen Seite darin Raum verschaffen

Schleudertrauma   Venus-Saturn-Uranus ♀ ♄ ♅

- ⊖ Durch einen gewaltigen Ruck aus der Bahn geschleudert worden sein (Unfall)
  Alles ist verschoben
- ⊛ Zeitweilig an Harmonie im Zusammenspiel von Kopf, Hals, Schultern und Armen
- ⊕ Ruhigstellung des Kopfes
  Sich Zeit zu geben und alles an seinen Platz kommen zu lassen
- ⊙ Gleichgewicht von Stabilität und Beweglichkeit des Kopfes und des Halses herstellen
  Innere Mitte finden, den Kopf oben lassen

Halswirbelverschiebung   Venus/Saturn-Uranus ♀ ♄ ♅

- ⊖ Drehscheibe des Hauptes blockiert
  Übergrosse Kopflastigkeit
  Kopf ist verdreht
  Alles aus dem Lot geraten
- ⊛ Blickrichtung kann ohne Schmerz kaum verändert werden
- ⊕ Kopf gerade zu halten
  Schnelle Wendemanöver zu unterlassen
  Den Kopf zurechtgerückt bekommen
- ⊙ Wieder ins Lot kommen (ins innere Gleichgewicht)
  Alles wieder einrenken (im Umgang mit den Mitmenschen)

Nackensteifheit   Venus-Saturn ♀ ♄

- ⊖ Hartnäckigkeit, Sturheit, Unbeugsamkeit
  Festhalten am eigenen Standpunkt oder den Kopf immer hängen lassen
- ⊛ Den Nacken beugen zu können
  Kopf schmerzlos nach allen Seiten zu drehen
- ⊕ Die Steifheit schmerzhaft zur Kenntnis zu nehmen
  Mangelnde Versorgung des Kopfes durch Verengung der Versorgungsstränge im Nacken
- ⊙ Den eigenen Standpunkt mit Abstand gelöst betrachten und überprüfen
  Sich Wesentlichem zuwenden
  Gleichgewicht zwischen Anpassung und Widerstand finden

Genickbruch   Saturn-Uranus ♄ ♅

- ⊖ Sich den Hals brechen
  Fluss des Lebens unterbrechen
  Eine Art, Leben beenden zu wollen
- ⊛ So weiterzuleben wie bisher
  Den Kopf hängen zu lassen
- ⊕ Das bisherige Leben nach dem Einschnitt zu überdenken
  Sich anderen Inhalten zuzuwenden
- ⊙ Das Schicksal in die eigenen Hände nehmen
  Neue Aufgaben suchen und darin Stabilität finden

Fettnacken   Venus-Jupiter ♀ ♃

- ⊖ Vortäuschung von Kraft
  Schutz vor Verletzlichkeit
- ⊛ Dem Schein nach zu leben und handeln
- ⊕ Zu versuchen, den Schein zu wahren oder die Kraft zum Leben tatsächlich zu entwickeln
- ⊙ Lernen, Hilfe anzunehmen, wo sie gebraucht wird
  Selbstvertrauen auf der bewussten Ebene stärken, auf der körperlichen trainieren

⊖ Symbolik/Analoges Muster   ⊛ Woran hindert das Symptom?   ⊕ Wozu zwingt das Symptom?   ⊙ Erlösung

Erkrankungen des Kehlkopfes

Heiserkeit   Merkur ☿
⊕ Gereizte Stimme bis Stimmlosigkeit
Überforderung der Stimmbänder – zu laut, zuviel und mit viel ungezielter Atemkraft gesprochen
oder gebrüllt haben
⊛ Sich laut zu äussern
Sich lautstark bemerkbar zu machen
Aggressionen herauszubrüllen
⊥ Sich zurückzunehmen, still zu sein
Eigene Äusserungen einer kritischen Prüfung unterziehen
Auf das Wesentliche beschränken
⊙ Der Stimme gezielte (Atem-)Kraft verleihen
Sein Instrument schonend behandeln und neu einstimmen
Sich an geeigneter Stelle Stimmrecht zuerkennen und verschaffen

Räusperzwang   Merkur-Saturn ☿ ♄
⊕ Etwas belegt die Stimme
Etwas sagen wollen, wobei die Worte noch nicht fliessen wollen
Aufmerksamkeit erringen
⊛ Frei und offen zu sprechen
⊥ Sprechhindernis körperlich spüren
Suche nach der Ursache: auch zu dem Gesagten stehen können
⊙ Gedankliche Klarheit vor den Äusserungen
Barriere im Bewusstsein entfernen

Pseudokrupp (häufig bei Kindern)   Venus/Mars-Pluto ♀ ♂ ♇
⊕ Anschwellen im Innern
Gehäuft an Orten mit starker Umweltbelastung
Es kommt zu dick
Erstickungsgefahr!
⊛ Ausreichend Atemluft aufnehmen zu können
⊥ Aggressiver Kampf im Atem- und Schluckbereich
Schadstoffe reizen zum Dichtmachen
Krieg ums Überleben
⊙ Aufenthalt in atembarer Luft
Aggressionen im äusseren Bereich austragen lernen

Kehlkopfkrebs   Merkur-Pluto ☿ ♇
⊕ Entsetzliche Angst (Enge) schnürt das Leben ab
Unkontrolliertes Wachstum im Stimmbereich
(siehe auch «*Krebs*»)
⊛ Sich über die mündliche Sprache ausdrücken
⊥ Andere Verständigungsmöglichkeiten zu finden
Sich auszudrücken und sich nicht aufzugeben
⊙ Statt auf der körperlichen den Bereich in der geistig-seelischen Ebene abarbeiten
Eigene Ausdrucksformen finden
Verdrängtes wiederbeleben, dort wachsen lassen

Erkrankungen von Brustkorb und Rippen

Zwischenrippenschmerz   Sonne-Saturn ☉ ♄
(↔) Reizung des Schutzes für Herz und Lunge
  Das «Ich» fühlt sich von aussen bedroht
(✶) Die Körperregion ohne Aufmerksamkeit zu lassen
(⚖) Dem «Ich» Zuwendung geben
  Es beachten und nach seinen Ansprüchen forschen
(◉) Austausch mit dem Umfeld zulassen
  Dem Schutzkäfig Ruhe gönnen und die Ansprüche des «Ichs» wichtig nehmen

Brustfell-Entzündung   Mars-Merkur ♂ ☿
(↔) Rahmen und Hülle der Lunge im Konfliktgeschehen um die Kommunikation
  Trocken: «Jemandem etwas husten wollen»
  Feucht: Abwehrsystem im Sturmeinsatz
  Austritt von Flüssigkeit
(✶) Durchzuatmen
  Leistungsfähigkeit
  Kommunikation
(⚖) Zur Ruhe
  Spannungen wahrzunehmen
  Zeit zum Nachdenken und Aufarbeiten des Kommunikationsproblems
(◉) Lernen, eigene Meinung im ruhigen sachlichen Gespräch zu vertreten
  Ich-Botschaften senden und über seelische Befindlichkeit sprechen

Hühnerbrust (auch Trichterbrust)   Saturn/Sonne/Merkur-Saturn ♄ ☉ ☿ ♄
(↔) Einengender Käfig
  Entfaltungsspielraum des «Ichs» (sowie für Herz und Lunge) zu eng
(✶) Sich voll zu entfalten
  Herz und Lunge zu weiten
(⚖) Mit den gegebenen Möglichkeiten zu leben und das Beste daraus zu machen
(◉) Eigene Grenzen erkennen und anerkennen
  Den verbliebenen Raum ausleuchten
  Qualität (Güte) vor Quantität (Menge) setzen

Rippenbruch   Saturn-Uranus ♄ ♅
(↔) Angriff auf den Schutzraum von Herz und Lunge
  Gewaltsame Erweiterung
(✶) Weiterhin das «Ich» zu verschliessen
(⚖) Mehr Anpassung statt Abkapselung des «Ichs»
(◉) Fähigkeit zum Mitschwingen entwickeln
  Das Herz anstelle des Brustkorbes öffnen

(↔) Symbolik / Analoges Muster   (✶) Woran hindert das Symptom?   (⚖) Wozu zwingt das Symptom?   (◉) Erlösung

Erkrankungen der weiblichen Brust

Schmerzen in der Brust   Mond-Venus ☽ ♀
- ↔ Signal für Zuwendung und Beachtung
- ✖ Rohe, robuste Berührungen zu ertragen
- ⚖ Beachtung und Hingabe
  Zärtliche Berührungen
  Aufmerksamkeit
- ☉ Weiblichkeit leben
  Sexualität mit viel Zärtlichkeit geniessen

Brustdrüsen-Entzündung   Mond / Venus-Mars ☽ ♀ ♂
- ↔ Konflikt mit der Mutterrolle in der Stillphase
- ✖ Dem Kind alles ohne Schmerz zu geben
- ⚖ Sich mit der neuen Anforderungen der Mutterrolle auszusöhnen
- ☉ Mutterrolle geniessen
  Dem Kind Sicherheit und Geborgenheit geben wollen
  Dabei eigene Ansprüche nicht zu vernachlässigen

Brustkrebs   Mond-Pluto/Neptun ☽ ♇ ♆
- ↔ Angst, die Rolle als Frau und Mutter zu leben
  Aggressiver Rollenkonflikt
  Verhindertes Wachstum in Bezug auf Nähren und Geborgenheit geben
- ✖ Eigene weibliche Identität voll auszuleben
- ⚖ Den Verlust von geistig-seelischer Rollenidentität auf der körperlichen Ebene auszuleben
- ☉ Sich zur eigenen Weiblichkeit bekennen
  Eigenes Rollenverständnis entwickeln und danach leben
  Selbstbestimmung statt Fremdbestimmung
  Aufgaben suchen, die im Gefühl der Mütterlichkeit wachsen lassen
  Freiwillig aus seiner eigenen Mitte Liebe abgeben

Gewebswucherungen   Mond-Jupiter/Saturn ☽ ♃ ♄
- ↔ Knoten
  Ungelöstes in den Problembereichen Weiblichkeit, Lust und Mütterlichkeit
- ✖ Warnsignale zu ignorieren
- ⚖ Zu Angst vor Entartung in Krebs
- ☉ Signale beachten und Problemfelder ins Bewusstsein bringen
  Eigenes Rollenverständnis entwickeln und leben

Hohlwarze   Mond-Venus ☽ ♀
- ↔ Brustknospe nach innen gezogen
  Angst vor Entfaltung der Mütterlichkeit
- ✖ Nahrung zu geben
  In der neuen Rolle zu erblühen
- ⚖ Hindernis zuerst auf seelischer Ebene beseitigen
  Bewusst geben wollen
- ☉ Sich eigener Bedürfnisse bewusst werden und danach leben
  Einklang von Geben und Nehmen

Erkrankungen der Schultern und des Rückens

Schultersteife Merkur-Saturn ☿ ♄
- (↔) Die bevorzugte Körperseite versagt den Dienst
  Diese Seite des Lebens gerät ausser Griff
- (✱) Dieser Körperseite und sich selbst weiterhin alle Lasten aufzubürden (und zu lassen)
  Nichts mehr halten, tragen oder heben zu können
- (⚖) Andere Körperseite mehr in den Dienst nehmen
  Der betroffenen Seite Ruhe und Entlastung zu verschaffen
  Lasten abzuwerfen
- (⊙) Klären, was die Schulter und den Arm drückt
  Rechte Seite: Verstand – sachliche Themen
  Linke Seite: gefühlsmässige Themen
  Probleme aufarbeiten und loslassen

Schulterverspannung Merkur-Saturn ☿ ♄
- (↔) Steifheit der Schultern
  Tragen von zuviel Ballast
  Anspannung durch die Last des Lebens
  Angst darunter zu zerbrechen
  Überanstrengung
- (✱) An Beweglichkeit und Leichtigkeit des täglichen Seins
- (⚖) Endlich «Nein» zu sagen, wenn weitere Lasten auf die Schultern geladen werden sollen
- (⊙) Belastung auf das Wesentliche reduzieren
  Grenzen der eigenen Belastbarkeit auch nach aussen zeichnen
  Ballast abwerfen
  Bewusst entspannen
  Alle Muskelgruppen gleichmässig trainieren

Rückenschmerzen Saturn ♄
- (↔) Schmerzhaft Haltung bewahren
  Äussere und innere Haltung stimmen nicht überein
  Problem mit der Aufrichtigkeit
- (✱) Geforderte äussere Haltung zu bewahren
  Zwangshaltungen ohne Schmerzen einzunehmen
- (⚖) Zwangshaltungen aufzugeben
  Dem Rücken Entlastung zu verschaffen
- (⊙) Gleichgewicht der Pole Anpassung und Widerstand herstellen
  Aufrichtigkeit zu sich selbst und in der inneren Haltung
  Demut (Beugen) vor dem Leben
  Innere Mitte finden

Rundrücken Saturn ♄
- (↔) «Ich» verbergen und schützen wollen
  Rücken schützend darumlegen
  Überdehnung der Rückenmuskulatur
- (✱) Den aufrechten Gang
- (⚖) Sich stets körperlich zu beugen
  Sich kleinzumachen
  Geduckt zu gehen, zu buckeln

(↔) Symbolik / Analoges Muster (✱) Woran hindert das Symptom? (⚖) Wozu zwingt das Symptom? (⊙) Erlösung

⊙ Widerstand entwickeln und dem «Ich» Entfaltungsspielraum geben
   Den «aufrechten Gang» trainieren

Buckel   Saturn-Saturn ♄ ♄
⊕ Gekrümmter Rücken
   Vom Leben und dem Schicksal gezeichnet sein
⊛ Sich dem Himmel entgegenzurecken
⊕ Blickrichtung zu den Wurzeln
   Dorthin, wo alles entspringt
⊙ Dem Leben mit Demut begegnen, inneres Wachstum auf geistig-seelischer Ebene
   Sich innerlich aufrichten

Erkrankungen der Arme

Ausgekugelter Arm   Uranus-Mars ♅ ♂
⊕ Beweglichkeit und Kampf
   Sich über den vorgegebenen Rahmen hinaus bewegt haben
   Die eigenen Grenzen missachtet haben
⊛ Den «grossen Wurf» in der gleichen Weise noch einmal zu probieren
⊕ Sich der Grenzen schmerzhaft bewusst werden
   Die eigenen Möglichkeiten (Bewegungsradius) auszuloten
   Alles einrenken
⊙ Übertreibungen unterlassen
   Bewegungsradius auf geistiger Ebene erweitern
   Mit «sicherem Instinkt» den grossen Wurf im Leben wagen

Armbruch   Uranus-Mars/Merkur ♅ ♂ ☿
⊕ *Oberarm*: Schlagkraft gebrochen, Kraftfluss unterbrochen
   Unterarm: Handlungsfähigkeit gemindert
   Sprödigkeit und Starrheit
   Beweglichkeit am falschen Platz
⊛ Alle Hebel in Bewegung zu setzen, um zu bewegen
⊕ Statt Bewegung: Bewegungslosigkeit
⊙ Beweglichkeit auf geistig-seelischer Ebene
   Frage stellen: «In welchem Bereich kam es zum Bruch? Verstand oder Gefühl?»
   Zusammenfügen, was zusammengehört

Durchblutungsstörungen   Saturn ♄
⊕ Stockungen und Stauungen
   Glieder sind von der Versorgung abgeschnitten
   Schmerzhafter Mangel
⊛ Leistungsfähigkeit durch ausreichende Versorgung
⊕ Schmerz und Funktionsstörungen hinzunehmen
   Mit dem Verlust des Bereichs zu rechnen, der von der Versorgung ausgeschlossen ist
⊙ Feststellen, welche Symbolik den betroffenen Bereich vertritt
   Dem abgeschnittenen Bereich im Leben gerecht werden
   Das Leben wieder in Fluss bringen

Tennisarm   Mars/Merkur-Saturn ♂ ☿ ♄
↔ Konflikt um das Durchsetzungsvermögen
Ellenbogeneinsatz tut einem selbst weh
Schmerzhafter Ehrgeiz
Abgebremste Aggression
✖ Alle Hebel in Bewegung zu setzen
An gezieltem Krafteinsatz
⚷ Zur Erkenntnis zu gelangen, dass Wollen und Können auseinanderklaffen
Sich auf das Wesentliche beschränken und mit abgebremsten Kräften handeln
⊙ Innere Aktivität
Spielerischer statt verkrampfter Umgang mit den Anforderungen des Lebens

Sehnenscheide-Entzündung   Merkur-Mars ☿ ♂
↔ Versteckter Konflikt, der aufreibt
Monotone gleichförmige Bewegungen, denen der wirkliche Sinn fehlt (Anerkennung der Leistung)
✖ Sich weiter verkrampft in den gleichen Bahnen zu bewegen, ohne körperliche Schmerzen zu ertragen
⚷ Motivation hinterfragen (z.B. «Pullover stricken, den niemand tragen will?»)
⊙ Die gleichförmige Arbeit mit Liebe und Hingabe verrichten oder aus den Bahnen aussteigen
Sich Aufgaben suchen, die Erfolgserlebnisse versprechen

Sehnenriss   Uranus-Saturn ♅ ♄
↔ Konflikt überzogen
Bis zum Zerreissen gespannt gewesen sein
✖ Sich weiter körperlich zu überstrapazieren
⚷ «Wenn alle Stränge reissen» gibt es immer zwingend einen anderen Lösungsweg
Erzwungene Zeit und Ruhe, um Ursachen zu ergründen
⊙ Sich der eigenen «Sehn»-süchte bewusst werden
Konfliktlösung auf geistig-seelischer Ebene in Angriff nehmen

Erkrankungen der Hände

Handprobleme   Merkur ☿
↔ Probleme beim «in den Griff bekommen»
✖ Ergreifen
Begreifen und festhalten zu können
⚷ Nicht mehr an Altem festklammern
Loslassen – gelöst werden
Handlungsfähig werden – Fluss und Bewegung zulassen
⊙ Lernaufgabe annehmen
Feingefühl entwickeln
Offen und ehrlich gegen sich selbst werden
Das Wesentliche in den Griff kriegen

Beugestellung   Merkur-Pluto ☿ ♇
↔ Nicht öffnen können
Betroffene Seite gibt Hinweis auf das fehlende Verständnis zum Begreifen
Versteckte Aggression – geballte Faust

↔ Symbolik / Analoges Muster   ✖ Woran hindert das Symptom?   ⚷ Wozu zwingt das Symptom?   ⊙ Erlösung

(✹) Offen zu sein
   Körperlich das Nichts loslassen zu können
(♃) Zu körperlichem Festhaltenwollen und doch nichts halten zu können
(☉) «Wer Wasser schöpfen will, muss die Hände öffnen.» (Chinesisches Sprichwort)
   Sich geistig-seelisch der betroffenen Seite öffnen
   Altes loslassen
   Ehrlich werden
   Versteckte Aggressionen hinterfragen

Verkrümmung der Finger   Merkur-Pluto ☿ ♇

(☌) Krampfhaft Halt suchen und zu Haltlosigkeit verdammt sein
   Festhalten an materiellen Dingen
(✹) Begreifen und ergreifen von neuen Inhalten
(♃) Auch körperlich nachzuvollziehen, woran geistig-seelisch festgehalten wird
(☉) Sich seiner inneren Situation bewusst werden
   Sich inneren Halt verschaffen
   Seine eigenen Bedürfnisse erkennen und befriedigen

Muskelrückbildung an Händen/Fingern   Merkur-Neptun ☿ ♆

(☌) Daumen wird seiner dominanten Funktion als Gegenspieler der Finger nicht mehr gerecht
(✹) Festen Griff ausüben
   Leben im Griff haben
   Gefühl für die Dinge des Lebens
(♃) Gefühl, dass einem die Hände gebunden sind, dass einem das Leben aus der Hand gleitet
(☉) Üben loszulassen
   Die Finger von etwas zu lassen
   Nach fehlendem Neuem greifen

Aufgesprungene Hände und Fingerkuppen   Merkur-Mars ☿ ♂

(☌) Verlorengehendes Fingerspitzengefühl
   Die Hände reiben an einem Konflikt
   Alte Wunden brechen immer wieder auf
(✹) Beherzt zuzugreifen, sowie ertasten und erfühlen
(♃) Vorsicht und Zurückhaltung bei allem, was in Angriff genommen wird
   Schmerzliche Erfahrungen vermeiden wollen
(☉) Sich im Leben auch mit schmerzhaften Erfahrungen auseinandersetzen
   Sich den Konflikten stellen, sie bereinigen und die alten Wunden heilen lassen
   Sich Ruhe gönnen

Handschweiss   Merkur-Saturn ☿ ♄

(☌) Uneingestandene Angst vor Kontakt
(✹) Den Kontakt körperlich zu geniessen
(♃) Der eigenen Angst bewusst zu werden
(☉) Angst hat man nur vor Unbekanntem
   Mutig Kontakt suchen
   Auf die Dinge zugehen

Nagelpilz   Mars-Pluto ♂ ♇

↩ Aggressionswerkzeuge (Krallen) geschwächt, bieten Angriffsfläche für Parasiten
   Werden von anderen als Lebensgrundlage missbraucht
✴ Nach dem eigenen Stück Leben greifen und es aggressiv mit den Krallen festhalten
⚖ Zu sehen, wie die eigenen Waffen durch fremde Wesen verschlissen werden
   Selbst wehrlos zu werden
◉ Seelische Abwehrkräfte stärken
   Selbstbestimmt statt fremdbestimmt handeln

Nägelbeissen   Mars-Mars ♂ ♂

↩ Zurücknahme der eigenen Aggressionen
   Angst vor der eigenen Aggression, sich die Wut verbeissen
✴ Krallen dort einzusetzen, wo eigene Ansprüche durchgesetzt werden müssen
⚖ Wehrlos Angriffe hinnehmen müssen
   Eigene Abwehr an den Fingerspitzen verstärkt schmerzhaft spüren müssen
   Sich den eigenen Ärger verbeissen
◉ Eigene Kräfte erkennen und einsetzen lernen
   Sich selbst vertrauen und Mut nach innen entwickeln, nach aussen zeigen
   Gesundes Selbstwertgefühl entwickeln

Nagelbett-Entzündung   Mars/Mond-Mars ♂ ☽ ♂

↩ Konflikt mit der eigenen Aggressivität
   Greift eigene Wurzeln an
   Fehlendes Vertrauen
✴ Aggressionen austragen
   Krallen einsetzen
⚖ Zaghaftigkeit im körperlichen genauso wie im seelischen Bereich zu leben
◉ Mut und Zuversicht im Leben entwickeln, sich das krallen, was einem zusteht und was zum
   Leben gebraucht wird

Erkrankungen von Zwerchfell, Bauch und Becken

Schluckauf   Uranus ⛢

↩ Ruckartige Unterbrechung des Lebensflusses
   Anspannung entlädt sich
   Lustig nur für die anderen
✴ Das «Hicksen» willentlich abzustellen
   Weiter so tun, als wäre nichts
⚖ Die kleine Störung hinnehmen und darüber lachen
   Staunen, wenn es vorbei ist
◉ Sich ab und zu andere lustige Unterbrechungen für den Alltag ausdenken
   Spontanität im Handeln zulassen

Bruch   Uranus ⛢

↩ Zwei getrennte Bereiche respektieren die gegebenen Grenzen nicht mehr und dringen in fremdes
   Gebiet ein (Ein-Bruch)
   Aggression und Unverträglichkeiten
   Gestörte Beziehungen
✴ Weitere Belastungen in dem jeweils betroffenen Bereich zuzulassen

---

↩ Symbolik/Analoges Muster   ✴ Woran hindert das Symptom?   ⚖ Wozu zwingt das Symptom?   ◉ Erlösung

⊕ Belastendes beiseite zu lassen
   Schwachstellen zu erkennen und zu schützen
   Schadensbegrenzung auf beiden Seiten der Grenzen
⊙ Geistig-seelische Grenzen durchbrechen
   Achten auf diplomatisches Vorgehen im Austausch
   Mit neuen Themen auseinandersetzen
   Bearbeiten und Verbindungen dazwischen suchen
   Friedlicher Austausch

Zwerchfellbruch   Merkur-Uranus ☿ ♅

⊕ Grenze zwischen oben und unten ist durchbrochen
   Bauchraum und Gefühl wehrten sich gegen die Unterdrückung und durchdringen den oberen
   Bereich körperlich
⊛ Bereits Geschlucktes ohne Beachtung in der «Unterwelt» verschwinden zu lassen
⊕ Dem unteren Bereich, Bauch und Gefühl, mehr Raum einzuräumen, darauf besondere Rücksicht
   zu nehmen
⊙ Dem Bauch und den Gefühlen im Leben den Raum einzuräumen, den sie benötigen, beide Pole
   in das Leben integrieren

Nabelbruch   Mond-Uranus ☽ ♅

⊕ Kriegerischer Konflikt um die Mitte
   Erste Wunde ist aufgebrochen – Grundansprüche sind unbeachtet geblieben
⊛ Druck der Gefühle weiter ansteigen zu lassen
   Nach bisherigen Lebensmuster weiter zu verfahren
⊕ Die Aufmerksamkeit der eigenen Mitte zuzuwenden
   Sich der seelischen Ansprüche bewusst zu werden
⊙ Nach den gewonnenen Erkenntnissen leben
   Sich nicht stets selbst zurücknehmen und seine eigenen Bedürfnisse erfüllen
   Nichtgelebtes nachholen

Narbenbruch   Saturn-Uranus ♄ ♅

⊕ Alte, schlecht verheilte Wunden sind aufgebrochen
   Neuentflammen eines alten Konfliktes durch unangemessene Belastung
⊛ So tun, als wäre alles erledigt
⊕ Offengebliebenes zu bearbeiten
   Thema neu auf die Tagesordnung zu setzen
⊙ Neue Möglichkeiten der Konfliktlösung suchen
   Seelische Thematik vollständig bearbeiten und alte Wunden schliessen lassen

Leistenbruch   Venus-Mars ♀ ♂

⊕ Sich zuviel geleistet haben
   Mehr auf sich genommen als gut ist
   Konflikt belastet die sexuelle Körperebene
⊛ Schwachstellen weiter zu übersehen
   Sich mehr von dem zumuten, was überfordert und schadet
⊕ Grenzen im körperlichen Bereich zu akzeptieren
   Sich Schonung in diesem Bereich zuzubilligen
⊙ Grenzen auf geistig-seelischer Ebene überschreiten
   Wagen, alte Muster in Frage stellen
   Neue Verbindlichkeiten und aktiven Austausch pflegen

Verwachsungen   Merkur-Jupiter ☿ ♃

⊕ Falsche Verbindungen
Gegenseitige Behinderung

✱ An reibungslosem und schmerzfreiem Ablauf des Körpergeschehens und der Verdauung

⚡ Die fehlerhafte Entwicklung im Bauch zu fühlen
Dem Bauchgefühl zu vertrauen – Signal: «Hier stimmt etwas nicht!» beachten

◉ Auch ungewöhnlich anmutende Verbindungen im Denken und Fühlen herstellen
Zusammenfügen von scheinbar nebeneinander Existierendem zu einer neuen Sichtweise im bewussten Bereich

Wassersucht   Mond ☽

⊕ Kreislauf des Lebens ist gestört
Seelenwasser staut sich im Bauch und damit im Umfeld des Herzens (Gefühl)

✱ Lebensenergie fliessen zu lassen
Den ungestörten Ablauf der Verdauungsprozesse

⚡ Unter der Last der Gefühle nur noch kürzer treten zu können

◉ Sich für die Last auf der Seele Zeit nehmen, sie Stück für Stück betrachten und abarbeiten
Sie loslassen, damit die Lebensenergie wieder fliessen kann

Bauchkrampf   Merkur-Pluto ☿ ♇

⊕ Angstvolle Verarbeitungen der Erfahrungen mit dem Leben
Festhalten wollen an dem, was bisher die Ansprüche auch nicht erfüllen konnte

✱ Das Leben seinem Fluss zu überlassen

⚡ Stillstand
Die krampfhafte Angst körperlich zu spüren
Das Festhalten körperlich schmerzhaft zu erleben

◉ Loslassen lernen und dem Fluss des Lebens vertrauen, dem Bauchgefühl vertrauen lernen

Bauchfellentzündung   Merkur/Mond-Mars ☿ ☽ ♂

⊕ Kriegerischer Konflikt im Innern der eigenen Mitte um Gefühl, Aufnahme und Verarbeitung

✱ Alles aufnehmen, was es aufzunehmen gibt

⚡ Aufmerksamkeit auf die eigene Mitte zu lenken
Zurückhaltung bei der Aufnahme – nur das, was auch verarbeitet werden kann

◉ Signale des Bauchgefühls beachten, ihm trauen
Den Blick auf den eigenen Nabel richten und danach auf die Welt

Blähungen   Pluto ♇

⊕ Druck durch Luft- und Gasansammlung im Darm durch schwer Verdauliches
Dampf in die verkehrte Richtung ablassen
Gegen etwas anstinken

✱ Sich frei und ungehindert in Gesellschaft bewegen zu können

⚡ Zum Rückzug in ein stilles Kämmerchen, um sich dort Luft zu machen oder sich verkneifen, was einem querliegt

◉ Seinen Aggressionen nach vorn Luft machen, wo es die gewünschte Wirkung zeigt
Sich nicht alles verkneifen, was einem querliegt

Trommelbauch   Mond-Jupiter ☽ ♃

⊕ Aufgeblasenheit
Vorgetäuschte Gewichtigkeit
Zuviel Unverdauliches aufgenommen haben

⊕ Symbolik / Analoges Muster   ✱ Woran hindert das Symptom?   ⚡ Wozu zwingt das Symptom?   ◉ Erlösung

(✖) Loslassen zu können und das aufnehmen, was der Entwicklung nützt
(⚤) Zum Wunsch, endlich Dampf ablassen zu können
   Spannungen abzubauen, die vom Zuviel oder dem Unbekömmlichen herrühren
(⊙) «Weniger ist manchmal mehr.» Nicht alles schlucken (auch nicht zuviel Luft und Ärger)
   Bekömmliches zu sich nehmen, Zeit lassen beim Aufnehmen
   Innere statt äussere Entfaltung

Fettansatz im Beckenbereich   Venus/Mond-Jupiter ♀ ☽ ♃

(↔) Betonung und Schutzwall
   Weibliche Beckenbetonung (auch abgelehnte Weiblichkeit)
(✖) Aufmerksamkeit von den abgelehnten Regionen abzulenken
   Empfindliche (seelische) Seiten wirklich zu schützen
(⚤) Sich diesen Regionen zuzuwenden
   Sie mit Liebe und Hingabe zu bedenken oder aus unbewusstem Schutz wird eher eine Last
(⊙) Sich mit seiner Weiblichkeit in Einklang bringen
   Sich den in diesem Bereich unerledigten Aufgaben zuwenden
   Wirkungsvollere Schutzmechanismen entwickeln

Fettschürze   Mond-Jupiter ☽ ♃

(↔) Schutz und Verbergen
   Schamhaftigkeit
(✖) Sichtkontakt zu den äusseren Geschlechtsorganen
(⚤) Verbannung der Sexualität aus dem Denken: «Was ich nicht sehe, ist nicht da.»
   Sich als sexuelles Wesen unattraktiv zu fühlen
(⊙) Empfindsamkeit anstelle der Schamhaftigkeit treten lassen
   Sexualität als wesentlichen Bestandteil des Lebens anerkennen
   Erfüllung statt Fülle finden

Wohlstandsbauch   Jupiter ♃

(↔) Bauchbetonung
   Gewichtigkeit
   «Respektbauch»
   Nicht zu übersehen sein
   Abstand halten
   Einverleiben
(✖) Mit Leichtigkeit durchs Leben gehen
(⚤) Raum einzunehmen
   Mächtigkeit äusserlich zu betonen
   Die Last des eigenen Gewichtes zu tragen
(⊙) Macht, Einfluss und Gewichtigkeit sowie Fülle auf geistig-seelischer Ebenen verwirklichen

Ausgekugeltes Hüftgelenk   Jupiter ♃

(↔) Über den Bewegungsradius hinaus gegangen sein
   Schmerzhaftes Fortbewegen
(✖) Auf elegante Weise durchs Leben zu schreiten
(⚤) Im Körperlichen die Taktik der kleinen Schritte anzuwenden
(⊙) Die weiten und anstrengenden Wege eher im Innern beschreiten
   Die Etappen mit mehr Genauigkeit und Fülle erleben

Hüftgelenkschmerzen   Jupiter-Saturn ♃ ♄
- ↔ Fortbewegung unter Schmerzen
  Körperliche Beweglichkeit und Vorwärtskommen eingeschränkt
- ✖ Sich ungezwungen aufs Geratewohl in verschiedenen Richtungen zu bewegen
  Die Aussenwelt weiträumig zu durchschreiten und in ihrer Vielfalt ins Auge zu fassen
- ⚓ Sich zu jedem neuen Schritt überwinden zu müssen
  Sich in einer festgefahrenen Situation zu empfinden
- ☉ Sich vor jeder Bewegung über das Ziel im Klaren sein
  Auf das Wesentliche konzentrieren
  Weite Wege im Innern gehen – sich selbst dabei kennenlernen

Erkrankungen der Beine, Oberschenkel, Unterschenkel und Füsse

Hinken   Uranus-Saturn ⛢ ♄
- ↔ Bewegungsablauf unterscheidet sich von dem sonst üblichen, «anders als andere»
  Unterschiedliche Beinlänge
  Hüftprobleme
- ✖ Fortschritt nach dem Muster der Umwelt
  Sich körperlich der Norm anzupassen
- ⚓ Das Ungleichgewicht in der Standfestigkeit im Bewusstsein auszupegeln
  Sich und seine eigenen Grenzen und Möglichkeiten zu akzeptieren
- ☉ Andere Wege des Fortschritts suchen und gehen
  Zu sich selbst und seiner Besonderheit stehen
  Den Ausgleich im Bewusstsein suchen

Oberschenkelhalsbruch   Jupiter/Saturn-Uranus ♃ ♄ ⛢
- ↔ Altersgrenzen übersehen haben
  An sich selbst hohe körperliche Anforderungen stellen
  Mit der Jugend körperlich schritthalten wollen
  Gewagte Sprünge vollführen
- ✖ Mit weiten gewagten Schritten durchs Leben voranzuschreiten
  Die Grenzen des Alters anzuerkennen
- ⚓ Das Signal: «Halt! Nicht weiter so wild und ungestüm!» zu beachten
  Sich in der neuen Lebenssituation den Umständen entsprechend zu verhalten
- ☉ Mit dem eigenen Lebensweg anfreunden
  Bedachter damit umgehen
  Das Wesentliche erkennen
  Sich dem Lebensmuster anpassen
  Geistig-seelisches Schritthalten mit Jüngeren anstelle von Starrsinn

Durchblutungsstörungen   Saturn ♄
- ↔ Mangelnde Versorgung durch Verengung der Versorgungsleitungen
  Schmerzhafte Einschränkung der Beweglichkeit und Betriebsamkeit
- ✖ Die Aufmerksamkeit von dem betroffenen Bein abzuwenden
- ⚓ Vorenthalten der Lebensenergie für das jeweils betroffene Bein
  Mit dem Verlust des Beins rechnen zu müssen
- ☉ Frage: «Was soll da ausgehungert werden?» beantworten
  Überforderungen abbauen, das jeweilige Thema ins Bewusstsein lassen und bearbeiten

↔ Symbolik / Analoges Muster   ✖ Woran hindert das Symptom?   ⚓ Wozu zwingt das Symptom?   ☉ Erlösung

Raucherbein   Saturn-Pluto ♄ ♇

(↻) Durch Rauchen verursachte Durchblutungsstörungen mit Folgen des Absterbens (Verfaulens)
Lebensangst
Angst vor dem Fortschreiten
«Kalte Füsse bekommen»

(✹) Lebenskraft fliessen zu lassen
Auf andere und das Leben zuzugehen

(⚡) Eigene Entwicklung und Perspektiven werden abgeschnürt wie die Beine vom Lebenssaft
Hoffnung aufzugeben, auf eigenen Füssen zu stehen

(◉) Sich über seine eigenen Lebensängste klar werden
Das Eingeständnis zum Motor des inneren Wandels werden lassen
Ruck zur inneren Entwicklung geben

Thrombose   Mars-Saturn ♂ ♄

(↻) Stockungen durch geronnenen Lebenssaft
Festgefahrensein
Lebensenergie im Fluss behindert

(✹) Uneingeschränktes Handeln und stetiger Versuch des Fortschreitens auf dem eingeschlagenen Weg

(⚡) Eigene Beweglichkeit zu drosseln
Ruhe einziehen zu lassen
Eigene Ansichten nach Verstocktheiten überprüfen

(◉) Stockungen und Blockaden im Bewusstsein erkennen und auflösen
Sich beim Wesentlichen durchsetzen

Dicke Beine (Beinödem)   Mond-Pluto ☽ ♇

(↻) Das Wasser der Seele staut sich in den Beinen
Schwerfälligkeit
Last der Seele behindert den Fortschritt

(✹) Sich frei und leicht zu bewegen
Die eigenen Wurzeln aus dem Blickfeld zu verlieren

(⚡) Die Beine zu entlasten
Ruhe einkehren lassen
Seinen Standpunkt überprüfen

(◉) Die seelischen Themen im Bereich der eigenen Wurzeln und der Bodenständigkeit bearbeiten

Offene Beine   Venus-Mars/Saturn ♀ ♂ ♄

(↻) Offener Konfliktherd an der Kontaktgrenze nach aussen, der lange vor sich hin schwelt
Weigerung, sich zu schliessen und immer neues Aufbrechen

(✹) Körperlichen Kontakt zuzulassen
Sich in neues Territorium zu wagen

(⚡) Angst vor Berührung
Grenzen nach aussen körperlich schmerzhaft geöffnet zu haben
Schonung und Verbarrikadierung nach aussen

(◉) Im Bewusstsein Grenzen öffnen, dort mutig neues Gebiet betreten
Berührungsängste eingestehen und abbauen
Alte seelische Wunden heilen lassen

Kniebeschwerden (Meniskus-Verletzung)   Merkur/Saturn-Mars ☿ ♄ ♂

- ↔ Abnutzung oder Riss des knorpeligen Puffers durch Druck oder überzogene Bewegungen
- ✸ Beweglichkeit des Gelenkes
  Sich schmerzfrei zu beugen oder zu bewegen
- ⚖ Die Beanspruchung auf das Wesentliche zu reduzieren
  Zu vorsichtigem Beugen
- ⊙ Sich in Bescheidenheit üben
  Im Bewusstsein weite Sprünge zulassen
  Innerlich beweglich werden
  Wirkliche Demut vor dem Leben im Bewusstsein entwickeln

Schleimbeutelentzündung   Saturn/Mond-Mars ♄ ☽ ♂

- ↔ Kriegerischer Konflikt in der Abpolsterung des Knies
  Schwellung und Wasseransammlung, um Schutzfunktion auszugleichen
- ✸ Stets auf Knien zu rutschen
  Zuviel an Demut (Unterwürfigkeit) an den Tag legen
  Ständig anecken
- ⚖ Überforderungen abzustellen
  Notfalls den Beruf wechseln
  Dem Körper die verlangte Ruhe zukommen zu lassen
- ⊙ Unterschied zwischen Unterwürfigkeit aus Zwang und Demut erkennen
  Die Grenzen akzeptieren

Wadenkrampf   Mars-Uranus/Pluto ♂ ♅ ♇

- ↔ Unwillentliche Muskelanspannungen, die von Überanstrengung oder dem Wunsch,
  zu grosse Sprünge zu machen, herrühren
- ✸ Wirklich abzuspringen
  Die Früchte der Anstrengung zu ernten
- ⚖ Anzuhalten und zu versuchen, loszulassen
  Bewusst entspannen
- ⊙ Sich über die Ziele der Anspannung klar werden
  Bewegung aus Freude daran
  Nicht nur das Ziel, auch den Weg ins Auge fassen
  Wechsel von An- und Entspannung

Venenentzündung   Venus/Mars-Saturn ♀ ♂ ♄

- ↔ Stau auf dem Rückweg des Blutes aus den Beinen
  Schmerzhaftes Konfliktgeschehen
- ✸ Ungehinderte Erneuerung der Lebensenergie
- ⚖ Der Ruhe, nach der der Schmerz verlangt, nachzugeben
  Den Rückschlagklappen der Venen zu Hilfe kommen und die Arbeit erleichtern (waagerechte Lage der Beine)
- ⊙ Staus und Stockungen im Leben nachspüren
  Den Konflikt darum lösen
  Das Leben und die Energien wieder fliessen lassen

↔ Symbolik / Analoges Muster   ✸ Woran hindert das Symptom?   ⚖ Wozu zwingt das Symptom?   ⊙ Erlösung

Krampfadern   Mond-Pluto ☽ ♇

⊖ Umwege und Sackgassen auf den Bahnen der Lebensenergie
   Ausgesandte Lebensenergie verirrt sich und bleibt krampfhaft stecken
⊗ Spannkraft und Anpassungsfähigkeit
   Fliessen der Lebensenergie
⊕ Stillstand und Verletzlichkeit
   Wunsch nach Verbergen der unschönen Gebilde
⊙ Geben nicht des Dankes willen
   Sich dem Fluss des Lebens vertrauensvoll hingeben
   Im Bewusstsein lockerer werden
   Krampfhaftes Denken ablegen

Knochenbruch   Saturn-Uranus ♄ ♅

⊖ Beweglichkeit am falschen Platz
   Unterbrechung der bisherigen Entwicklung
   Auflösung einer Erstarrung
⊗ Starr und steif nach bisherigen Mustern weiterzumachen
⊕ Ruhe und die Unterbrechung zum Rück- und Ausblick nutzen
   Schonung und sich Zeit zum Heilen zu lassen
   Stütze von aussen wird zum «Klotz am Bein»
⊙ Dem Neuen im Leben zum Durchbruch verhelfen
   Bewegung ins Bewusstsein bringen
   Nach neuen gangbaren Wegen suchen

Knöchelbruch   Uranus-Saturn ♅ ♄

⊖ Sprunggelenk ist durch Fehltritt zerborsten
   Unsanfte Landung nach einem gewagten Sprung
⊗ Grosse abgefederte Sprünge machen
   Sich weiter wie gehabt zu überfordern
⊕ Vorerst weitere Sprünge zu unterlassen
   Sich selbst und seinen Beinen Ruhe gönnen
   Am Platz verbleiben
⊙ Die erzwungene Ruhe zur inneren Einkehr nutzen
   Sich dort auf den Weg machen
   Sich an gewagten Gedankensprüngen versuchen
   Herausfinden, welcher «gerade begangene Weg» unterbrochen wurde

Zerrung   Mars-Jupiter-Uranus ♂ ♃ ♅

⊖ Etwas über Gebühr hinaus strapaziert und über Grenzen hinaus gezerrt haben
⊗ Entwicklung über die Grenzen hinaus zu treiben
⊕ Rückkehr und Ruhe
   Sich körperlich in gegebenen Grenzen zu bewegen
⊙ Zeit nutzen, sich im Bewusstsein auszuweiten und dort die Grenzen zu sprengen
   Da die Grenzen des Möglichen ausloten
   Erkennen, was im Leben verzerrt wird

Verstauchung   Neptun-Uranus ♆ ♅

(↔) Härtere Landung, als die Abfederung verträgt
   Fehltritt auf gefährlichem Territorium
(✹) Körperliche Höhenflüge und Landung auf schlecht geeignetem Untergrund weiterhin zu
   versuchen
(⚖) Ruhe und Schonung
   Zeit zum Innehalten und Nachdenken
   Zukünftig: Achtsamkeit beim Betreten von unbekanntem Gelände
(☉) Eingestehen von Fehltritten und Fehleinschätzungen
   Harmonie in Gedankenwelt und Wirklichkeit bringen
   Bei gedanklichen Höhenflügen die Bodenhaftung nicht verlieren
   Sichere Landung absehen oder vorbereiten

Fersenbeinsporn   Neptun-Jupiter-Saturn ♆ ♃ ♄

(↔) Knochenwuchs am Punkt des festesten Auftretens
   Eigener Stand(-punkt) bereitet Schmerzen
(✹) An festem Auftreten
(⚖) Leise und sanftes Auftreten
   Sich dem Druck zu stellen
(☉) Sich der eigenen Schwachstellen bewusst werden
   Den eigenen Standpunkt überprüfen
   Fragen, wo einem die eigenen Verhärtungen selbst schaden und Schmerzen zufügen

Spreizfuss; Ballenbildung   Neptun-Uranus ♆ ♅

(↔) Ausgleich der durch Einengung von unpassendem Schuhwerk entstandenen Bodenhaftung
   Ein Pol schlägt um ins Gegenteil – aus Enge wird ein Zuviel an Weite und Ausdehnung
(✹) Geradlinig die Füsse beim Gehen abrollen zu lassen
   Elegantes Gehen und Schreiten
(⚖) Sich dem Modediktat nun endlich zu widersetzen
   Tragen von bequemen und weite Schuhen oder weiter der scheinbaren Eleganz Opfer zu bringen
(☉) Sich in Räumen bewegen, die zum Wohlfühlen geeignet sind (im Bewusstsein und körperlich)
   Keine Anpassung bis zum Verbiegen
   Dort Wurzeln ausbreiten, wo sie Nahrung aufnehmen können

Senkfuss (Plattfuss)   Neptun ♆

(↔) Starkes Sicherheitsbedürfnis mit Bodenhaftung, wo der Spannungsbogen gehalten werden sollte
(✹) Standfestigkeit und Sprungkraft
   Sicherer Halt
(⚖) Sich vom Ziel der Sicherheit noch weiter zu entfernen
   Wenig eleganter Gang
   Geringe Belastbarkeit und Stehvermögen
(☉) Erstarrte Standpunkte aufgeben
   Plattheiten im Leben erkennen und aufgeben
   Nach echten Wurzeln suchen und daran orientieren

Senk- und Spreizfuss   Neptun ♆

(↔) Fuss verbreitert sich, Bodenhaftung wird nur scheinbar erhöht
   «Flachwurzler»
(✹) Belastbarkeit und Spannkraft bei der Fortbewegung
   Wirklichen Halt zu finden

(↔) Symbolik / Analoges Muster   (✹) Woran hindert das Symptom?   (⚖) Wozu zwingt das Symptom?   (☉) Erlösung

⊕ Watscheliger Gang, wie auf Entenfüssen
Leichte Ermüdbarkeit

⊙ Echte Wurzeln und Standfestigkeit finden
Sich im Fluss des Lebens Bewegung zutrauen und zumuten

Schweissfuss   Neptun ♆

⊖ Absonderung an den Wurzeln
Fehlendes atmungsaktives Schuhwerk fördert die Zersetzung
Starke Geruchsmarke

⊗ Sich in Gesellschaft von quälendem Schuhwerk befreien zu können
Auf dem Trockenen zu stehen

⊕ Sich unbewusste Ängste einzugestehen
Vertrauen zu sich selbst und dem Leben zu entwickeln
Sich nicht selbst ins Nasse zu stellen

⊙ Persönliche Ausstrahlung entwickeln, die weniger anrüchig ist
Andere Revierbegrenzungsmechanismen einsetzen

Fusspilz   Venus/Mars-Neptun/Pluto ♀ ♂ ♆ ♇

⊖ Schwache Abwehr öffnet Parasiten Tür und Tor
Grenzen werden verletzt
Verdrängter Konflikt will ins Bewusstsein

⊗ Sich sauber und rein zu fühlen
Sich Kontakten zu öffnen

⊕ Juckender Reiz im Bereich der Standfestigkeit
Sich seinen Wurzeln zuzuwenden

⊙ Fremdes ins Bewusstsein gelangen lassen
Konflikt erkennen und bearbeiten
Durch innere Harmonie die Abwehrkräfte stärken

Fuss-Sohlenwarzen   Pluto-Neptun ♇ ♆

⊖ Schattenbereiche dringen nach aussen und wollen Beachtung
Auswüchse der Haut drücken und stechen beim Stehen und Gehen

⊗ Die Bereiche zu übersehen
An störungsfreiem Auftreten

⊕ Auf dem herumzutrampeln, was man nicht mag und was man ablehnt
Sich davon aber nicht lösen zu können

⊙ Sich mit seinem Schatten anfreunden, ihn annehmen und ihn den Platz im Bewusstsein einnehmen lassen

Hühneraugen   Neptun-Saturn ♆ ♄

⊖ Bilden sich, wo «der Schuh drückt»
Als Schutz gedacht, der nunmehr selbst zum Problem wird

⊗ Sich weiter mit zu engem Schuhwerk zu quälen

⊕ Den Druckpunkt zu entlasten
Zu erkennen, wo der Schuh im Bewusstsein drückt

⊙ Einengungen sprengen
Sich selbst Weite zubilligen
Sich Raum zur Entfaltung geben
Standpunkte wählen, die man wirklich selbst vertritt, die einem nicht «auf die Füsse fallen»

Das Abwehrsystem

Immunsystem
Prinzip: Mars ♂
Verteidigung gegen äussere Feinde oder das, was dafür gehalten wird (Allergie)
Feinde erkennen und zu Gegenmassnahmen greifen

Lymphsystem
Prinzip: Merkur-Mond ☿ ☽
Reinigung des Organismus
Transportaufgabe
Polizeiposten im Körper (Lymphknoten)

Erkrankungen des Abwehrsystems

Fieber   Mars ♂
↪ Reaktion des Körpers, die Abwehrkraft zu erhöhen
  Generalmobilmachung
  Bereitschaft zur Konfliktlösung auf Körperebene
  «Kochen vor Wut» (auf den Eindringling)
✸ Den erregenden Eindringlingen kampflos Eintritt und Macht zu gewähren
⚓ Alle Kampfkraft und Körperenergien um den Erhalt des Organismus einzusetzen
  Fieberhafte Leidenschaftlichkeit
  Den Kampf aufzunehmen
◉ Konfliktlösungsstreben entwickeln
  Mit fieberhafter Leidenschaftlichkeit in den Kampf um die Lösung von Problemen gehen
  Innerlich für eine Aufgabe brennen

Schüttelfrost   Mars-Uranus ♂ ♅
↪ Wachrütteln der Abwehrkräfte
  Grosse innere Hitze, die als Kälteschauer empfunden wird
  Forderung des Organismus, noch mehr Energien in den Abwehrkampf zu investieren
✸ Die Reaktion mit dem Willen zu unterdrücken
⚓ Sich durchrütteln zu lassen
  Bedürfnis nach mehr Wärme von aussen zu befriedigen
  Die für die Mobilisierung der Abwehrkräfte erforderliche Wärmeenergie zu entwickeln
◉ Sich dem Kampf stellen
  Dem Körper alle Reserven für den Kampf zur Verfügung stellen
  Widerstand gegen das körperliche Erdbeben aufgeben, der Energien binden würde
  Willen und Verstand ruhen lassen

Fieberkrämpfe   Mars-Uranus ♂ ♅
↪ Verkrampfte Lösungsversuche des Konfliktes
  Überspannte Kampfbereitschaft, die den Energiefluss blockiert
✸ Alle Energie in den Kampf zu investieren
  Durchblutung und Versorgung des Organismus mit dem Lebensnotwendigen

---

↪ Symbolik / Analoges Muster   ✸ Woran hindert das Symptom?   ⚓ Wozu zwingt das Symptom?   ◉ Erlösung

⊕ Angespanntheit lässt den Überblick über das Kampfgeschehen schwinden
   Festhalten der Energie in der Muskulatur
   Erstarrung in fieberhafter Spannung
⊙ Der eigenen Kampfkraft vertrauen
   Gelöst an die Kampfaufgabe herangehen, geistige Aktivitäten zurückstellen
   Mit aller Energie ums Leben kämpfen

Inkubationszeit   Mars ♂

⊕ Zeitraum vom Eindringen der Erreger bis zur Ergreifung der Verteidigungsmassnahmen durch
   das Abwehrsystem
⊛ An sofortigem, unkontrolliertem Losschlagen, überstürzten Kampfhandlungen und damit am
   Verlust wertvoller Energie
⊕ Zeit vor dem Ausbrechen des Konflikts (Ruhe vor dem Sturm), in der die Erreger identifiziert
   und die geeigneten Waffen ausgewählt werden
⊙ Auf Auseinandersetzungen einstellen
   Geeignete Waffen für den Kampf auswählen (schlagkräftige Argumente)

Abwehrschwäche   Mars-Neptun-(Saturn) ♂ ♆ (♄)

⊕ Sich von Erregern überfluten lassen, ohne sich zu erregen
   Opferhaltung
⊛ Den Kampf mit aller Energie aufzunehmen
⊕ Den Kampf zu scheuen
   Leiden statt Leidenschaftlichkeit
⊙ Lernen, sich zur Wehr zu setzen
   Die Waffen schärfen und gezielt für das Wesentliche einsetzen

Abstossreaktion   Mars-Saturn ♂ ♄

⊕ Abwehrsystem identifiziert das geschenkte Organ nicht als körpereigenes und bekämpft den Ein-
   dringling
⊛ Das fremde Geschenk anzunehmen und als Eigentum zu betrachten
⊕ Das lebenswichtige geschenkte Organ wird nicht in die Teamarbeit des Organismus einbezogen
   Ausfall gefährdet das Leben
   Abwehrsystem muss künstlich geschwächt werden
⊙ Sich mit dem fremden Organ anfreunden
   Das Geschenk dankbar annehmen und es würdigen
   Es als wertvolles geschenktes Leben betrachten

Fehlen weisser Blutkörperchen   Saturn-Mars ♄ ♂

⊕ Fehlen wichtiger Abwehrwaffen
   Körperliches Einlassen von Erregern ohne Gegenwehr
⊛ Körperliche Gegenwehr gegen die Ausbreitung und Machtübernahme fremder Eindringlinge
⊕ Zu tödlicher körperlicher Offenheit
   Ermöglichung massiver Grenzverletzungen mit nachfolgenden Invasionen
⊙ Gleichgewicht zwischen Offenheit und Abgrenzung gegenüber erregenden Themen auf der
   Bewusstseinsebene, um dem Körper diese Aufgabe abzunehmen

Autoimmunkrankheit   Pluto-Mars ♇ ♂

(↔) Immunsystem richtet die Waffen auf den eigenen Organismus (Bürgerkrieg)
Überkritische Haltung
Selbstzerfleischung

(✹) Unterscheidung zwischen körpereigenen Bestandteilen und Eindringlingen

(↯) Schwächung des Organismus durch Aggressivität, die sich nach innen richtet
Sein eigener Feind zu sein
Zersetzung von Blut, Gelenken, Gewebe

(◉) Unterdrückung der eigenen Aggressivität erkennen und sie im Leben einsetzen
Eigenes Wertesystem überdenken
Lebensstrukturen hinterfragen

Allergie   Pluto-Mars-Neptun ♇ ♂ ♆

(↔) Aggressivität gegen an sich harmlose Stoffe (Allergene)
Gleichzeitig hohe Empfindlichkeit
Symbolik der Allergene:

Blütenpollen:	Fruchtbarkeit, Fortpflanzung, Sexualität, Liebe
Hausstaub:	Schmutz und Unreinheit
Tierhaare:	Schmusen und Zärtlichkeit (Katze)
	Aggressivität, Bissigkeit (Hund)
Lebensmittel:	unbekannte, unnatürliche Bestandteile (Konservierungsstoffe), reizende Säuren (Tomaten, Erdbeeren)
Medikamente:	Horrornachrichten über Nebenwirkungen
Lösungsmittel:	Bekanntwerden des Enthaltens gesundheitsschädigender Stoffe

(✹) Mit den die Symbolik ausmachenden Stoffen in Einklang zu leben
Begegnung ohne störende Beeinträchtigung
Geniessen zu können (den herrlichen Sommertag, das Schmeicheln der Katze, den Hund als freundlichen Gesellschafter, den Geschmack vollreifer Früchte, die Heilungsunterstützung durch Medikamente, das frisch renovierte Wohnumfeld, u. a.)

(↯) Feindbilder in harmlosen Stoffe lösen Angriffsattacken des Abwehrsystems gegen den eigenen Körper aus
Es genügt oft bereits die Vorstellung oder bildliche Darstellungen

(◉) Aggressionen auf andere Weise zum Ausdruck bringen
Den Unterschied zwischen Freund und Feind erkennen und wichtig nehmen
Sich mit den Themen, die die Symbolik der Allergene ausmachen, befassen und sich ihre Harmlosigkeit bewusst machen
Erkenntnis, dass am meisten erregt, was als Bestandteil des Selbst abgelehnt wird

Lymphknotenentzündung   Mars ♂

(↔) Lokaler Konfliktherd
Zusammenziehen der Abwehrkräfte und Verstärkung der Anstrengung

(✹) Ausbreitung des Konfliktes

(↯) Auseinandersetzung bis aufs Letzte im Standort des Lymphknotens (der Polizeistation)
Erkennen, dass Eindringlinge den Organismus bedrohen

(◉) Wagemutig gelebtes Leben
Um Konfliktlösung bemühen

(↔) Symbolik / Analoges Muster   (✹) Woran hindert das Symptom?   (↯) Wozu zwingt das Symptom?   (◉) Erlösung

Lymphdrüsenkrebs Mars-Pluto ♂ ♇
↔ Ausser Rand und Band geratenes Wachstum in den Arsenalen des Abwehrsystems
Aufrüstung bis zur Selbstzerstörung
✶ Die eigentliche Funktion noch zu erfüllen
⚴ Zum Versuch, die Abwehrkraft wachsen zu lassen
Frage zu stellen, welches Feindbild oder welche Bedrohung zu dieser ungeeigneten Aufrüstung
herausforderte
☉ Angriffe aus dem Umfeld abwehren lernen
Aggressives Wachstum auf der geistig-seelischen Ebene
Herausforderungen annehmen und sich wehren

AIDS Pluto-Neptun (Mars-Venus-Saturn) ♇ ♆ (♂ ♀ ♄)
↔ Verteidigungsunfähigkeit
Allzu körperliche Offenheit hat das Abwehrsystem zerstören lassen (Sex anstelle von Liebe, bei
der betroffenen Person oder der des Blutspenders)
✶ Weiterhin sexuelle Kontakte ohne Schutz
Jeden Austausch von Körperflüssigkeit ohne Ansteckungsgefahr
⚴ Den Anspruch auf wirkliche Liebe im seelischen Bereich zu erkennen
Austausch von Zärtlichkeiten ohne Verletzungsgefahr
Körperliche Triebe unter Kontrolle zu bringen
☉ Gewaltfreie Sexualpraktiken anwenden
Dem geistig-seelischen Öffnen und Hereinlassen mehr Gewicht verleihen
Wirkliche Verbindungen mit anderen Menschen anstelle oberflächlicher Befriedigung der Triebe

Das Herz

Herz
Prinzip: Sonne ☉
Das Lebens-Kraftwerk
Die energetische Mitte
Der Motor des Lebens
Sich selbst die Impulse für den Rhythmus gebend
Sitz der Liebe und der Gefühlsempfindung
«Grosses Herz haben» – Grosszügig sein, Mut haben
Wärme ausstrahlen
Aufnahme ins Herz

Herzklappen
Prinzip: Sonne-Merkur ☉ ☿
Ventile des Herzens
Sichern die Vorwärtsrichtung des Blutes

Herzscheidewand
Prinzip: Sonne-Saturn ☉ ♄
Polarität des Herzens, teilt das Herz in linke und rechte Herzkammer

Herzbeutel
Prinzip: Sonne-Saturn ☉ ♄
Umschliesst das Herz
Schutzmantel

Aorta
Prinzip: Sonne-Merkur ☉ ☿
Transport der Energie
Hauptschlagader
Pulsierendes Leben
«Autobahn» vom Energiezentrum Herz
Weiterleitung zu den Arterien (Verteilung im gesamten Organismus)

Erkrankungen des Herzens und der Herzkranzgefässe

Herzprobleme   Sonne ☉
↔ Schmerz in der energetischen Mitte
   Motor lässt die Pumpe ungleich arbeiten
   Impulse aus dem Rhythmus geraten
✴ Sein Herz dem Leben zu öffnen
   Wärme hereinzulassen und auszusenden
   Ungetrübte Freude zu empfinden
⚖ Angst und Engegefühl
   Schwäche
   Leistungsminderung
   Sich Schonung zu verordnen

↔ Symbolik / Analoges Muster   ✴ Woran hindert das Symptom?   ⚖ Wozu zwingt das Symptom?   ☉ Erlösung

- Den Herzensangelegenheiten im Leben einen hohen Stellenwert einräumen
  Sich im Bewusstsein der Freude öffnen

Herzstiche Sonne ☉
- Stich mitten ins Zentrum
  Spitze traf gefühlsmässig mitten ins Herz
- Unempfindlich zu sein und alles wegstecken zu können
- Den gegen die eigenen Ansprüche geführten Angriff mit einer spitzen scharfen Waffe körperlich
  zu empfinden
- Herausfinden, von wem die Angriffe ausgehen und worauf sie abzielen
  Abstand nehmen
  Angriffsfläche schützen *oder* sein Herz öffnen und Gelassenheit einziehen lassen

Herzbeklemmung Sonne ☉
- Es drückt einem das Herz zusammen
  Angst, die zu Herzen geht
  Wie ein immer enger werdender eiserner Ring
- Das Herz zu weiten und der Freude zu öffnen
  Sich in Herzensangelegenheiten aussprechen zu können
- Sich eingeengt und vom Energiefluss abgeklemmt zu fühlen
- Erkennen, was diese erdrückende Angst auslöst
  Sich dieser Herzensangelegenheit annehmen und lernen, sie auszusprechen

Herzschmerz Sonne ☉
- Liebe, die empfunden und gegeben wird, kehrt nicht zurück
  Fehlende Zuwendung hinterlässt schmerzende Leere
- Sich geliebt und geborgen zu fühlen
  In seiner energetischen Mitte ruhen zu können
  Die Sonne im Herzen zu spüren
- Erkennen, dass Liebe aus Geben und Nehmen besteht
  Die fehlende Liebe körperlich zu vermissen
  Sich *un*-heil zu fühlen
- Sich über seine Gefühle im Klaren werden, erkennen, was so zu Herzen geht
  Sich selbst lieben lernen, um geliebt zu werden

Herzrasen Sonne ☉
- Unbewusst davonlaufen wollen
  Energiebereitstellung, die zwar von der Seele, aber körperlich nicht gebraucht wird
- Sich in der gegebenen Situation ruhig und gelassen zu fühlen, obwohl äusserlich scheinbar alles
  in Ordnung ist
- Das Bestreben der Seele nach Veränderung über das körperliche Empfinden wahrzunehmen
  Auf das Wesentliche aufmerksam gemacht zu werden
- Gegenwärtige Lebenssituation betrachten: In welcher Hinsicht ist man versucht, sich selbst etwas
  vorzumachen und etwas schönzureden?
  In der Sache aktiv werden

Herzneurose   Sonne-Pluto ☉ ♇

(↔) Herzangst
Lebensangst, die unbewusst aufs Herz übertragen wird

(✶) Der Angst im Leben wirksam zu begegnen, um sie dort aufzulösen
Sich Leistungsfähigkeit zuzutrauen

(⚓) Beschwerden wie bei organischen Störungen zu spüren
Diese auch als Bestätigung für die Existenzberechtigung der Angst anzusehen

(◉) Den Ausstieg aus dem Teufelskreis wagen
Sich um seelische Herzensangelegenheiten kümmern
Sich selbst wieder hinter der Angst wahrnehmen lernen

Herzrhythmusstörungen   Sonne-Uranus ☉ ♅

(↔) Entgegen seinem eigenen Schwingungsmuster leben
Unterdrückte Gefühle rebellieren gegen den aufgezwungenen Rhythmus

(✶) Sich in Gleichmass und Harmonie mit sich selbst zu wähnen

(⚓) Sich vom Körper beunruhigen zu lassen
Dort das zu spüren, was auf der Gefühlsebene durch absolute Kopfsteuerung verhindert wurde

(◉) Nach seinen eigenen Schwingungen leben lernen
Den Gefühlen Raum zur Entfaltung geben
Bei Gelegenheit mal ausgelassen sein und verrückt spielen

Herzstolpern   Sonne-Uranus ☉ ♅

(↔) Aus dem Gleichschritt geraten
Energiefluss nimmt an Widerständen Anstoss

(✶) An der gleichmässigen Versorgung des Organismus mit Energie und Sauerstoff

(⚓) sein Herz durch seine Extratouren zu spüren
Aus dem Gleichmass gerissen zu werden

(◉) Seinen eigenen Rhythmus finden und danach leben
Anstössiges aufspüren und es einer bewussten Wertung unterziehen

Herzschwäche   Sonne-Saturn ☉ ♄

(↔) Herzmuskel fehlt es an Pumpkraft
Herzklappenschwäche
Unterversorgung des Herzens durch die Herzkranzgefässe
Schwächstes Glied der Kette bestimmt die Leistungsfähigkeit
Rechtsseitig: Rückstau des Lebenssaftes im Venensystem (u.a. Funktionsstörungen in Leber
und Nieren)
Linksseitig: Rückstau im Lungenkreislauf

(✶) Den Kreislauf vollständig aufrechtzuerhalten
Ausreichende Sauerstoffversorgung des Organismus

(⚓) Atemnot (Herzasthma)

(◉) Seine eigenen Grenzen akzeptieren
Sich selbst zurücknehmen lernen und sich an seinen Möglichkeiten orientieren
«Nein-Sagen» lernen
Ausgleich von Geben und Nehmen

Herzentartung   Sonne-Uranus ☉ ♅

(↔) Ersatz von Herzmuskelgewebe durch Bindegewebe
Platzhalter-Funktion

(✶) Den Aufgaben noch gewachsen zu sein

(↔) Symbolik / Analoges Muster   (✶) Woran hindert das Symptom?   (⚓) Wozu zwingt das Symptom?   (◉) Erlösung

ⓓ Mit den Ersatzstoffen die Lebensqualität nicht gewährleisten zu können
Nachlassen der Energie

ⓞ Eine Umwandlung vornehmen, seinen Platz im Leben so einnehmen, dass er auch ausgefüllt
werden kann

Herzverfettung   Sonne-Jupiter   ☉ ♃

ⓗ Herz von einer isolierenden Fettschicht umgeben
Äussere Gewichtigkeit der energetischen Mitte

ⓧ An der Entfaltung und belastungsfreien Arbeit des Lebensmotors

ⓓ Sich unbewusst vor Erregung von aussen schützen zu wollen
Sicherheitsbestreben durch Anhäufung von Überfluss wird zur Last und Gefahr

ⓞ Lernen, seine Gefühlsmitte gegen negative Einflüsse durch aktive Abwehr zu schützen
Herzensangelegenheiten im Bewusstsein Gewicht verleihen

Zu kleines Herz   Sonne-Saturn   ☉ ♄

ⓗ Fehlende Entwicklung des Lebensmotors durch ungenügendes körperliches Training und Unterforderung
Sich keinen Raum für Gefühle zugestehen

ⓧ Die Kraft des Herzens in vollem Umfang einsetzen zu können
Sich aktiv am Lebenskreislauf zu beteiligen

ⓓ Herzklopfen bei geringster Forderung
Sich keine Herzensgrösse zuzutrauen

ⓞ Bescheidenheit als Lebensthema anerkennen
Sich auf der geistig-seelischen Ebene der Freude des Lebens öffnen und die «kleine Sonne»
scheinen lassen

Herzvergrösserung   Sonne-Jupiter   ☉ ♃

ⓗ Durch hohe körperliche Leistungsanforderungen über die eigenen Grenzen hinausgewachsen
sein

ⓧ Sich der normalen Energieleistung anpassen zu können

ⓓ Irritation durch plötzliche Unterforderung
Zuviel Volumen, um den normalen Druck zu gewährleisten

ⓞ Durch Grossherzigkeit im seelischen Bereich über seine Grenzen hinauswachsen

Herzfehler   Sonne-Uranus/Pluto   ☉ ♅ ♇

ⓗ Fehlendes am Motor des Lebens
Zweifel an der Polarität (Loch in der Herzklappe)
Zentrales Lebensthema: das Fehlende in der eigenen Mitte zu finden und auf der geistig-
seelischen Ebene zu ergänzen

ⓧ Sich vollends körperlich am Lebenskreislauf beteiligen zu können

ⓓ Festhalten an der Vergangenheit (paradiesische Zustände ausserhalb der Polarität) aufgeben zu
müssen
Auf seinem Lebensweg ohne das Fehlende auskommen zu müssen, um die Suche nicht
aufzugeben

ⓞ Die Einheit aus beiden Polen in der Gesamtheit erkennen
Die Hindernisse auf der geistig-seelischen Ebene überwinden
Sich von seinem ureigensten Weg nicht abbringen lassen und nach eigenen Ansprüchen und
Normen leben

Herzklappenschwäche   Sonne-Saturn ☉ ♄

(↔) Ventile schliessen nicht vollständig
Lebensenergie durch Rückschritte gebremst
Zum Rückzug neigen

(✴) Den Lebenssaft in die Vorwärtsrichtung zu pumpen

(⚥) Immer wieder neu Anlauf zu nehmen, um sinnlosen Energieeinsatz auszugleichen
Zu Durchhaltevermögen und zum Wegstecken von Misserfolgen

(☉) Sich selbst zurücknehmen lernen
Unterscheidung zwischen Sinn und Sinnlosigkeit nicht zu voreilig treffen
Sich hin und wieder selbst anhalten, um zur Besinnung zu kommen

Herzmuskelentzündung   Sonne-Mars ☉ ♂

(↔) Unbewältigte erregende Themen sind zum zentralen Konflikt in der Mitte des Lebens geworden,
die das Energiezentrum angreifen

(✴) Die Energie dem Kampfgeschehen entziehen zu können
Sie an dem Konflikt vorbei in den scheinbaren Fluss des Lebens schleusen zu können

(⚥) Das Kraftwerk den Angriffen von feindlichen Invasoren ausgesetzt sehen
Den Kampf um den Mittelpunkt des Lebens aufzunehmen

(☉) Sich von Konflikten um Herzensangelegenheiten im Bewusstsein erregen lassen, diese dort
bearbeiten

Herzbeutelentzündung   Sonne/Saturn-Mars ☉ ♄ ♂

(↔) Konfliktgeschehen im Umfeld des Herzens
Das Herz dagegen abschirmen wollen
Es verbarrikadieren
Aus dem Schutzmantel einen Panzer machen und das Herz damit abdrücken

(✴) Das Problem auf diese Weise lösen zu können
Die Entfaltung in Herzensangelegenheiten

(⚥) Brennendes Empfinden des Konfliktes um das Herz
Zu körperlichem Kampf gegen Erreger, die den Schutzmantel angreifen
Sich bedrängt zu fühlen

(☉) Sich brennenden Herzens den Konflikten im Lebenskampf stellen
Sich in der Bewusstseinsebene erregen lassen und die Seele vor Angriffen schützen
Sich aus bedrückenden Lebenssituation, die schmerzhaft auf der Seele brennen, befreien

Angina pectoris   Saturn ♄

(↔) Aus dem Herzen eine Mördergrube machen wollen
Es mit einengenden Gefühlen wie Hass, Trauer, Angst und Selbstmitleid verstopfen, anstelle es
von fliessender Freude durchströmen zu lassen

(✴) Die energetische Mitte mit dem Notwendigen und Förderlichen zu versorgen

(⚥) Sich vom Leben abgeschnürt zu fühlen
Einen festen schmerzhaften Ring um das Herz zusammenziehend zu empfinden
Zur Ruhe und zur Zeit, über die eigene Lebenssituation nachzudenken

(☉) Erkennen, was einem das Herz abschnürt
Seinem Herzen Luft machen
Sich erlauben, aus tiefstem Herzen zu weinen, um damit das Bedrückende auszuspülen
Raum für die Freude schaffen

(↔) Symbolik / Analoges Muster   (✴) Woran hindert das Symptom?   (⚥) Wozu zwingt das Symptom?   (☉) Erlösung

Herzinfarkt   Sonne-Saturn ☉ ♄

↔ Verstopfung der Zuleitungen (Herzkranzgefässe)
Energiezentrum teilweise von der Versorgung abgeschnitten
Absterben der betroffenen Bereiche der Herzmuskulatur (Hungertod des Herzens)

✶ Das Lebens-Kraftwerk mit voller Kapazität weiterarbeiten zu lassen

⚓ Havarie-Alarm
Mit der Gefahr des Lahmlegens der gesamten Infrastruktur und dem totalen Absterben desselben zu rechnen
Mit geringstem körperliche Krafteinsatz (Notversorgung) die Dispatcherzentrale an der Schadensbegrenzung arbeiten lassen

⊙ Sich den Mangel an Herzensnahrung bewusst werden
Sich der eigenen Gefühlsmitte zuwenden
Stauverursachende negative Gefühle bearbeiten und auflösen
Platz für die Freude schaffen, die die Energie wieder strömen lässt

Blut und Blutkreislauf

Blut
Prinzip: Mars-Sonne ♂ ☉
Lebenssaft
Transportflüssigkeit der Lebenskraft
Versorgungsmedium des Organismus – Sauerstoff, Energie aus der Nahrung
Individualität (Zusammensetzung mit familiärer Ähnlichkeit)

Blutkreislauf
Prinzip: Sonne/Mars-Merkur ☉ ♂ ☿
Einheit von Lungen- und Körperkreislauf, in sich geschlossen
Ver- und Entsorgung im Organismus
Transport von Energie und Botenstoffen
Dynamische Infrastruktur des Organismus
Freude, die zurückkehrt

Blutdruck
Prinzip: Mars-Saturn ♂ ♄
Ausdruck des Zusammenspiels der Kraft des Herzens und des geschmeidigen Widerstands der Gefässwände

Blutgefässe
Prinzip: Sonne/Mars-Merkur ☉ ♂ ☿
Netz von «Verbindungsstrassen» des Organismus
Mit «Hauptverkehrs- und Landstrassen»
«Feld- und kleinen Zufahrtswegen» (Kapillaren)

Arterien
Prinzip: Merkur-Mars ☿ ♂
Hintransport von Energie und Sauerstoff bis zur Körperperipherie (Aussenbezirke)
Sauerstoffarmer Weg zur Lunge

Venen
Prinzip: Mond ☽-Merkur ☿
Rückweg
Rücktransport des Verbrauchten zur Erneuerung des Blutes
Sauerstoffreich von der Lunge wegführend

Erkrankungen des Blutes

Blutungen Mars-Uranus ♂ ♅
- ⊛ (Bei Verletzungen) Opfer von Lebenskraft
  Bei kleinen Verletzungen erster Verschluss der Wunde durch Schorfbildung
- ⊛ Das Verunreinigen der offenen Wunde durch Ausspülung
  Bei sehr grossem Blutverlust möglicherweise die Überlebensfähigkeit
- ⊕ Zur Versorgung der Wunde
  Zu Massnahmen der Blutungsstillung
  Ruhigstellung, damit die Wunde sich schliessen kann
  Verletzende Themen mit Abstand zu betrachten
- ⊙ Freiwillig von seiner Lebenskraft abgeben
  Auf die eigene Kraft zur Erneuerung vertrauen
  Verletzende Themen im Bewusstsein bearbeiten

Bluterkrankheit Mars/Saturn-Pluto ♂ ♄ ♇
- ⊛ Keine Gerinnungsstoffe im Blut (über die weibliche Linie an Männer vererbt)
  Offene, auch kleine Wunden führen zu grossem Blutverlust
  Unbegrenzte Opferbereitschaft
  Gefahr des Verblutens
  Lebenskraft macht sich leicht davon
- ⊛ Die Stabilität der Lebenskraft im Innern zu halten
  Blutungen bei Verletzungen aus eigener Kraft zum Stillstand kommen zu lassen
- ⊕ Sich erschöpft zu fühlen
  Selbst auf Gewaltanwendung zu verzichten
  Gewaltsamen Konfrontationen aus dem Wege zu gehen
  Unter Umständen auf die Spende fremder Lebensenergie angewiesen zu sein (Blutübertragung)
- ⊙ Tendenz im Verhalten entgegenarbeiten, sich auch für Unwesentliches bis zum Letzten aufzu-
  opfern und zu verausgaben
  Gewaltlose Konfliktbearbeitung im Bewusstsein beginnen und im Leben anwenden
  Sein ererbtes Schicksal annehmen

Blutarmut Mars-Saturn-Mond ♂ ♄ ☽
- ⊛ Farbloses Leben
  Zu geringe Anzahl roter Blutkörperchen oder zuwenig Blutfarbstoff (Eisenmangel, grosser Blut-
  verlust)
  Verminderte Lebenskraft
- ⊛ Ausreichende Transportkapazität für die Versorgung des Organismus mit Sauerstoff
  Leistungsfähigkeit und Wohlbefinden
- ⊕ Neigung zur Abkehr vom Leben
  Eintönigkeit
  Graue Gesichtsfarbe
  Allgemeine Erschöpfung und Mattigkeit
- ⊙ Sich auf die eigene innere Mitte besinnen
  Die Farbe im Innern entdecken
  Äussere Aktivitäten auf das Wesentliche beschränken und diese bedachtsam und in Ruhe angehen

Blutunterzuckerung   Saturn-Venus/Mond   ♄ ♀ ☽

↩ Lebenssaft fehlt es an Energie
Fehlen der süssen Liebe
Mangelgefühl
Hunger nach Liebe und Leben

✱ Die Bedürfnisse von Körper, Geist und Seele als beachtet und erfüllt zu empfinden
Sich in der Lage fühlen, die eigenen Lebenskraft voll zu entfalten

⚖ Wild klopfender Puls macht auf die Herzensangelegenheiten aufmerksam
Heisshunger
Angst, dass das Wesentliche im Leben vorenthalten wird

◉ Die eigenen Ansprüche erkennen und sich eingestehen
Die «kleinen Dinge» im eigenen Leben entdecken und sich daran erfreuen lernen
Das Herz für die Liebe öffnen
Zuwendung spüren und geben lernen

Blutuntersäuerung   Mond-Venus   ☽ ♀

↩ Körper und Seele aus dem Gleichgewicht
Hoher pH-Wert des Blutes (alkalisches, also basisches Klima)
Weibliches (basisch) Element überwiegt körperlich

✱ Harmonische ausgeglichene und uneingeschränkte Körperfunktionen (mögl. Entstehungs-
ursache: durch Bekämpfung von zuviel Magensäure durch Natron, gestörte Nierenfunktion, häu-
figes Erbrechen o.a.)

⚖ Den unterdrückten weiblichen Seelenanteil als Gegenpol auf der körperlichen Ebene auszuleben

◉ Seelisch ins Gleichgewicht gelangen
Dem unterdrückten weiblichen Pol auf der geistig-seelischen Ebene zu seinem Recht verhelfen,
ihn als zur Vollkommenheit unentbehrlich ansehen lernen, statt ständig «sauer zu reagieren»
Freundliches Verständnis aufbringen lernen

Blutübersäuerung   Mars   ♂

↩ Körper und Seele aus dem Gleichgewicht
Säure (männliches Element) gewinnt die Oberhand, kann von den Basen (weibliches Element)
nicht ausgeglichen werden
Einseitigkeit

✱ Sich gegen aggressive Angriffe im Innern (Gelenke, Muskulatur) wirkungsvoll zu wehren (Vergleich in der Natur: saurer Regen)

⚖ Verspannungen als vergeblicher Versuch, auszugleichen
Rheumatische Muskelbeschwerden
Den unterdrückten (männlichen) Seelenanteil auf der körperlichen Ebenen austoben zu lassen

◉ Ausgleich der männlichen und weiblichen Seelenanteile auf der Bewusstseinsebene herstellen, um
zu innerer Harmonie zu gelangen
Dem männlichen Pol dort zu seinem Recht verhelfen, damit die Aggressivität auf der Körperebene überflüssig wird

Hoher Cholesterinspiegel   Mars-Saturn   ♂ ♄

↩ Wunsch nach Dichtmachen vor stressauslösenden Einflüssen von aussen, deshalb zuviel an «See-
len-Kitt» in der Blutbahn
Das rechte Mass verloren haben

✱ Den Lebenssaft unbeschwert strömen zu lassen
Mit Freude das Leben zu geniessen

↩ Symbolik/Analoges Muster   ✱ Woran hindert das Symptom?   ⚖ Wozu zwingt das Symptom?   ◉ Erlösung

⊕ Auch die Gefässwände zu verkitten
Aufbau einer starren Fassade, aus dem Empfinden heraus, der angestrebten und angebeteten Rolle nicht entsprechen zu können
⊙ Lernen, seinen eigenen Ansprüchen Ausdruck zu verleihen als sich ständig selbst unter Druck zu setzen
Statt Baumaterial für Barrikaden zum Schutz der Fassade mit sich herumzuschleppen, sich wunde Punkte eingestehen und sie heilen lassen

Blutvergiftung Mars-Pluto/Neptun ♂ ♇ ♆

↦ Infektiöse Erreger sind in die Blutbahn eingedrungen und verteilen sich im gesamten Organismus
Körperliche «Infrastruktur» wird von Eindringlingen beherrscht
Abwehrkampf mit Fieber und Schüttelfrost
✸ Den Konflikt lokal zu begrenzen
Bei Selbstaufgabe schlimmstenfalls am Weiterleben
⊕ Den Kampf ums Überleben aufzunehmen
Für diesen Kampf Verbündete zu gewinnen (Antibiotika)
Die Lebensgefahr zu erkennen und alle Lebensenergie für den Kampf zu mobilisieren
⊙ Sich auf der geistig-seelischen Ebene neuen erregenden Ideen und Sichtweisen öffnen
Sich von neuen Impulsen mitreissen und durchströmen lassen
Für die eigene Existenz wichtige Schritte zur Veränderung gehen

Bluterguss Mars-Neptun ♂ ♆

↦ Zusammenprall mit Anstössigem
Gewalteinwirkung, die den Fluss der Lebensenergie auf diesem Gebiet blockiert
Austritt des Lebenssaftes aus der Blutbahn und Eintritt ins umliegende Gewebe unter dem Eindruck des Aufpralls oder der Zerrung
✸ Schmerzfreiheit des umliegenden Gewebes, in das der aus den Gefässbahnen ausgetretene Lebenssaft eingedrungen ist
⊕ Zu ausgedehnten blauen Flecken
Ein Teil der Lebensenergie wird auf ein «totes Gleis» abgeschoben, um dort störend zu verkommen
Zu Entsorgungs- und Aufräumarbeiten, um den Schaden zu beheben
⊙ Sich auf der geistig-seelischen Ebene von Anstössen bewegen lassen
Überwindung von Trägheit und Festhalten am Alten und Überlebten
Erkennen, wo Lebensenergie in die falsche Sache investiert wird

Blutgerinnsel Mars/Merkur-Saturn ♂ ☿ ♄

↦ Verklumpen von Blutplättchen
Lebensenergie gerät ins Stocken – *Blockadegefahr!*
Selbsterrichtete Hindernisse aus geronnener Energie
✸ Die Lebensenergie fliessen zu lassen
An geschmeidiger Anpassungsfähigkeit des Lebenssaftes
⊕ Durch Stauungen im Innern auch in der äusseren Aktivität innezuhalten
Gefahr einer durch Embolie verursachten Funktionsstörung in lebenswichtigen Bereichen zu erkennen
⊙ Energieblockaden im Leben erkennen
Anhäufung negativer Energie aus negativem Denken auflösen und die Dinge neu bewerten
Unbewusste Widerstände loslassen und die Energie wieder für das Wesentliche fliessen lassen

Fettembolie   Saturn-Jupiter   ♄   ♃

↔ Fett-Tröpfchen (Symbol des Überflusses) drangen unter starkem Druck oder durch Verletzungen in die Blutbahn ein und sorgen dort für Verstopfung

⊛ Je nach betroffener Region die Funktionsfähigkeit des von der Versorgung abgeschnittenen Bereichs (Untergang des Gewebes)

⚕ Sich Zeit und Ruhe zu lassen, mit der neu entstandenen Situation zurechtzukommen
Die ausgefallenen Funktionen durch geeignete Lernmassnahmen anderweitig auszugleichen

⦿ Herausfinden, in welchen Bereichen der aufgestaute Überfluss den Einsatz der Lebensenergie bremst oder behindert
Sich eingestehen, inwieweit Überschüssiges die Antriebskraft zur Weiterentwicklung lahmlegt (Selbstzufriedenheit)
Sich selbst Anstösse zur bewussten Weiterentwicklung geben

Blutkrebs (Leukämie)   Mars-Pluto   ♂   ♇

↔ Aufrüstung des Abwehrsystems auf Kosten der Lebensenergie
Weisse Blutkörperchen im Überfluss produzieren
Rote Blutkörperchen werden bekämpft

⊛ Versorgungsaufgaben mit der veränderten Zusammensetzung des Lebenssaftes gerecht zu werden

⚕ Kriegsgerät anstelle von Transportfahrzeugen zu produzieren
Kriegerische Kampfkraft richtet sich gegen den eigenen Organismus
Schwächung durch Mangelversorgung

⦿ Die Abwehrkraft auf geistig-seelischem Gebiet entwickeln, um dem Körper diese Aufgabe abzunehmen
Unterscheidungsfähigkeit zwischen Freund und Feind herausbilden

Erkrankungen des Blutkreislaufes und der Blutgefässe

Kreislaufschwankungen   Sonne/Mond-Uranus   ☉   ☽   ⛢

↔ Von aussen leicht beeinflussbar sein
Fehlende innere Stabilität und Harmonie
Von einem Pol zum anderen schwankend, ohne sich in der Mitte einpendeln zu können

⊛ Das innere Gleichgewicht aufrechtzuerhalten
Ausgeglichenheit

⚕ Sich von äusseren Bedingungen abhängig und den eigenen Willen unterlaufen zu fühlen
Sich als Spielball von äusseren Ereignissen (z. B. Wetter) zu erleben

⦿ Die innere Mitte finden und sich um das seelische Gleichgewicht bemühen
Bewusst durch Anspannungs- und Entspannungsübungen den jeweiligen Zustand ausgleichen

Kollaps   Sonne/Mond-Uranus/Saturn   ☉   ☽   ⛢   ♄

↔ Anfallartiges Kreislaufversagen in Überlastungssituationen (Verletzungen, Infarkt, starker Flüssigkeits- oder Blutverlust u. a.)
Blut sackt nach unten in erweiterte kleine Blutgefässe und fehlt in den Zentren (Hirn und Herz)
Hitzekollaps – Kreislauf versagt unter extremer Hitzeeinwirkung

⊛ Die ausreichende Versorgung des Hirns und des Herzens (Pumpe fast im Leerlauf)
Ansprechbarkeit

⚕ Zu schneller, flacher Atmung und zu beschleunigtem Pulsschlag
Die Verantwortung für sich abzugeben, auf Hilfe angewiesen zu sein
Statt des Kopfes die Beine hochzuhalten
Abkühlung und Flüssigkeitszufuhr (nicht bei Bewusstlosigkeit)

↔ Symbolik/Analoges Muster   ⊛ Woran hindert das Symptom?   ⚕ Wozu zwingt das Symptom?   ⦿ Erlösung

⊙ Die Mitte zwischen Über- und Unterforderung finden
Fähigkeit, Anspannung und Entspannung wechselseitig auszuführen
Statt sich unter (Ein-)Druck gelegentlich freiwillig fallenlassen
Beiden Polen, Feuer (männlich) und Wasser (weiblich), gerecht werden

Bluthochdruck   Mars-Saturn   ♂ ♄

⟷ Ständige hohe Anspannung
Innerer Druck, der den Gefässwänden zusetzt
Sich zu ständiger Aktivität gedrängt fühlen, ohne diese perfekt umsetzen zu können
✱ Sich ausgeglichen und entspannt zu fühlen
Den selbstgestellten Anforderungen gerecht werden zu können
⚴ Aggressionsdruck gegen die Gefässwände zu richten
Konflikte im Innern halten zu wollen
Sich selbst zu unterdrücken
Sich überlastet zu fühlen
⊙ Eigenes Wertesystem einer kritischen Prüfung unterziehen
Die Perfektionsansprüche an sich und andere Menschen hinterfragen
Innere Aggressionen angemessen nach draussen entlassen
Seinem Herzen Luft machen

Blutniederdruck   Mond-Saturn   ☽ ♄

⟷ Übertriebene Anpassung und Selbstzurücknahme
Eigene Energie nicht spüren können
Aus fehlender Kampfbereitschaft zum Ausweichen vor Konflikten neigen
✱ Seine energetischen Möglichkeiten voll auszuschöpfen und bis an die eigenen Grenzen vorzu-
stossen, um diese kennenzulernen
Duchhaltevermögen
⚴ Zögern, die Aufgaben des Tages in Angriff zu nehmen
Sich den Anforderungen nicht gewachsen zu fühlen
Sich als Opfer der Ereignisse zu sehen
⊙ Selbstvertrauen auf der geistig-seelischen Ebene entwickeln
Sich selbst zu Aktivität reizen (heisse und kalte Güsse im Wechsel)
Ausgleich zwischen den Polen Anpassung und Widerstand

Arterienverkalkung   Saturn   ♄

⟷ Ablagerung von kalk- und fettähnlichen Stoffen an den Arterienwänden (auch des «Seelen-Kitts»
Cholesterin)
Verfestigung und Brüchigkeit
Einengung bis zum gänzlichen Verschluss (Infarkt)
✱ Sich von der Lebensenergie freudig durchströmen zu lassen
Die ausreichende Versorgung des Organismus
Volle Leistungsfähigkeit
⚴ Zu schmerzhaften Durchblutungsstörungen
Druckerhöhung im Innern
Enge
Kältegefühl
⊙ Wirklicher Freude am Leben freien Lauf lassen
Das Wesentliche für sich herausfinden und danach leben
Erkennen, wo fremdbestimmte Normen den Fluss der Lebensenergie von den ureigensten An-
sprüchen weg kanalisieren

Arterienwandentzündung   Mars-Merkur   ♂ ☿

↔ Konflikt an den Wänden des Energie-Transportsystems
«Wegelagerer» (Infektionen) attackieren die Energiewege (oft im Schläfenbereich)

✱ Sich wohlzufühlen und die Energie im Leben umsetzen zu können (Gewichtsabnahme)

⊛ Den Strom des Lebenssaftes als schmerzhafte pulsierende Energie zu spüren
Von Müdigkeit und Mattigkeit geplagt zu werden

⊙ Einteilung der Lebensenergie nach Prioritäten (Wichtigkeit) vornehmen und um die Durchsetzung der eigenen Ansprüche im Leben kämpfen

Venenentzündung   Venus/Mars-Saturn   ♀ ♂ ♄

↔ Konflikt auf den Rückwegen der Energie
Schmerzende Staus
Energie hat sich festgefahren

✱ An der Rückkehr der Lebensenergie
Volle Beweglichkeit

⊛ Schmerzhafte Einschränkung durch Angriffe auf dem Rückweg der Energie
Steckengebliebene Energie, die aus eigener Kraft nicht mehr vollständig zum Herzen gelangt und erneuert wird
Ruhe in der waagerechten Lage
Zeit zum Nachdenken über die eigene Lebenssituation zu haben

⊙ Konflikt in der gegenwärtigen Lebenssituation aufspüren, bei der Energie investiert wird, aber nichts zurückkommt
Für die eigenen Ansprüche kämpfen
Staus und Verklemmtheiten auflösen

↔ Symbolik / Analoges Muster   ✱ Woran hindert das Symptom?   ⊛ Wozu zwingt das Symptom?   ⊙ Erlösung

Die Atemwege

Nase und Nasenschleimhaut
Prinzip: Mars-Merkur ♂ ☿
Reinigung und Anwärmen der Atemluft
Mit den Nebenhöhlen Teil des Resonanzraumes für Stimmklang

Mund
Prinzip: Mond-Merkur-Venus ☽ ☿ ♀
Zentrales Ausdrucksorgan
Artikulation mit Hilfe von Zunge
Lippen und Resonanzraum (Rachen)

Kehlkopf
Prinzip: Venus-Merkur ♀ ☿
Enthält die Stimmbänder, ermöglicht unsere Ausdrucksfähigkeit, kleiner Kehlkopf - hohe Stimm-
lage (weiblich, Knaben bis zum Stimmbruch) , grosser Kehlkopf – tiefe Stimmlage (männlich:
Adamsapfel) Schwingung der Atemluft – Resonanzraum

Stimmbänder
Prinzip: Merkur-Venus ☿ ♀
Saiten des Instruments Sprache
Werden durch den Atemstrom zum Klingen gebracht
Geben der Stimme die individuelle Klangfarbe

Luftröhre
Prinzip: Merkur ☿
Kanal für den Transport der Luft bis zu den Bronchien

Bronchien
Prinzip: Merkur ☿
Teilen den Atemstrom aus der Luftröhre und versorgen beide Lungenflügel über die Bronchialäste

Lunge
Prinzip: Merkur ☿
Bestehend aus zwei Lungenflügeln
Kontaktorgan mit der Aussenwelt (Gasaustausch)
Versorgung des Organismus mit Sauerstoff
Leichtigkeit durch Lungenbläschen

Zwerchfell
Prinzip: Merkur-Sonne-Mond ☿ ☉ ☽
Führt den Rhythmus des Atems aus
Kräftiges Zwerchfell = kräftige Stimme
Atemstütze der Sänger

Erkrankungen der Atemwege

Asthma   Merkur-Uranus ☿ ♅
⊕ Ungleichgewicht zwischen Nehmen und Geben, Kontakt und Abschottung, Macht und Ohnmacht
Ablehnung der Sexualität
⊗ Ohne Schwierigkeiten auszuatmen, um wieder neu Atem schöpfen zu können
Dem Leben seinen rhythmischen Fluss geben
⚡ Nach Atem zu ringen
Angst um das Leben zu erleben
Sich abzuschotten gegen Stoffe, die Allergie auslösen und die unbewusst abgelehnt werden (Pollen = pflanzliche Sexualität)
⊙ Raum im Bewusstsein für die symbolischen Problembereiche schaffen
Mit dem Herzen nehmen und mit dem Herzen geben lernen
Durchsetzungsvermögen anstelle Machtbewusstsein entwickeln
Sexualität und Kontakt als menschliches Bedürfnis anerkennen

Atemnot   Merkur-Saturn ☿ ♄
⊕ Austausch ist unterbrochen
Ringen nach Luft und Leben, es hat einem etwas «den Atem verschlagen»
⊗ Ungehinderten Kontakt mit der Aussenwelt aufrechtzuerhalten
⚡ Kampf um Atemluft und Leben
Sich auf das Wesentliche zu beschränken
⊙ Auseinandersetzung mit dem, was den Atem verschlägt und einem die Luft nimmt
Überforderungen ablehnen

Atemwegsinfektion   Merkur-Saturn, Mars-Uranus ☿ ♄ ♂ ♅
⊕ Kontakt nach aussen verhindern
Sich verschliessen
Aggressionsäusserungen: jemanden «was husten, was niesen»
Spucken
⊗ Alle Eindrücke von aussen aufzunehmen, jemanden an sich heranzulassen
⚡ Zu seinen Mitmenschen auf Abstand zu gehen
Sich mit dem, was innen ist, zu beschäftigen
Ruhe
Zurückgezogenheit
⊙ Seinen Lebensraum im Leben verteidigen
Eigene Ansprüche eingestehen und leben

Brustfell-Entzündung
Kehlkopfkrebs
(s. «Von Kopf bis Fuss»)

Husten   Merkur-Saturn, Mars-Uranus ☿ ♄ ♂ ♅
⊕ Aggressionen
Anderen was husten, sie anbellen
⊗ Innere Reizbarkeit zu verstecken
⚡ Aggression hinter der vorgehaltenen Hand zu verbergen
Abstand zu anderen Menschen zu nehmen

⊕ Symbolik/Analoges Muster   ⊗ Woran hindert das Symptom?   ⚡ Wozu zwingt das Symptom?   ⊙ Erlösung

⊙ Seine Meinung in Worte kleiden zu lernen
   Eigene Ansprüche leben und verteidigen

Hyperventilation (übermässige Steigerung des Atemrhythmus)   Merkur-Mars   ☿ ♂

↔ Viel Luft und Sauerstoff wird dem Organismus in kurzer Zeit zugeführt
   Hunger nach Lebensenergie aus einer Angstsituation heraus
⊛ Den gewohnten Rhythmus einzuhalten
⊕ Bewusstwerden der Angst, sie noch tiefer zu erleben
   Gesteigerter Austausch baut körperliche Schlacken ab
   Reinigungsprozess des Organismus
⊙ Atmen, bis die Enge überwunden und die Weite erreicht wird
   Nacherleben der eigenen Geburtsenge
   Auch im Leben alte Grenzen überschreiten

Keuchhusten   Mars-Uranus-Merkur   ♂ ♅ ☿

↔ Aggressionsdurchbruch bei Kindern
   Unter der Last des Lebens keuchend
   Husten, doch keine Erlösung finden
   Schleim sitzt fest
   Trockener Husten
⊛ Hindernisse mit Leichtigkeit zu überwinden
   An der Lösung des Schleims
⊕ Anfälle durchzustehen
   Krämpfe vermeiden zu wollen
   Der Entwicklung des Symptoms die erforderliche Zeit zu lassen
⊙ Aggressionen bei Kindern als wichtigen Bestandteil des Lebens zulassen
   Erziehung zu Mut und Durchsetzungsvermögen
   Den Willen des Kindes stärken und nicht brechen

Lungenembolie   Merkur-Saturn   ☿ ♄

↔ Blockade der Blutgefässe durch Gerinnsel
   Sich in der Lunge festsetzend
   Stockung der Kommunikation und des Energieflusses
   Lebensgefahr
⊛ Austausch der Atemluft mit der Aussenwelt
⊕ Blockaden aufzulösen, Energiefluss wieder in Gang zu setzen
   Sich Ruhe zu gönnen
⊙ Aufmerksamkeit auf den Kontaktbereich lenken
   Neue Formen des Austausches suchen

Lungenblähung   Merkur-Jupiter   ☿ ♃

↔ Aufblähen ohne wirklichen Austausch
   Funktion und Atemrhythmus gestört
⊛ An frischer Luft und frischem Wind im Innern
⊕ Hereinholen ohne Herauszulassen
   Nehmen, ohne zu geben
   An Nutzlosem und Verbrauchtem festzuhalten
⊙ Loslassen lernen
   Erstarrung lösen und dem Leben neue Impulse und Rhythmus geben

Lungenentzündung   Merkur-Mars   ☿ ♂

- ↔ Konfliktgeschehen um Kontakt und Abgrenzung
  Kriegerische Auseinandersetzung mit den Erregern
- ✱ Mit der Umwelt intensiven Kontakt zu pflegen
- ⚖ Sich abgrenzen und den Kampf im Innern führen
  Sich selbst Ruhe zu gönnen
- ◉ Sich im Kontakt anregen statt erregen zu lassen
  Mitschwingen statt Blockaden aufzubauen
  Sich Freiheit und die Luft zum Atmen gönnen

Lungenkrebs   Merkur-Pluto   ☿ ♇

- ↔ Störungen und ungezügeltes, wildes Wachstum in den Bereichen Kommunikation, Kontakt und Austausch
- ✱ Am Durchatmen- und Aufatmenkönnen, am fliessenden Leben
- ⚖ Enge und Angst um das Leben
  Grenzen werden auf der körperlichen Ebene durchbrochen
  Bewusstwerden der Endlichkeit des Lebens, Suche nach dem Sinn des Lebens
- ◉ Wachstum in diesen Bereichen auf der seelisch-geistigen Ebene
  Austausch über Grenzen hinweg
  Freier Ausdruck
  Selbstbestimmtes Leben, neue Bereiche gedanklich erobern

Lungenödem (Wasseransammlung)   Merkur-Mond   ☿ ☽

- ↔ Seelische Flüssigkeit verdrängt die Luft und behindert den Austausch
  In Gefühlen ertrinken
- ✱ An Leichtigkeit und Luftigkeit
- ⚖ Den Druck der Gefühle auch körperlich zu spüren
  Die Last mit sich herumzutragen, sich davon den Atem verschlagen zu lassen
- ◉ Gefühlswelt in die Luftigkeit der Gedankenwelt aufsteigen lassen
  Über seine tiefsten Gefühle sprechen

Lungenschwindsucht   Merkur-Neptun   ☿ ♆

- ↔ Die Lunge verschwindet, das luftige Gewebe zerfällt zu einer glitschigen, schmierigen Masse
  Schleichender Konflikt
- ✱ Konflikte im Austausch und im Kommunikationsprozess austragen zu können
- ⚖ Ohne Behandlung selbst aus dem Leben zu verschwinden
  Sich zurückzuziehen
  Keine Abwehrkräfte, Kontakt mit sich selbst aufzunehmen
- ◉ Den Hang zur Flucht in der körperlichen Ebene erkennen
  Sich aus dem Konfliktgeschehen zurückziehen, bis wieder Kraft geschöpft wird
  Sich Felder suchen, auf denen Austausch und Kommunikation belebend sind

Plötzlicher Kindstod   Mond-Uranus/Pluto   ☽ ♅ ♇

- ↔ Sich nicht auf das (nicht lebenswerte) Leben einlassen, die Polarität verlassen
  Austausch einstellen
- ✱ An möglicher Gleichgültigkeit der Eltern gegenüber dem Kind und den Risikofaktoren (Bauchlage, Rauchen, nicht Stillen)
- ⚖ Sich den Ansprüchen des Kindes stellen
  Ihm den wichtigen Platz im eigenen Leben einzuräumen
  Sich über Geburt und Sterben als zum Leben gehörend klar zu werden

---

↔ Symbolik/Analoges Muster   ✱ Woran hindert das Symptom?   ⚖ Wozu zwingt das Symptom?   ◉ Erlösung

⊙ Die Trauerarbeit leisten, bis das Andenken an das Kind nicht mehr so sehr schmerzt
Nicht verdrängen und totschweigen
Vorbeugend: Vermeidung der Risikofaktoren
Dazu Zuwendung, Aufmerksamkeit und Nestwärme

Silikose Merkur-Saturn ☿ ♄

⊖ «Versteinerung» des Lungengewebes durch ständiges Einatmen (Dauerreiz) von Staub, der sich im Lungengewebe festsetzt (Bergmanns-Krankheit)
Krebsgefahr!

⊛ An Leichtigkeit des Atems
Die «angesehene» Tätigkeit fortzusetzen

⊕ Sich dem Dauerreiz nicht mehr auszusetzen
Sich andere Betätigungsfelder zu erschliessen und sich dabei weiterzuentwickeln

⊙ Grenzen erkennen und sie respektieren
Kommunikation im Innern erweitern
Berufswechsel

Schnarchen Merkur-Saturn, Neptun-Mars ☿ ♄ ♆ ♂

⊖ Arbeiten gegen Widerstände
Nicht loslassen können
Probleme des Tages werden ins Unterbewusstsein verdrängt und kommen im Schlaf nach oben
Nächtliche (schroffe) Kommunikationsversuche, die fehlende Kommunikation am Tage ausgleichen soll
Uneingestandener Dominanzanspruch

⊛ An erholsamem Schlaf und Gewinnung neuer Kräfte für den Tag
Ausgeglichenheit und Zufriedenheit zu finden

⊕ Den Partner zur Flucht
Länger zu schlafen, weil erhoffte Erholung nicht eintritt
Häufige Unterbrechung des Schlafes

⊙ Sich den Problemen des Tages stellen
Sie anerkennen und aufzuarbeiten
Harmonie in Tag und Nacht bringen
Sich am Tage Gehör verschaffen und sich durchsetzen

Atemstillstand im Schlaf (Schlafapnoe) Saturn-Merkur ♄ ☿

⊖ Kann bei starken Schnarchern vorkommen
Verdrängte Probleme werden lebensbedrohlich
Gestörter Kontakt bis zur Kontaktverweigerung
Machtwille

⊛ Erhaltung der Leistungsfähigkeit
An einem langen Leben, falls keine Hilfe angenommen wird (z. B. Schlafmaske)

⊕ Zur Angst der Angehörigen um das Leben des Schnarchers bei aussetzendem Atem (Machtausübung)

⊙ Schattenseiten bewusst machen und auch am Tage leben
Durchsetzung der berechtigten Ansprüche im Leben
Kontaktbereitschaft
Rhythmus ins Leben bringen

Die Verdauungsorgane

Speicheldrüsen
Prinzip: Venus-Mond ♀ ☽
Vorbereitung der Nahrungsaufnahme – Appetit
Geschmeidigmachen der aufgenommenen Nahrung, Spaltung der Stärke in der Nahrung

Speiseröhre
Prinzip: Merkur ☿
Weiterleitung der Nahrung durch wellenförmiges Zusammenziehen ihrer Muskulatur, alles einmal
«Geschluckte» passiert sie

Magen
Prinzip: Mond/Mars ☽ ♂
Aufnahme der Nahrung
Gefühl von Befriedigtsein (Sattheit) oder Bedürftigkeit (Hunger)
Aggressive Auseinandersetzung mit dem «Geschluckten» (Magensäure)
Empfindsamkeit: «Wenn etwas im Magen drückt»
Ausspeien von Unverträglichem

Dünndarm
Prinzip: Merkur ☿
Bestehend aus Zwölffingerdarm, Leerdarm und Krummdarm
Hauptarbeit der Verdauungstätigkeit im Zwölffingerdarm – Eiweiss-, Kohlehydrat- und Fett-
aufspaltung
Eintritt der Verdauungssekrete aus Bauchspeicheldrüse und Leber
Nutzbarmachung der Nahrung durch Umwandlung in körpereigene Stoffe
Abgabe der Inhaltsstoffe über die Blutbahn an den Organismus

Blinddarm
Prinzip: Mars-Pluto ♂ ♇
Mit Wurmfortsatz (Sackgasse – Überbleibsel aus der Entwicklungsgeschichte)
Schutz des Darms vor schädigenden Eindringlingen

Dickdarm
Prinzip: Pluto ♇
Weiterleitung in die «Tiefe» des Organismus, dorthin, wo die Abläufe vom Bewusstsein kaum wahr-
genommen werden
Aufspaltung und Entzug der verbliebenen für den Organismus wertvollen Inhaltsstoffe
Vorbereitung des Loslassens von Verbrauchtem – Ballaststoffe, die nun Abfall werden

Mastdarm
Prinzip: Pluto ♇
Ort des Sammelns (Geiz), vorläufige Deponie des Abfalls
Verdichtung durch Entzug des Wassers

After
Prinzip: Pluto ♇
Ein- und Ausgang der Unterwelt

⊕ Symbolik / Analoges Muster   ⊗ Woran hindert das Symptom?   ⊛ Wozu zwingt das Symptom?   ⊙ Erlösung

Der rückwärtige Ausgang, der sich unseren Blicken entzieht
Wächter über den Ausgang
Bringt alles zu einem guten Ende

Erkrankungen der Speiseröhre

Sodbrennen Mars ♂
⊕ Es steigt einem sauer auf
Brennendes Ärgernis, das nur schwer «verdaut» werden kann
⊗ Den hinuntergeschluckten Ärger zu verdrängen
⊛ Sich mit den ärgererzeugenden Aggressionen im Körpergeschehen auseinanderzusetzen
Das Geschluckte nicht widerstandslos verdauen zu können
⊙ Sich mit dem Gegenstand des Unverdaulichen auseinandersetzen
Die Aggression im Leben äussern – sich wehren
Nicht mehr alles hinunterschlucken

Aufstossen Mond-Mars ☽ ♂
⊕ 1. Das Saure steigt auf, Abwehr des Unbekömmlichen
2. Zuviel Luft geschluckt, die den Verdauungsprozess stört
⊗ 1. Unbekömmliches in die Tiefe abzudrängen
2. Sich Fülle vorzutäuschen
⊛ 1. Stets an das Hinuntergeschluckte erinnert zu werden, das Aggressive körperlich zu spüren
2. Die nicht für die Verdauung geeignete Luft störend wieder von sich zu geben
⊙ 1. Sich bewusst werden, was unbearbeitet auf der Seele lastet und bearbeitet werden will
2. Nicht nur Anlauf nehmen, den Mut haben, es auch auszusprechen

Speiseröhrenentzündung Merkur-Mars ♀ ♂
⊕ Sich zuviel Aggressives einverleibt haben
Saures stieg immer wieder auf
⊗ Die angenehmen Seiten des Lebens noch zu spüren
⊛ Schmerzhaften Druck im Bereich des «Ichs» (hinter dem Brustbein) zu spüren
Zerkleinerte und milde Nahrung zu sich zu nehmen
⊙ Sich in Toleranz üben, Wertesystem mit der gelebten Wirklichkeit in Einklang bringen
Nicht alles einverleiben
Ärger, zu grossen Brocken und schädigenden Genussgiften aus dem Wege gehen

Speiseröhrenkrebs Merkur-Pluto-Jupiter ♀ ♇ ♃
⊕ Wachstum im Bereich des Einverleibens
Impuls durch Widerstand gegen Unbekömmliches
«Nicht-loslassen-können» von aggressionsauslösenden Sachverhalten
⊗ An der frühzeitigen Erkennung durch relativ lange Schmerzfreiheit
⊛ Wachstum, um scheinbar mit Belastungen fertigzuwerden
Wachstum, das letztendlich zur unüberwindlichen Barrikade werden kann und den Organismus
von der Versorgung abschneidet
⊙ Umgang mit den Aufgaben des Lebens überprüfen
Probleme im Bewusstsein bearbeiten
Aggressionen nach aussen steuern und nicht alles in sich «hineinfressen»

Erkrankungen des Magens

Verdauungsbeschwerden Merkur-Pluto ☿ ♇
- ↦ Unterscheidung zwischen Bekömmlichem und UnbekömmlicheM gestört, ebenso Verarbeitung des Aufgenommenen und Loslassen des Verbrauchten
- ✖ Dem Organismus die Lebensenergie in vollem Umfang zuzuführen
- ⚏ Mit Leichtverdaulichem und Entlastendem dem Körper wieder Energie zuzuführen
  Sorgfältige Auswahl des Aufzunehmenden
  Ruhe und Gelassenheit einkehren zu lassen
- ⊙ Sich selbst die Dinge geben, die zu einer positiven Entwicklung gebraucht werden
  Abkehr von schädigenden Einflüssen
  Loslassen von Überholtem

Ekelgefühl Pluto-Saturn ♇ ♄
- ↦ Widerwillen und Abneigung
  Abscheu gegen Aufzunehmendes
- ✖ Das Leben mit Appetit zu geniessen
- ⚏ Aufnahme gegen den Widerstand des Körpers, um ihn zu erhalten
  Zwang, sich das Abgelehnte dennoch einzuverleiben
- ⊙ Klarheit schaffen, wogegen die Abneigung besteht
  Erfahrungen bewusst aufsteigen lassen, um sie zu bearbeiten und danach handeln zu können, zum eigenen Widerwillen stehen lernen

Appetitlosigkeit Saturn ♄
- ↦ Keine Lust auf Leben
  Aufnahmeunwilligkeit
- ✖ Lebensenergie aufzunehmen
- ⚏ Abkehr von allem Aufzunehmenden
  Nichts schmeckt mehr
- ⊙ Herausfinden, was den Appetit verschlagen hat
  Bewussten Verzicht üben
  Sich auf das Wesentliche besinnen

Magenerkrankungen Mond-Saturn-Mars ☽ ♄ ♂
- ↦ Druck und Übelkeit
  Gefühl der Schwäche gegenüber dem Leben
  Ungelöste Konflikte drücken und Übelkeit verursacht Ekel
- ✖ Aufnahme neuer beglückender Eindrücke
  Mit Kraft und Zuversicht dem Leben zu begegnen
- ⚏ Vor sich hergeschobenen Konflikte auf der körperlichen Ebenen auszuleben
  Den Konflikt als Druck und Ablehnung zu spüren
- ⊙ Sich auf die Lösung der Konflikte einlassen
  Sich dem Leben stellen
  Wertesystem und die Haltung zu sich selbst überprüfen

Erbrechen Mond-Mars/Uranus ☽ ♂ ♅
- ↦ Unverdauliches und derzeit Unbekömmliches wird herausgestossen
  Abwehr des Körpers gegen Unzumutbares
  Körperliche Aggression gegen aufzunehmende Eindrücke
- ✖ Sich mit Dingen zu belasten, die Schaden zufügen könnten

↦ Symbolik / Analoges Muster   ✖ Woran hindert das Symptom?   ⚏ Wozu zwingt das Symptom?   ⊙ Erlösung

⊕ Die Empfindlichkeit des Körpers zu spüren
Loslassen von Eindrücken und Konflikten, die nicht verarbeitet werden können

☉ Eigene Grenzen und Aufnahmefähigkeit erkennen und anerkennen
Von Belastendem erst einmal Abstand nehmen, bis wieder genügend Lebensenergie vorhanden ist, um nach Lösungen zu suchen

Verdorbener Magen   Mond-Merkur-Mars   ☽ ☿ ♂

↔ Sich zuviel und zu Extremes zugemutet haben
Grenzen der Aufnahmefähigkeit überschritten
Angst vor den Konsequenzen

✱ Weiter mehr von demselben zu sich zu nehmen

⊕ Mit leichter Kost die Aufnahmefähigkeit wieder anzuregen
Zurückhaltung und Schonung

☉ Sich den derzeitigen Eindrücken bewusst stellen
Sich damit im Leben auseinandersetzen und kennenzulernen, um Ängste abzubauen

Vergiftungen   Neptun/Pluto   ♆ ♇

↔ Gefahr falsch eingeschätzt
Unkenntnis und Leichtfertigkeit (-gläubigkeit)

✱ Gefahren zukünftig zu übersehen oder nicht erkennen zu wollen

⊕ Neue Erfahrung schmerzhaft körperlich zu verarbeiten
Die Gefahr zu erkennen und zu fürchten

☉ Sich mit dem, was Gefahr bedeutet, im Leben auseinandersetzen
Wahrnehmung schärfen
Erkenntnisse ins Leben einbeziehen
Sorgfalt entwickeln

Mangel an Magensaft   Mars-Mond-Saturn   ♂ ☽ ♄

↔ Mangel an Verdauungssekreten, der zersetzenden notwendigen Aggression

✱ Die aufgenommene Nahrung zu zersetzen und so dem Körper Energie zuzuführen

⊕ Ohne die aggressiven Säuren auszukommen oder diese von aussen zuzuführen

☉ Sich selbst vor zu «grossen Brocken» hüten, nur das an sich heranlassen, was gefühlsmässig auch verarbeitet werden kann

Nervöser Magen   Mond-Merkur   ☽ ☿

↔ Magen bekommt die Rolle übertragen, Konflikte zu verarbeiten, alles zu schlucken, beginnt sich gegen den Druck zu wehren

✱ Alles weitere problemlos zu schlucken
Verletzungen weiter hinzunehmen

⊕ Alles, was reizt, von sich zu weisen
Sich Ruhe zu gönnen und dem Magen und sich selbst leicht Bekömmliches anzubieten

☉ Die Signale des Magens beachten
Sich gegen Verletzungen wehren
Seelisches Gleichgewicht finden und bewahren

Magengeschwür Mond-Mars ☽ ♂

⊕ Aggressivität richtet sich gegen die Magenwand
Negative Gedanken führen zu negativen Gefühlen (Energie), die sich an den Magenwänden austoben
✶ Überzogene Ansprüche an sich selbst, die zu Frust führen, weiter aufrechtzuerhalten
⚡ Warnsignale zu spüren, den Druck und die Gefahr aus den negativen Reizen zu empfinden
Die Selbstzerfleischung aufzugeben oder daran zu zerbrechen
⊙ Harmonie in der Gefühlswelt herstellen
Sich selbst gegenüber toleranter werden
Nicht alles verinnerlichen, es im Fluss des Lebens auflösen

Magenschleimhautentzündung Mond-Mars ☽ ♂

⊕ Leichte Reizbarkeit (emotional und gegen Reizstoffe in der Nahrung)
Anstelle Geborgenheit, Aggression gegen sich selbst
✶ Dem Leben zu vertrauen, sich in ihm geborgen fühlen
⚡ Allem, was reizt aus dem Wege zu gehen
Aggressionen im Inneren des Körpers auszutragen
⊙ Lernen, mit Konflikten umzugehen, sie dort austragen, wo es den Reizen entgegenwirkt
Selbstzerstörerische Tendenzen erkennen und ändern

Magendurchbruch Mond-Mars ☽ ♂

⊕ Zerstörung der Geborgenheit
Lebensgefahr!
Oft durch unbeachtete Magengeschwüre
✶ Neigung zu Selbstzerfleischung und Selbstzerstörung weiter zu ignorieren
⚡ Sich aus den Anforderungen des Alltags zurückzuziehen
Zeit, um zur Besinnung zu kommen
Magen kann nichts mehr schlucken
⊙ Die eigene Mitte finden
Wertesystem neu ordnen
Eigene Grenzen anerkennen
Aggressionen im Leben dort einsetzen, wo sie den Konflikten entgegenwirken

Magenkrebs Mond-Pluto ☽ ♇

⊕ Selbstzerstörerisches Wachstum um Aufnahme und Geborgenheit
Falsch verstandene Entwicklung durch unpassende Anforderungen (Druck, Ängste, Reize, negative Energien)
✶ Aufnahme und Geborgenheit im Leben zu verwirklichen
Die ureigenen Ziele zu verfolgen
Dem Glauben anheimzufallen, auf dem richtigen Wege zu sein
⚡ Das auf geistig-seelischer Ebene unterlassene Wachstum (Selbstverwirklichung) auf unerlöster Form im körperlichen Bereich nachzuholen
⊙ Vergessenen Ansprüche bewusst machen
Sich im Leben an bewusstem Wachstum und Entwicklung erfreuen
Offensein für neue Eindrücke
Sich im Leben geborgen fühlen und sich selbst vertrauen

⊕ Symbolik / Analoges Muster   ✶ Woran hindert das Symptom?   ⚡ Wozu zwingt das Symptom?   ⊙ Erlösung

Erkrankungen des Darms

Darmprobleme   Merkur-Pluto ☿ ♇

⊕ Aufnahme- und Verarbeitungsproblematik
Aufnahme verweigern oder an Überholtem festhalten

✳ Am Gleichgewicht zwischen Nehmen und Geben
Das Lebensnotwendige aufzunehmen oder Platz zu schaffen für Neues

♁ Auf neue Eindrücke und neue Energie zu verzichten
Nutzlose Last mit sich herumzutragen

☉ Leben in den Fluss geraten lassen
Offen für Neues sein
Sich Wesentlichem widmen
Lernen, Altes loszulassen

Darmkolik   Merkur-Mars-Uranus ☿ ♂ ♅

⊕ Krampfartige Anfälle
Wellenförmiges Zusammenziehen, um einen Gegner zu bekämpfen
Krampfhaftes Festhalten an einem bedrückenden Thema

✳ Reizbares und Unbekömmliches widerstandslos hinzunehmen
Die Energie für das Leben zur Verfügung zu haben

♁ Alle Kraft dem körperlichem Kampf zu überlassen
Sich dem aggressiven Kampf im Körperinnern ausgeliefert zu fühlen

☉ Aggressionen im Leben gegen das, was unbekömmlich ist und reizt, richten
Energien für den Lebenskampf freisetzen
Selbst anstelle des Körpers aktiv werden
Abstand nehmen und loslassen

Darmentzündung   Pluto-Merkur-Mars ♇ ☿ ♂

⊕ Heruntergeschluckter Konflikt löst in den Tiefen aggressiven Kampf gegen die Darmwände aus
Keine Unterscheidung zwischen Schädlichem und Nutzbarem

✳ Aus dem Aufgenommenen neue Energie zu schöpfen

♁ Schmerzhaftes Bewusstwerden der im Leben vermiedenen Auseinandersetzung
Alles Geschluckte wird bekämpft oder festgehalten (Verstopfung oder Durchfall)

☉ Das Bewusstsein für neue Eindrücke öffnen
Wesentliches für sich herausfinden
Von Überflüssigem und Belastendem verabschieden
Mit dem bereits «Geschluckten» auseinandersetzen

Darmlähmung   Merkur-Pluto-Neptun ☿ ♇ ♆

⊕ Der Darm streikt
Verweigerung seiner Transportbewegungen
«Geschlucktes» kommt zurück

✳ An bisherigem Angebot an Aufzunehmenden und zu Schluckendem festzuhalten

♁ Sämtliche Aufnahme zu verweigern
Sich für eine geraume Zeit sämtlichen Eindrücken zu verweigern
Zeit zum Aufarbeiten zu bekommen

☉ Mit dem Leben in Einklang geraten, Entscheidungen treffen, was gut und was falsch ist
Einen neuen Lebensrhythmus finden

Darmpolypen   Pluto-Jupiter ♇ ♃

- ↔ Gutartige Auswüchse im Innern des Darms
  Drohender Verlust der Lebensenergie durch Blutungen
- ✷ Am reibungslosen Durchgang des Aufgenommenen
- ⚖ Eine bösartige Entartung in Betracht zu ziehen
- ⊙ Sich mit eigenen unbewussten Auswüchsen bewusst auseinandersetzen
  Dem Unbewussten mehr Aufmerksamkeit zuwenden
  Transport desselben in die bewusste Ebenen in kleinen Einheiten ermöglichen

Darmbluten   Pluto-Mars ♇ ♂

- ↔ Verlust von Lebensenergie über den Transportweg des Körperabfalls
  Ursachen unbedingt durch Mediziner klären lassen!
- ✷ Verletzungen in den unbewussten Tiefen zu übersehen und sie weiterhin unbeachtet zu lassen
- ⚖ Klärung der Ursachen, die durch Polypen oder durch bösartige Gewächse verursacht sein können
  Aufmerksamkeit auf die Tiefen zu richten
- ⊙ Auseinandersetzung mit der Vergänglichkeit allen Seins
  Lebenssaft und Lebensenergie auch in Aufgaben stecken, die nicht in der Öffentlichkeit glänzen

Darmverschluss   Merkur/Pluto-Saturn ☿ ♇ ♄

- ↔ Rigorose Reaktion
  Alles ist dicht, nichts geht mehr
  Totale Verweigerung der Aufgabenerfüllung
- ✷ Sich der Überlastung weiter zu stellen
  Mehr vom Falschen hinzunehmen
- ⚖ Stau des Aufgenommenen
  Verfehlte Zersetzung am falschen Platz und Zerstörung aller Grenzen
- ⊙ Lernen, Zumutungen zurückzuweisen
  Sich die Ruhe gönnen, alles Aufgenommene zu verdauen
  Geduld und ab und zu von selbst innehalten

Wurmbefall   Pluto ♇

- ↔ Sich ausgenutzt fühlen
  Lebensenergie geht in die falschen Bahnen
  Es ist «der Wurm drin»
- ✷ Lebensenergie für sich selbst nutzbar einzusetzen
- ⚖ Energie in selbstgefährdende Dinge zu investieren
  Sich unrein zu fühlen
  Ekel zu empfinden
- ⊙ Bewusst Nächstenliebe entwickeln
  Schwächeren von sich aus abgeben
  Eigene Bedürfnisse beachten

Pilzbefall   Pluto ♇

- ↔ Eindringlinge haben die Grenzen überschritten
  Gestörtes Gleichgewicht der Darmflora
  Das Falsche gewinnt die Oberhand und nutzt Aufgenommenes vorwiegend für eigene Belange
- ✷ Zersetzung des Aufgenommenen in dem Körper zuträgliche Bestandteile
- ⚖ Pilze zersetzen Totes – mit den schädigenden Stoffwechselprodukten der Eindringlinge fertig zu werden
  Kampf bindet Energie, die im Leben nicht eingesetzt werden kann

---

↔ Symbolik / Analoges Muster   ✷ Woran hindert das Symptom?   ⚖ Wozu zwingt das Symptom?   ⊙ Erlösung

⊙ Erkennen, was dem eigenen Leben nicht dient, was als tote Last mit sich herumgetragen wird
Sich Impulsen aus anderen Lebensformen öffnen und diese ins Bewusstsein und ins eigene Leben integrieren

Blinddarmentzündung   Pluto-Mars   ♇ ♂

↪ Steckengebliebenes, in die Sackgasse Geratenes, hat sich entzündet und verursacht Druck
✺ Sich unter dem Druck des Festgehaltenen weiter fortzubewegen
⚉ Vor Schmerz innezuhalten
Sich gewaltsam, durch einen Eingriff von Überflüssigen, welches Druck macht, trennen
⊙ Sich der längst überfälligen, ins Unbewusste verdrängten Themen annehmen
Loslassen von Überholtem, das als drückend empfunden wird

Durchfall   Merkur-Pluto-Uranus   ☿ ♇ ♅

↪ Nichts mehr festhalten können
Angst vor der Auseinandersetzung
Die Dinge dem Selbstlauf überlassen wollen
✺ Etwas bei sich behalten und sich damit auseinandersetzen zu wollen und zu können
Dem Druck standzuhalten
⚉ Rückfall in kindliche Gewohnheiten
Eingeschränkte Bewegungsfreiheit (immer nahe dem «Örtchen»)
Mehr Wasser und Salz hergeben, als gut ist
⊙ Sich selbst mehr vertrauen
Sich mutig den Auseinandersetzungen stellen
Das Wesentliche für sich selbst erkennen
In den wichtigen Angelegenheiten des eigenen Lebens selbst handeln

Typhus   Pluto-Mars   ♇ ♂

↪ Blutiger Kampf in den Tiefen der unteren Welt
Auseinandersetzungen greifen auf den gesamten Organismus über
Generalmobilmachung des Abwehrsystems – hohes Fieber
✺ Den Kampf nur dem zuerst betroffenen Bereich in der Unterwelt zu überlassen
Sich mit anderen Dingen ablenken
⚉ Unansprechbarkeit, Gehirnhautentzündung, Schwäche
Dem Überfall der Erreger den Kampf um das Leben entgegenzusetzen
Alle Lebensenergie dafür einzusetzen
⊙ Die verdrängten Schattenanteile aus dem Unbewussten annehmen und sich mit ihnen aussöhnen, damit sie keine Angriffsfläche bieten

Ruhr   Pluto   ♇

↪ Bakterien überfallen den Darm und beginnen ihr zerstörerisches Werk
Generalmobilmachung des Abwehrsystems – Fieber
✺ Sich vor der Auseinandersetzung mit erregenden Themen zu flüchten
⚉ Vor Angst Blut und Wasser zu schwitzen
Durchfall, blutiger Stuhl
Fluchtversuch durch Ohnmacht und Kreislaufzusammenbruch
⊙ Eigene Angst vor den ins Unbewusste abgedrängten Themen erkennen und sich bewusst mit ihnen auseinandersetzen
Freiwillig von sich etwas hergeben

Cholera   Merkur-Neptun-Mars   ☿ ♆ ♂

↪ Verunreinigte Nahrung zu sich genommen haben
  Durchfall (Angst) und Wasserverlust (Seelisches)
  Kreislaufzusammenbrüche
✷ Nichts mehr behalten zu können
♃ Alles Aufgenommene ungenutzt wieder herzugeben
  Angst vor dem Hergeben
  Mehr Wasser herzugeben, als aufgenommen zu haben
☉ Seelisches geht verlustig
  Der Seele von aussen bekömmliche Nahrung zuführen
  Unterscheiden lernen, was voranbringt und was schadet
  Sich mit eigenen tiefen Ängsten auseinandersetzen

Erkrankungen des Dünndarms

Zwölffingerdarmgeschwür   Merkur-Mars   ☿ ♂

↪ Zerbeissende Selbstkritik und übersteigerter Ehrgeiz beim Vorwärtskommen
  Beissendes Klima greift die Umgebung an
✷ Aggressive zersetzende Kräfte zum Wohle der Entwicklung einzusetzen
♃ Schmerzhaftes Bewusstwerden der selbstzerfleischenden Kräfte
  Verzicht auf Reizbares
☉ Sich mit sich selbst in Harmonie bringen
  Neuordnung der Werte, Toleranz und Gelassenheit üben
  Vorwärtsentwicklung auf der Bewusstseinsebene anstreben

Dünndarmentzündung   Merkur-Mars   ☿ ♂

↪ Konflikt um die Reserven der Körperenergie
  Vom Magen abwärts auf den Darm übergreifend
  Ursache durch Erreger oder verdorbene Nahrung
✷ Energie aus der Nahrung dem Körper zuzuführen
  Aufgenommenes für sich zu nutzen
♃ Schnelle Wiederhergabe des Aufgenommenen durch Durchfall oder Erbrechen
  Schwächeempfinden und Schmerzgefühl im Bauch
☉ Dem Bauchgefühl vertrauen
  Abneigungen spüren und die Aufnahme verweigern
  Mit Erregendem auf der Bewusstseinsebene auseinandersetzen

Zöliakie   Merkur-Pluto/Mars   ☿ ♇ ♂

↪ Allergie gegen Klebereiweiss (Gluten)
✷ Das Brot des Lebens verdauen zu können
♃ Verzicht auf glutenhaltige Nahrungsmittel
  Widerstand gegen das Klebende, Verbindende
☉ Verbindlichkeiten im Leben eingehen und wahrnehmen
  Sich am Leben freuen und es geniessen

↪ Symbolik / Analoges Muster   ✷ Woran hindert das Symptom?   ♃ Wozu zwingt das Symptom?   ☉ Erlösung

Erkrankungen des Dickdarms

Dickdarmentzündung (Colitis)   Pluto-Sonne ♇ ☉
- ↔ Krieg in der Unterwelt
  Durchfall, Fieber und Krämpfe
  Bei Geschwürbildung (colitis ulcerosa) Durchfall mit Blut und Eiter – Entartung zu Krebs möglich
- ✳ Sich zu entwickeln und die Lebensenergie in nutzbringende Bahnen zu lenken
- ⚐ Lebensenergie der Unterwelt zu opfern
  In ständiger Angst zu leben
  Zerstörerisches Wachstum und negative Entwicklung
- ⊙ Auseinandersetzung mit den Themen der Unterwelt
  Die Ängste bewusstmachen und sich ihnen stellen
  Entwicklung auf der bewussten Ebene unter Einbeziehung der Themen aus dem Unbewussten

Darmtaschenbildung   Pluto-Venus ♇ ♀
- ↔ Kleine Verstecke für das, was nicht hergegeben werden will
  Horten für schlechte Zeiten
- ✳ Reibungsloser Durchgang, Gleichgewicht zwischen Nehmen und Geben
- ⚐ Etwas Unerledigtes bleibt immer zurück
  Ansammlung von Wertlosem, das Platz wegnimmt
- ⊙ Zufriedenstellende Vorsorge im Leben treffen
  Aufbau eines tragfähigen Selbstbewusstseins

Darmtaschenentzündung   Mars-Pluto ♂ ♇
- ↔ Festgehaltenes hat sich im Verborgenen entzündet
  Konfliktsituation
- ✳ Aufgabenerfüllung in der Unterwelt
  Gehortetes der Nutzung zuzuführen
- ⚐ Dem Festgehaltenen Aufmerksamkeit zuzuwenden, sich damit zu befassen
  Unbequemes loswerden zu wollen
- ⊙ Sparsamkeit am falschen Platz überwinden
  Im Bewusstsein abwägen zwischen Nutzbringendem und Überlebtem
  Loslassen

Verstopfung   Pluto ♇
- ↔ Sparsamkeit und Geiz
  Sich nicht von Altem trennen können
  Vertrocknen
  Zirkulation ist unterbrochen
  Stau
- ✳ Platz für Neues zu haben
  Leichtigkeit des Lebens
- ⚐ Sich mit der Last herumschleppen, sich voll zu fühlen und dennoch Leere zu spüren
  Hilfe von aussen zuzuführen
- ⊙ Erkennen, dass Altes sterben muss, um Neues entstehen zu lassen
  An Bewährtem festhalten – Überlebtes im Bewusstsein loslassen

Gärung im Dickdarm · Mars-Pluto · ♂ ♇

- ⊖ Falsches Herangehen an die Zersetzungsarbeit
  Falsche Schlüsse ziehen, die sich aufblähen und viel Wind um nichts machen
- ⊗ Die Spreu vom Weizen zu trennen mangels Aggressivität
- ⊕ Auffüllen mit Luft
  Gestank zu verbreiten
  Schäumende Durchfälle
- ⊙ Angepasste Aggressivität, Duchsetzungsvermögen entwickeln, um des Lebens Süsse geniessen zu können

Erkrankungen des Mastdarms

Hämorrhoiden · Pluto · ♇

- ⊖ Blutgefässe drängen nach aussen
  Schwäche des Bindegewebes
  Druck
- ⊗ Am ungehinderten Hergeben
- ⊕ Über aufgeplatzte Blutgefässe Lebensenergie herzugeben
  Gereizter Hinterausgang
- ⊙ Druck ablassen
  Lebensenergie fliessen lassen
  Bewegung verschaffen

Mastdarmvorfall · Pluto · ♇

- ⊖ Schwäche des Bindegewebes
  Unterwelt drängt hintenherum ans Licht
- ⊗ Willentliche Kontrolle des Hergebens
  Sich innerhalb der Grenzen zu befinden
- ⊕ Den Druck nicht mehr aushalten zu können
  Angst vor Verstopfungen
- ⊙ Sich mit seinen Schattenseiten aussöhnen
  Im Leben berechtigten Druck machen

Mastdarmentzündung · Pluto · ♇

- ⊖ Krieg am Ende des Verdauungstraktes
  Konflikt um das Sammellager
  Festhalten oder Hergeben
  Besonders reizende Nahrungsmittel verstärken den Konflikt
- ⊗ Lustvolles Hergeben mit dem Gefühl der Erleichterung
- ⊕ Schmerz beim Behalten und beim Hergeben
  Dem kleineren Übel den Vorrang geben zu wollen
- ⊙ Reizvolles und Würziges ins Leben lassen
  Entscheidungsfreudigkeit
  Geben mit Freude

⊖ Symbolik / Analoges Muster   ⊗ Woran hindert das Symptom?   ⊕ Wozu zwingt das Symptom?   ⊙ Erlösung

Mastdarmkrebs   Pluto-Pluto   ♇   ♇
- ↔ Ungezügeltes Wachstum in die rückwärtige Richtung, oft verursacht durch Festhalten und Verstopfung
  Verhinderte Geschäftigkeit
- ✴ Den Lebensfluss mit Geben und Nehmen reibungslos ablaufen zu lassen
- ⚡ Im bewusst-seelischen Bereich verhindertes Wachstum verlagert sich auf die Körperebene, verursacht chaotische Zustände in den Tiefen des Darmes
- ☉ Unabänderliches loslassen
  Rechtzeitige Entscheidungen treffen
  Wachstum im geistig-seelischen Bereich vorantreiben
  Sich Neuem öffnen

Erkrankungen im Bereich des Afters (Anus)

Analekzem   Pluto   ♇
- ↔ Aufbruch der Grenzen in einem sensiblen und versteckten Bereich
  Etwas Verdrängtes bricht nach aussen durch
- ✴ Den eigenen Hintern aus dem Bewusstsein zu verbannen
  Den Reiz zu übersehen
- ⚡ Zu vorsichtigem Umgang mit dem verschämt Versteckten
  Verletzbarkeit zu erkennen, sich unrein zu fühlen
- ☉ Freiwillige Öffnung der Grenzen
  Auch über gewagte Themen offen sprechen

Analfissuren   Pluto   ♇
- ↔ Kleine Einrisse
  «Sich den Hintern aufgerissen haben»
  Sich mit harten Brocken herumplagen
- ✴ Sich sauber zu fühlen
- ⚡ Reizung ständig zu spüren
  Schmerzhaftes Hergeben
  Sich zu kratzen
- ☉ Sich von mulmigen Themen zur Bearbeitung reizen lassen
  Lustvolles Geben

Schliessmuskelschwäche   Pluto   ♇
- ↔ Festhalten und Ansammeln wird unmöglich
  Es macht sich davon, wann immer es will
  Haltlosigkeit
- ✴ Selbst zu entscheiden, wann etwas hergegeben werden soll
  Bewegungsfreiheit
- ⚡ Sich unsicher und unrein zu fühlen
  Kontakt zu anderen zu meiden
  Sich ausgeliefert zu fühlen
- ☉ Bewusste Entscheidungen selbst treffen
  Sie nicht anderen zu überlassen
  Inneren Halt und Selbstvertrauen finden

Die inneren Organe

Leber
Prinzip: Jupiter ♃
Das Körperlabor
Wertung alles Aufgenommenen
Lebenssinn
Schaffung neuen körperlichen Lebens (Blut) und Aggressivität (Gallensaft)
Das rechte Mass (Entgiftung)

Galle/Gallenblase
Prinzip: Pluto-Mars ♇ ♂
Vorratsspeicher des Lebersekrets zur Aufspaltung des Fetts in der aufgenommenen Nahrung
Bittere Aggression
Zerlegen und nutzbar machen

Milz
(s. «Drüsen»)

Nieren
Prinzip: Venus ♀
Partnerschaftliches Organ, sorgt für Gleichgewicht zwischen Säuren und Basen im Körper
Filterfunktion
Verantwortlich für Wasserhaushalt

Nierenbecken
Prinzip: Venus-Mond ♀ ☽
Auffang- und Sammelbecken des Überflüssigen
Steinbildung als ungelöste Anteile möglich

Harnleiter
Prinzip: Merkur-Mond ☿ ☽
Kanal des Urins von der Niere zur Harnblase
Ableitung des Verbrauchten

Harnblase
Prinzip: Pluto-Mond ♇ ☽
Hohlorgan
Dehnbarer Sammelbehälter, der Druck und Spannung aushalten muss
Abgabe der verbrauchten Körperflüssigkeit in aufgesammelten Mengen

Harnröhre
Prinzip: Merkur-Mond ☿ ☽
Stück des Kanalsystems, das nach aussen führt
Ableitung des Verbrauchten: gefärbtes Wasser, Kochsalz, Harnstoff und Harnsäure

---

↔ Symbolik/Analoges Muster   ✖ Woran hindert das Symptom?   ⬇ Wozu zwingt das Symptom?   ⦿ Erlösung

Erkrankungen der Leber

Lebererkrankungen Jupiter-Mars ♃ ♂

- ↪ Unbewusster Konflikt um Wertung innerhalb der Polarität
  Weltanschauliche Themen in den Hintergrund gedrängt
- ✱ Das rechte Mass zu finden
- ♁ Auf der körperlichen Ebene die geistig-seelische Haltung nachzuvollziehen
- ☉ Auseinandersetzung mit aufgenommenen Eindrücken auf der geistig-seelischen Ebene
  Seinen Standpunkt finden und dem Leben vertrauen

Gelbsucht Pluto-Mars ♇ ♂

- ↪ Stau des Gallensaftes
  Den rechten Weg nicht finden
  Gallensaft gelangt ins Blut
- ✱ Die Zersetzungsaufgaben zu erfüllen
- ♁ Aggressivität greift eigene Lebensenergie an
- ☉ Aggressionen unter Kontrolle bringen, sie dort einsetzen, wo sie eine positive Veränderung bewirken
  Mit eigener Energie bewusst umgehen lernen

Leberentzündung (Hepatitis) Jupiter-Mars ♃ ♂

- ↪ Viren greifen das Körperlabor an
  Abwehrsystem in Aktion
- ✱ Unterscheidungs- und Wertungsfähigkeit
  Das rechte Mass zu finden
- ♁ Jedes Zuviel zu vermeiden
  Auf das Wesentliche zu beschränken
- ☉ Das eigene Mass und den eigenen Lebenssinn finden

Neugeborenengelbsucht Saturn-Jupiter ♄ ♃

- ↪ Schneller Verfall des Energieträgers Blut bei noch zu langsamem Erneuerungsprozess
- ✱ Die Energie des Lebens sofort ausreichend zur Verfügung zu haben
- ♁ Zu lernen, in den Rhythmus von Entstehung und Vergehen einzutreten
  Beobachtung der Entwicklung durch den Kinderarzt
- ☉ Den Wechsel und Rhythmus als zum Leben gehörend anerkennen und sich ihm unterordnen

Fettleber Jupiter-Jupiter ♃ ♃

- ↪ Überzogene Ausdehnung durch Anpassung an überhöhte Beanspruchung (Genussgifte, Medikamente u. a.)
- ✱ Funktionstüchtigkeit durch Fettmasse
  Durchblutung des Gewebes
  Den aufgeblähten Ansprüchen gerecht zu werden
- ♁ Fett als Ersatzmaterial für ungezügeltes Ausdehnungsbestreben kann die hohen Aufgaben dennoch nicht erfüllen
  Sich der Masslosigkeit bewusst werden und Verzicht zu üben
- ☉ Das Zuviel (Sucht) erkennen
  Sich nur das zumuten, was auch bewältigt werden kann
  Ausdehnung in geistig-seelischer Hinsicht vollziehen

Leberzirrhose   Jupiter-Saturn ♃ ♄

↔ Aufgeblasenheit (Fettleber) folgt Zusammenfall (Schrumpfung)
Vernarbung durch zu starke Dehnung
Zurückbleiben verhärteter Standpunkte

✹ Laborfunktion zu erfüllen, Lust am Leben
Leistungsfähigkeit

♁ Sich innerlich vergiftet zu fühlen
Verzicht auf Sexualität
Sich vom Leben zu entfernen (Zombie-Dasein führen)

☉ Sich rechtzeitig auf das Wesentliche besinnen
Das Mass finden
Gelegentliche geistige Ausschweifungen (Suche) und Wachstum im geistig-seelischen Bereich anstreben

Leberkrebs   Jupiter-Pluto ♃ ♇

↔ Entartetes und rücksichtsloses Wachstum in den Lebenszielen
Über das Ziel hinausschiessen
Diffuse Wertung

✹ Die geforderten Aufgabe zu erledigen
Zuträgliche Wertung

♁ Körperlicher Verfall
Durch ausfallende Filterfunktion Vergiftung anderer Organe
Sinnlosigkeit

☉ Standpunkt zu Fragen des Lebens überprüfen
Dem Körper die Aufgabe abnehmen und die geistig-seelischen Grenzen überschreiten

Erkrankungen der Galle

Gallenblasenentzündung   Pluto-Mars ♇ ♂

↔ Angestaute Aggressionsflüssigkeit greift Umgebung an
Selbstzerfleischung
Aggression gegen sich selbst durch lange zurückgehaltenen Ärger

✹ Das Aufgenommene zu zersetzen
Alles Interessante genussvoll aufnehmen zu können

♁ Schmerzliches Bewusstwerden der lange unterdrückten Aggressionen
Austragung der Konflikte auf körperlicher Ebene

☉ Sich die verdrängten Gründe für Aggressivität ins Bewusstsein zurückholen, sich mit ihnen auseinandersetzen
Überprüfen des Wertesystems und verzeihen

Gallensteine   Pluto/Saturn-Mars ♇ ♄ ♂

↔ Nichtgelebte versteinerte Aggressionen durch stetigen äusseren und inneren Druck

✹ Das Fliessen der Zersetzungsenergie in die lebenswichtige Richtung

♁ Neue Staus der Aggressionsflüssigkeit
Entladung gegen den eigenen Körper durch eine Kolik

☉ Sich Luft machen
Die angestaute Energie nach aussen stossen (z.B. Schreien und auf Polster schlagen)

↔ Symbolik/Analoges Muster   ✹ Woran hindert das Symptom?   ♁ Wozu zwingt das Symptom?   ☉ Erlösung

Gallenkolik   Venus-Mars   ♀ ♂
- ☉ Körper will die versteinerte Aggression nach aussen treiben, macht Druck, um sich zu befreien
- ⊛ Am ungehinderten Abfluss der aggressiven bitteren Galligkeit
  Sich den wehenartigen Schmerzen zu entziehen
- ♃ Wunsch nach Schaffung eines angenehmen Klimas im Umfeld des Organs (feuchte Wärme) und nach Austreibung der blockierenden Steine
  Gift und Galle im Körper toben zu lassen
- ☺ Anstössiges (Steine) rechtzeitig bearbeiten
  Geeignetere Wege suchen, um mit Hindernissen fertig zu werden
  Wertesystem kritisch betrachten: Was ärgert und staut Gift und Galle auf?

Gallenblasenkrebs   Pluto-Pluto   ♇ ♇
- ☉ Allzulanger Stau und Blockaden von Ärger und Aggression entwickeln sich auf Abwegen und verschaffen sich auf entartende Weise Ausdruck
- ⊛ Wirkliche Entlastung zu erfahren
  Seine Lebensaufgabe erfüllen zu können
- ♃ Wie der Ausbruch lange unterdrückter Aggressionen sich am falschen Objekt entladen und schwer wiedergutzumachenden Schaden anrichten kann, richtet sich das Wachstum der ausser Kontrolle geratenen Zellen gegen den Organismus
- ☺ Dem Krebs auf allen Ebenen begegnen
  Aggressivität und deren Auslöser geistig-seelisch bearbeiten
  Mit Konflikten umgehen lernen und an deren Lösung wachsen, Motto: «Was mich nicht umbringt, macht mich stärker.»

Erkrankungen der Nieren

Nierenentzündung   Venus-Mars   ♀ ♂
- ☉ Gestörtes Gleichgewicht oder gestörte Partnerschaftlichkeit
  Erreger greifen dort an, wo sie die Schwachstelle finden
- ⊛ Das leichte Loslassen von Überfälligem
  Sich vom Druck zu entlasten
- ♃ Mit dem Überflüssigen auch wichtige körperliche Bestandteile hergeben zu müssen – Unterscheidungsfähigkeit des Filtersystems geschwächt
  Abwehrsystem arbeitet auf Hochtouren
- ☺ Sich um den Ausgleich der Gegensätze bemühen
  Partnerschaftliche Konflikte offenlegen und bearbeiten
  Balance zwischen Geben und Nehmen (Filter)
  Wirkliche Harmonie anstelle von Fassade

Nierenversagen   Venus-Neptun/Pluto   ♀ ♆ ♇
- ☉ Vergiftung des Körpers durch eigene Abfallstoffe, die nicht mehr gefiltert werden können
  Atemnot – Erstickung im eigenen Abfall
- ⊛ An der Lust auf Leben
  Leistungskraft und weitere Aufnahme (auch von Eindrücken – Sehkraftverlust)
- ♃ Harnstoff verursacht Hautjucken, sucht Grenzen zu sprengen, um die Last loszuwerden
  Konfrontation mit der Endlichkeit des Lebens
- ☺ Aussöhnung mit der Tatsache, dass aus eigener Kraft keine Rettung möglich ist und Entscheidung, ob Hilfe von aussen angenommen wird

Nierensteine   Saturn-Venus ♄ ♀

⊕ Ansammlung von Überlebtem
Unbearbeitete (partnerschaftliche) Themen sind durch zu langes Festhalten versteinert

✱ Das ungehinderte Abfliessen durch Blockierung der Transportwege

⚨ Reibungen an Altem, Festgehaltenem
Gestörte Harmonie
Sich von selbstaufgetürmten Steinen auf dem Weg an der Entwicklung zu hindern

⊙ Versteinerungen im partnerschaftlichen Verhalten erkennen – Rituale ohne Leben
Beziehungsarbeit leisten
Leben und Entwicklung in die Partnerschaft bringen

Nierenkrebs   Venus-Jupiter/Pluto ♀ ♃ ♇

⊕ Wachstum mit zerstörerischer Tendenz im Bereich der Partnerschaftlichkeit und des Gleichge-wichts

✱ Den Weg zu Gleichgewicht und Harmonie im Körper (wie im Leben) zu finden

⚨ Verzweifelter Versuch, mit Wachstum der Nierenzellen den Anforderungen gerecht zu werden

⊙ Wachstum und Entwicklung durch eine beglückende Partnerschaft
Konfliktpotential in zwischenmenschlichen Beziehungen im Leben lösen und daran bewusst wachsen

Nierenbeckenentzündung   Venus-Mars ♀ ♂

⊕ Kriegerische Auseinandersetzung um partnerschaftliche Konflikte im Bereich der Aufnahme des Filters
Entzündet durch Erreger oder erstarrte Konflikte (Steine)

✱ Den Erregern ausreichend Widerstand entgegensetzen zu können
Harmonisches Klima und Ausgeglichenheit von Säuren und Basen aufrechtzuerhalten

⚨ Zu erzwungener Ruhe und Schaffung eines angenehmen Umgebungsklimas
Hilfe von aussen anzunehmen

⊙ Hoher Einsatz im Leben um harmonische Partnerschaften
Entwicklung einer vorwärtsbringenden Streitkultur
Herstellen des inneren Gleichgewichts
Um Harmonie kämpfen
Loslassen von alten Konflikten, die längst überfällig sind

Schrumpfniere   Venus-Saturn ♀ ♄

⊕ Aufgeben des partnerschaftlichen Anspruchs zugunsten des Ego
Forderungen an sich selbst unterbleiben
Rückschrittliche Entwicklung

✱ Wirkliche Freiheit und Unabhängigkeit in der Entwicklung, Unterscheidungsfähigkeit des Filters
zwischen dem, was geopfert und dem was behalten werden soll

⚨ Sich selbst einzuschränken
Erkennen, dass es nutzlos ist, Erwartungen, für Harmonie zu sorgen, nur an die Mitmenschen zu stellen

⊙ Eigene Ansprüche überdenken
Unzulänglichkeiten bei sich selbst und den anderen akzeptieren lernen
Abkehr vom Perfektionismus zugunsten des Lebens

⊕ Symbolik / Analoges Muster   ✱ Woran hindert das Symptom?   ⚨ Wozu zwingt das Symptom?   ⊙ Erlösung

Wanderniere   Venus-Uranus ♀ ♅

⊕ Nachgiebigkeit der Nierenaufhängung lässt die Niere nach unten pendeln
Niere geht eigene Wege

⊛ Schmerzfreiheit
Die Niere nicht zu spüren und der Aufmerksamkeit zu entziehen

♃ Schmerzen durch Blutstau und Stau in den Harngefässen
Behinderung des Energie- und Abfallflusses

⊙ Bewusst eigene Wege in der Partnerschaft beschreiten
Sich um Ausgleich der Schwachstellen bemühen

Erkrankungen der Harnwege

Harnleiterverengung   Mond-Saturn ☽ ♄

⊕ Enge im Abflusskanal
Hindernis steht allzuschnellem Hergeben im Wege

⊛ Schnelles Loslassen der Abfallflüssigkeit

♃ Behinderung des Transports
Genaue Überprüfung dessen, was als überflüssig angesehen werden kann

⊙ Alles langsamer angehen, seelische Themen nach gründlicher Bearbeitung loslassen

Bettnässen   Mond-Pluto ☽ ♇

⊕ Druck des Tages entlädt sich in der Nacht, wenn die Kontrolle versagt
Mehr Druck auf der Seele, als ausgehalten werden kann
Rückfall in frühkindliche Gewohnheiten

⊛ Das unbewusste Alarmzeichen zu übersehen
Sich seiner selbst sicher zu fühlen

♃ Den übergrossen Druck und die Angst, die das Kind auszuhalten hat, zu erkennen
Dem Kind Möglichkeiten geben, mit Druck und Angst umgehen zu lernen

⊙ Konfliktlösungsstrategien anbieten
Dem Kind Selbstvertrauen geben
Zuwendung und Geborgenheit geben
Entspannende Situationen schaffen

Harnblasenentzündung   Mond/Pluto ☽ ♇

⊕ Konflikt ums Loslassen hat sich im Bereich des Drucksammelbehälters kriegerisch entzündet
Opfern von lebenswichtigen Bestandteilen (Eiweiss)

⊛ Dem Druck standzuhalten und die Erleichterung nach dem Loslassen

♃ Brennender Schmerz beim Loslassen und Zurückbehalten
Zu ständigem Druck und dem Wunsch, herzugeben

⊙ Entwicklung von geeigneten Konfliktlösungsstrategien zum Abbau seelischen Drucks
Überlebtes freudig aus dem eigenen Leben entlassen und das Wesentliche beibehalten

Harnblasenstein   Saturn-Mond ♄ ☽

⊕ Überlebtes hat sich durch Zurückhaltung im Abwasser versteinert

⊛ Sofortiges Ausstossen des Störenden

♃ Sich der verhärteten Themen bewusst zu werden und sie nach und nach im Fluss des Lebens abzuarbeiten und abzugeben

⊙ Drückende und verfestigte Themen im Bewusstsein bearbeiten und sie auflösen
Im Fluss des Lebens bleiben und sich leicht von seelischem Müll trennen lernen

Harnverhalten Mond-Saturn ☽ ♄

↩ (Häufig bei Prostatavergrösserung) Zurückhalten des seelischen Abwassers
Zurückhaltung in seelischen Angelegenheiten
✸ Ungehinderter Austausch mit der Aussenwelt
⚴ Zu Rückstau des Körperabwassers, längerem Festhalten und innerem Druck
☉ Sich Zeit nehmen, um den eigenen seelischen Belangen Aufmerksamkeit zu geben
Den seelischen Austausch pflegen

Harnblasenkrebs Mond-Pluto ☽ ♇

↩ Ungelöste Konflikte im seelischen Abfallbereich verursachen Wachstum auf Abwegen
✸ Der Funktion des Sammelns und des Druckaushaltens noch in vollem Umfang nachzukommen
⚴ Verhindertes geistig-seelisches Wachstum verwirklicht sich in diesem Bereich auf der Körperebene
☉ Den Körper von dieser selbstzerstörerischen Aufgabe entlasten
Geistig-seelisches Wachstum und Weiterentwicklung, um das Loslassen von seelischem Abfall zu ermöglichen

Häufiger Harndrang Mond-Pluto ☽ ♇

↩ Stetige Anweisung, loszulassen, z. B. einen vergangenen Lebensabschnitt, um sich dem Neuen zu öffnen
✸ Freiheit der Mobilität
Grössere Mengen aufzuspeichern und den Druck auszuhalten
⚴ Stets darauf bedacht sein, dass sich ein «stilles Örtchen» in der Nähe befindet
Sich von dem häufigen Gebot, herzugeben, genervt zu fühlen
☉ Geben und Nehmen ins Gleichgewicht bringen
Sich bewusst machen, was auf seelischer Ebene losgelassen werden will

Harninkontinenz Mond-Pluto ☽ ♇

↩ Willentliche Kontrolle über den Blasenschliessmuskel ist eingeschränkt oder gar nicht mehr möglich
Körper lässt los, was auf seelischem Gebiet getan werden sollte
Haltlosigkeit
✸ Den Druck auszuhalten
Bewegungsfreiheit und das Gefühl der Sauberkeit
⚴ Sich wie im Kleinkindalter mit Windeln zu verpacken
Das Körperwasser ungewollt loszulassen
☉ Seelischen Halt wiederfinden
Sich von seelischem Abfall trennen
Auf Kontrolle und Machtausübung freiwillig verzichten
Dem Fluss des Lebens trauen

Harnröhrenentzündung Pluto ♇

↩ Konflikt im letzten Stück des Ableitungssystems
Meist mit Harnblasenentzündung auftretend
✸ An schmerzfreiem Loslassen
⚴ Bedürfnis zum Abgeben, das wegen der Schmerzhaftigkeit aber lieber gemieden wird
☉ Herausfinden, was auf geistig-seelischer Ebene nur schmerzhaft losgelassen werden kann
Sich mit der Polarität von Geben und Nehmen aussöhnen und das rechte Mass finden

---

↩ Symbolik / Analoges Muster   ✸ Woran hindert das Symptom?   ⚴ Wozu zwingt das Symptom?   ☉ Erlösung

Drüsen

Drüsen
Prinzip: Merkur ☿
Produktion von Botenstoffen, die als Informationsträger die Selbststeuerung des Organismus er-
möglichen

Zirbeldrüse
Prinzip: Saturn-Mond ♄ ☽
Gibt den inneren Rhythmus an
Unsere innere Uhr

Hirnanhangsdrüse
Prinzip: Merkur ☿
Gehirn der Drüsen
«Dispatcher-Zentrale»
Regelung des harmonischen Zusammenwirkens im Innern und der bestmöglichen Anpassung an
äussere Anforderungen

Speicheldrüse
Prinzip: Venus-Mond ♀ ☽
Ermöglicht das Spucken, das Küssen, den Appetit auf Nahrungsmittel zu spüren (Wasser, das im
Munde zusammenläuft)
Beginn des Verdauungsaktes
Gleitfähigmachen der Nahrung

Schilddrüse
Prinzip: Merkur-Uranus ☿ ♅
Regelt alle Umschlagprozesse im Körper
Stoffwechsel
Temperatur
Entwicklung, Stimmung, Lebhaftigkeit, Temperament, Wachstum und Reifung

Nebenschilddrüsen
Prinzip: Merkur-Saturn ☿ ♄
Vermittlung zwischen hart und weich, Festigkeit und Beweglichkeit
Regulieren den Spannungszustand im Körper

Thymusdrüse
Prinzip: Mars-Sonne, Jupiter ♂ ☉ ♃
Hinter dem Brustbein liegend
«Militärakademie» des Abwehrsystems
Reifungsprozess der Persönlichkeit
Ausprägung der Lebensenergie
Bildet sich im Erwachsenenalter zurück

Bauchspeicheldrüse
Prinzip: Merkur-Mars-Venus ☿ ♂ ♀
(Insulin) Ermöglicht das «dolce vita» (das süsse Leben)
(Bauchspeichel) Zerlegen der Nahrung in verwertbare Einzelbausteine, die dem Körper dann als Energie zur Verfügung stehen

Milz
Prinzip: Mars-Mond ♂ ☽
Riesiger Lymphknoten, Filterfunktion, Abbau verbrauchter roter Blutkörperchen, nicht unbedingt überlebensnotwendig

Nebennieren
Prinzip: Merkur-Mars Mond/Pluto ☿ ♂ ☽ ♇
Geben verschiedene Hormone ab
Stressregulierung, Wasserhaushalt, Geschlechtsleben

Schweissdrüsen
Prinzip: Mond-Merkur ☽ ☿
Träger der persönlichen Duftnote
Schleusenfunktion
Regulierung von Wasser- und Wärmehaushalt des Körpers
Reinigungsfunktion, Entschlackung
Aufrechterhaltung des Schutzmantels der Haut

Erkrankungen der Drüsen

Drüsenfieber (Pfeiffersches Drüsenfieber)   Mars-Jupiter ♂ ♃
↪ Viren bedrohen den Organismus
   Fieber – erhöhte Kampfbereitschaft des Organismus, Schwellung der Lymphknoten
✸ Die Energie im Leben einzusetzen
⚖ Die Aggressionen und den Kampf auf der körperlichen Ebene auszutragen
   Alle Energie und die Lebenskraft für diesen Kampf einzusetzen
☉ Konflikte aufspüren und im Leben lösen

Kropf
(s. **«Von Kopf bis Fuss»**)

Schilddrüsenüberfunktion   Merkur-Mars/Uranus ☿ ♂ ♅
↪ Ausdehnung und Entwicklung, weit über Grenzen hinaus
   Wachstumsdrang
   Gier nach Leben und Leistung
   Ständige Aktivität
✸ Ruhig und gelassen seine Bahnen zu ziehen, sich an einmal Erreichtem auch erfreuen zu können
⚖ Zu ständiger Aktivität, aus Angst, etwas zu versäumen
   Unruhe zu verbreiten
☉ Sich zu eigenen Ansprüchen bekennen
   Bewusst und aktiv die innere Energie im Leben einsetzen

↪ Symbolik / Analoges Muster   ✸ Woran hindert das Symptom?   ⚖ Wozu zwingt das Symptom?   ☉ Erlösung

Schilddrüsenunterfunktion   Merkur-Saturn/Neptun   ☿ ♄ ♆

⊖ Gegenpol zu Schilddrüsenüberfunktion
Von der Welt durch dicke Polsterung abgetrennt sein

⊛ Aktive Teilnahme am Leben, es zu geniessen

⊕ Impulse von aussen nur teilweise für sich nutzen zu können
Kaum Kraft aus der eigenen Verwurzelung schöpfen zu können

⊙ Besinnung auf sich selbst
Dem Leben im Innern seine guten Seiten abgewinnen lernen

Wachstumsprobleme   Jupiter   ♃

⊖ Ungleiche Entwicklung, durch zu wenig Wachstumshormone oder verspätete und zu hohe Aus-
schüttung

⊛ An harmonischem und gleichmässigem Wachstum

⊕ Mit den Entwicklungsschüben auch geistig fertig zu werden
Sich aus der Reihe tanzend zu fühlen

⊙ Sich der vergrösserten Themen (Hände, Füsse, Kinn) auch geistig annehmen und sie leben, auch
geistig aus der Reihe tanzen
Kleinwuchs durch innere Grösse wettmachen

Schilddrüsenkrebs   Merkur-Pluto/Jupiter   ☿ ♇ ♃

⊖ Wachstum und Entwicklung schiessen über das Ziel hinaus und verwirklichen sich körperlich
Krebszellen zerstören dabei die eigene Grundlage

⊛ Die volle Funktionstüchtigkeit der lebensnotwendigen Drüse zu erhalten

⊕ Sich mit den Fragen der Entwicklung, die in falsche Bahnen geraten ist, auseinanderzusetzen
Sich therapeutischen Massnahmen zu unterziehen

⊙ Unterdrückter Entwicklung im Bewusstsein ihren Lauf lassen
Körperebene von dieser Aufgabe befreien
Selbstverwirklichung auch gegen Widerstände und aufgezwungene Normen durchsetzen

Schwäche der Bauchspeicheldrüse   Saturn-Merkur/Mars   ♄ ☿ ♂

⊖ Verdauungssäfte zur Zerlegen der Nahrung stehen nicht ausreichend zur Verfügung
Fehlende Detailgenauigkeit

⊛ Nahrung in einzelne Bestandteile zu zerlegen
Aufspaltung bis in die Form, die der Körper für seine Existenz braucht

⊕ Auf die Hilfe von aussen angewiesen sein, Zuführung der notwendigen Enzyme und Hormone,
keine eigenständige Entscheidung

⊙ Kritikfähigkeit im Leben weiterentwickeln
Einzelheiten genauer betrachten lernen und Vertrauen in sich selbst und das Leben entwickeln

Zuckerkrankheit   Venus   ♀

⊖ Hormon der Inselzellen der Bauchspeicheldrüse wird nicht mehr produziert, Verzicht auf das
Süsse (Liebe) im Leben

⊛ Das Leben in vollen Zügen zu geniessen

⊕ Geben und Nehmen genauestens abzuwägen
Gleichgewicht im Innern erhalten lernen

⊙ Sich der Süsse des Lebens in Form von Liebe öffnen, nicht nur empfangen wollen, auch aus
vollem Herzen und ohne Waage geben können
Vertrauen auf das Gleichgewicht

Bronze-Krankheit (Addison-Krankheit)   Mond-Saturn-Mars ☽ ♄ ♂

- (↦) Nebennierenrinde stellt zu wenig oder keine Hormone (auch Geschlechtshormone) als Boten-stoffe zur Verfügung
  Angst vor Machtlosigkeit
  Durst und wenig Hunger
- (✹) An der Stressregulierung, am Gleichgewicht des Wasserhaushaltes
- (↥) Verfärbung der Haut in bronzefarbenen Ton
  Durst
  Wunsch nach fassadenhaftem Ausgleich – vorgetäuschte Lebenskraft
  Leichtgewichtigkeit
- (⊙) Sich seelischen Inhalten öffnen
  Gewichtigkeit und Macht in Einklang bringen
  Wesentliches im Leben herausfinden und bearbeiten

Vermehrte Schweissabsonderung   Saturn-Mars ♄ ♂

- (↦) Wärmeregulation aus dem Gleichgewicht geraten
  Innere nichteingestandene Ängste und Wünsche brechen auf diesem Wege nach aussen durch
- (✹) Warmen (Haut-)Kontakt zu pflegen
- (↥) Angst vor eigenem unangenehmen Geruch vergrössert den Abstand
  Verstärkter Wunsch nach äusserer Reinigung des Körpers lässt den Wunsch nach innerer Reini-gung erkennen
- (⊙) Sich seiner inneren Ängste bewusst werden, die willentliche Begegnung mit dem Gegenstand der Angst herbeiführen, sich darauf einlassen, um ihr gewachsen zu werden

Schweissdrüsenabszess   Venus/Saturn-Pluto ♀ ♄ ♇

- (↦) Eitriger Herd im Bereich der persönlichen Duftnote
  Lokale kämpferische Auseinandersetzung
- (✹) Ungehinderter Abfluss und ungehinderte Regulation an der betroffenen Stelle
  Gesunde eigene Duftnote auszustrahlen
- (↥) Zu Einschränkung der Beweglichkeit und Schmerz
  Beeinträchtigung der intimen Erlebnisfähigkeit
- (⊙) Sich zu seiner persönlichen Note bekennen
  Sich auf die erregenden Themen im Leben einlassen

Drüsenschwellung   Jupiter ♃

- (↦) Wucherungen oder Überfunktion des Gewebes der betroffenen Drüse
- (✹) Die Funktion im Rahmen der Bedürfnisse des Organismus auszufüllen
- (↥) Wachstum über Grenzen hinaus, eventuelle Ausdehnung und Behinderung anderer körperlicher Bereiche
- (⊙) Wachstum auf bewusster Ebene in der Thematik, die die betroffene Drüse symbolisiert

---

(↦) Symbolik/Analoges Muster   (✹) Woran hindert das Symptom?   (↥) Wozu zwingt das Symptom?   (⊙) Erlösung

Die Geschlechtsorgane

Geschlechtsorgane
Prinzip: Venus/Mars-Pluto ♀ ♂ ♇
Sexualität und Fortpflanzung
Sinnlichkeit
Lust als Geschenk
Vereinigung des männlichen und weiblichen Pols
Einheit im Orgasmus
Möglichkeit der Entstehung neuen Lebens

Erogene Zonen
Prinzip: Venus ♀
Alle Körperstellen, deren zärtliche Berührung verstärkt Lustempfindungen auslösen (Kitzler, Schamlippen, Brustknospen, Penis, Innenseiten von Oberarmen und -schenkeln, Hals)
Dienen dem Spannungsaufbau vor der geschlechtlichen Vereinigung

Venushügel
Prinzip: Venus ♀
«Bewaldeter Hügel», der erklommen und überwunden werden will, um in den Genuss der Lust zu zweit zu kommen

Eierstöcke
Prinzip: Pluto, Mond ♇ ☽
Aufbewahrungsort der Fruchtbarkeit und des entwicklungsgeschichtlichen Gedächtnisses
Depot neuen Lebens
Quelle der Kreativität
Hormonproduktion zur Aufrechterhaltung des Monatszyklus'

Eileiter
Prinzip: Merkur-Mond ☿ ☽
Aktive Transportröhre für eine befruchtungsfähige Eizelle zur Gebärmutter
Erste Etappe des entstandenen Lebens (Befruchtung erfolgt oft bereits hier)

Gebärmutter
Prinzip: Merkur-Mond ☿ ☽
mit Schleimhaut
Bett der befruchteten Eizelle
Aufnahme und Ernährung
Geborgenheit und Fürsorge
Dehnungsfähigster aller menschlichen Muskeln
Weiblicher Rhythmus im gebärfähigen Alter (Abstossen der nicht gebrauchten Gebärmutterschleimhaut und Neuaufbau im folgenden Zyklus)

Mutterkuchen
Prinzip: Mond ☽
Erster Kuchen der Mutter für ihr Kind
Nahrung für das neue Leben
Ernährung aus dem eigenen Blut

Scheide
Prinzip: Mond-Venus ☽ ♀
Grotte der Lust
Aufnahme des Penis bei der sexuellen Vereinigung
Geburtskanal bei der Entlassung neuen Lebens in die Polarität

Schamlippen
Prinzip: Venus-Mond ♀ ☽
Vorhänge des Ein- und Ausgangs zur geschlechtlichen Unterwelt
Dehnungsfähiger Verschluss der Schatzkammer
Schutz vor Austrocknung

Klitoris
Prinzip: Venus-Mars ♀ ♂
Kitzler
Lustkitzel
Empfindlichste Reizfläche bis hin zu einem eigenständigen Orgasmus
Vergleichbar dem Penis des Mannes

Hoden
Prinzip: Pluto ♇
Fruchtbarkeit
Produktion der Samenzellen im Überfluss (Sicherstellung der Fortpflanzung)
Empfindliche Körperstelle
Lustorgan
Zeugungskraft (Kraft der Lenden…)

Nebenhoden
Prinzip: Pluto ♇
Speicher der Samenzellen

Samenleiter
Prinzip: Merkur ☿
Weg der Samenzellen
Rennstrecke: Nur der Stärkste kann der Sieger sein und das Ziel erreichen! Länge ca. 50 cm
Führt über die Vorsteherdrüse bis zur Harnröhre

Prostata
Prinzip: Mond-Mars ☽ ♂
Fügt den Samenzellen in den Samenbläschen Sekret bei, das Beweglichkeit und Überleben im sauren Scheidenmilieu sichert
Letzter Aufenthalt der Samenzellen vor dem Samenerguss
Umklammert die Harnröhre

Penis
Prinzip: Mars ♂
Luststengel
Jadestengel (asiatisch)
Männliches Machtinstrument
Lenkwaffe der Samenzellen

⊕ Symbolik / Analoges Muster   ⊗ Woran hindert das Symptom?   ⊕ Wozu zwingt das Symptom?   ⊙ Erlösung

Lust schenken
Versteifung und Vergrösserung bei sexueller Erregung, dadurch ist sexuelle Vereinigung möglich
Rückzug nach Orgasmus
Weich und kleiner im Ruhezustand
Enthält die Harnröhre

Eichel

Prinzip: Mars-Venus ♂ ♀
Waffenspitze
Bereich grösster Reizbarkeit und Lustempfindung
Bahnt den Weg für die Vereinigung und die Samenzellen

Vorhaut

Prinzip: Mars-Saturn ♂ ♄
Weiche Umhüllung von Penis und Eichel
Schutz und Bewahrung der Empfindsamkeit

Erkrankungen der Geschlechtsorgane

Unfruchtbarkeit   Mond-Saturn/Pluto ☽ ♄ ♇
- Gehäuftes Auftreten in der Wohlstandsgesellschaft (Umweltbelastung)
  Unbewusst fehlende Aufnahmebereitschaft
  Stress durch Entscheidungsdruck: Kind oder Karriere
  Angst vor den Konsequenzen
- Mehr Umweltbelastung durch Überbevölkerung
  Bei den bestehenden Bedingungen alles zu wollen
- Zu verantwortlichem Umgang mit der Natur (Gesellschaft)
  Liebe nach dem Blick auf den (Monats-)Kalender
  Krampfhaftes Wollen und Konzentration auf das Ergebnis (Betroffene)
  Sich unter Stress zu setzen
- Sich der Verantwortung in jedem Fall bewusst werden und sie an- und wahrnehmen
  Entscheidung mit dem Herzen treffen
  Unbewusste Zweifel bewusst machen und bearbeiten
  Sich nicht unter Druck setzen

Geschlechtskrankheiten   Venus-Pluto ♀ ♇
- Hohe Wahrscheinlichkeit des Auftretens bei häufig wechselnden Sexualpartnern
  Übertragung der Erreger durch intimen Sexualkontakt
  Unbewusst als Strafe für Seitensprung erlebbar
- Sich ohne Schuldgefühle dem Liebesakt hinzugeben
- Mit der Gefahr der Ansteckung auf den Partner zu rechnen
  Bei gestellter Diagnose zu sexueller Enthaltsamkeit
- Liebe als Einheit der körperlichen und seelischen Bedürfnisse erkennen
  Treue nicht als Einschränkung, sondern als Chance für die Entwicklung eines intensiven,
  von Vertrauen getragenen Liebeslebens in der Partnerschaft erkennen

Erkrankungen der weiblichen Geschlechtsorgane

Frigidität Venus-Saturn-Pluto ♀ ♄ ♇
- ↔ Angst vor Sexualität, aus unangenehmer Erfahrung (Vergewaltigung) heraus oder aus anerzogener und verinnerlichter Ablehnung (Sexualität als schmutzig ansehen)
Keine Gleitflüssigkeit bereitstellen können (erneute Schmerzerfahrung)
- ✶ Sich der Lust hingeben zu können
Zum Lusterlebnis fähig zu sein
Sich fallen zu lassen und statt dem Kopf dem Körper die Regie zu überlassen
- ⚖ Einen wesentlichen Teil der Weiblichkeit von sich abzuspalten
Kopfgesteuert zu bleiben
Zu einer spannungsgeladenen, unerfüllten und unbefriedigenden Partnerschaft
- ☉ Geduld mit sich selbst haben
Die eigenen Vorstellungen und Bewertungen von Sexualität überprüfen: «Erlaubt ist, was gefällt!»
Den eigenen Körper und seine Bedürfnisse kennenlernen
Der Phantasie freien Lauf lassen
Sich auf den Austausch von Zärtlichkeiten einlassen
Zum geeigneten Zeitpunkt neue bessere Erfahrungen zulassen

Fehlende Menstruation Mond-Uranus ☽ ♅
- ↔ Erste Monatsblutung setzt in der Pubertät nicht ein
Nicht zur Frau werden und Kind bleiben wollen (oft verbunden mit Magersucht)
Den weiblichen Lebensrhythmus verweigern
Den Lebenssaft behalten wollen
- ✶ An der Fruchtbarkeit
Bei permanentem Ausbleiben, sich einen Kinderwunsch erfüllen zu können
- ⚖ Zum Entwicklungsrückstand auf dem Weg zur Frau
Sich einer Behandlung zu unterziehen
Die Entwicklung körperlich mit zugeführten Hormonen erzwingen zu lassen
- ☉ Bewusst von der Kindheit Abschied nehmen
Unbearbeitete Themen auf geistig-seelischer Ebene nachholen und für den neuen Lebensabschnitt offen werden

Menstruationsbeschwerden Mond-Saturn/Neptun/Pluto ☽ ♄ ♆ ♇
- ↔ Schmerzen beim Einsetzen der Regelblutung im Unterbauch und im Kreuz, dazu Migräne und Übelkeit
Unbewusster Widerstand gegen den periodischen weiblichen Lebensrhythmus
- ✶ Sich mit dem Frausein aussöhnen zu können
- ⚖ Dem erwarteten Ereignis jeweils mit gemischten Gefühlen entgegenzusehen
Verminderung der Leistungsfähigkeit
Sich selbst Schonung zukommen zu lassen
- ☉ Loslassen des kindlichen Gleichmasses
Den weiblichen Lebensrhythmus annehmen
Die von der Dauer den Mondphasen entsprechende Erneuerung als Chance erkennen

Gebärmutter

Entzündung der Muttermund-Schleimhaut   Mond-Mars-Saturn ☽ ♂ ♄

↔ Kampfgeschehen im Eingangsbereich der Fruchtbarkeit
Zerstörerische Erreger begehren Einlass
✱ An harmonischem Klima beim Empfang von eventuell werdendem Leben
An stressloser Entscheidungsfreiheit über das, was empfangen oder abgewiesen werden sollte
⚓ In das Kampfgeschehen Lebensenergie zu investieren
Durch den Rückzug Zeit zum Überprüfen der Lebenssituation zu haben
⊙ Überprüfen, wo im eigenen Leben faule Kompromisse eingegangen werden, welche Themen ins Bewusstsein eingelassen und dort Erregung hervorrufen und bearbeitet werden sollten

Entzündung der Gebärmutterschleimhaut   Mond-Mars ☽ ♂

↔ Konflikthaftes Kampfgeschehen in der Höhle der Fruchtbarkeit
Kriegerische Auseinandersetzung um die Aufnahmebereitschaft
Innere Grenze wehrt sich gegen Fremdkörper oder körperfremde Erreger
✱ Ungestört das aufnahmefähige Bett für werdendes Leben zu bereiten
⚓ Um das, was in die Geborgenheit aufgenommen und sich entwickeln soll, zu streiten
Kampf um die Geborgenheit für die Entwicklung der Nachkommen
⊙ Eigene Entscheidung darüber treffen, was ins Bewusstsein aufgenommen und dort entfaltet werden soll
Kampf um das, was als Bleibendes auf dieser Welt zurückbleiben soll

Myome   Mond-Jupiter ☽ ♃

↔ Muskelauswüchse aus dem Muskelgewebe der Gebärmutter
Etwas wächst anstelle des unerfüllten und unbewussten Kinderwunsches (etwas, für das es sich lohnt, zu leben)
✱ Die uneingeschränkte und störungsfreie Funktion der benachbarten Organe
Schmerzfreiheit bei zu grossen Gewächsen
⚓ Sich durch das Wissen um die Gewächse beunruhigt und belastet zu fühlen
Sich ausserhalb der Grenzen zu wähnen
⊙ Dem Wunsch zum «Auswachsen» auf geistig-seelischer Ebene nachkommen und damit den Körper von dieser Aufgabe zu entlasten
Dabei auch Grenzen vorgegebener Normen durchbrechen
Sich neue Aufgaben stellen und daran wachsen

Gebärmuttervorfall   Mond-Pluto ☽ ♇

↔ Weiblichkeit gerät unter Druck
Organe im unteren Bauchraum haben an Spannkraft verloren
Gebärmutter ist nach unten gekippt und übt ihrerseits Druck auf Blase, Darm und Scheide aus
✱ Das Wasser halten zu können
Sich in der Weiblichkeit bestätigt zu fühlen
⚓ Abnahme der Lust und Hingabefähigkeit als Geliebte
Sich ständig unter Druck und haltlos zu fühlen
⊙ Loslassen von Bisherigem auf der Bewusstseinsebene
Sich vom Druck in der jeweiligen Lebenssituation befreien
Seele und Körper eine Erholungspause gönnen, dann mit neuen Kräften Aufgaben erfüllen, die dem Wunsch nach Mütterlichkeit entsprechen

Verwachsungen   Merkur-Jupiter   ☿ ♃

⊕ (Häufig nach operativen Eingriffen), schmerzhafte Verbindlichkeiten eingehen, die im Widerspruch zur Natur stehen

⊛ Die Bewegungsfreiheit der miteinander verwachsenen Organe

⊕ Schmerzhafte Behinderung der Funktionen, der auf diese Weise eingebundenen Organe
Mütterlichkeit und Geborgenheit dehnen sich auf Bereiche aus, deren Freiheit dadurch eingeschränkt ist

⊙ Loslassen, wenn es an der Zeit ist
Erkennen, wann Festhalten der Entwicklung zuwiderläuft
Auf der geistig-seelischen Ebene Verbindlichkeiten eingehen, die die eigene Entwicklung und die des Umfeldes ermöglichen

Gebärmutterhalskrebs   Venus-Mars   ♀ ♂

⊕ Entartetes Wachstum an der Eingangspforte zu Fruchtbarkeit und Geborgenheit
Lange Zeit im Bewusstsein verdrängten und ungelösten Konflikten um Sexualität und Aufnahme wird mit körperlichem Wachstum entgegengetreten

⊛ Durch ungezügeltes und planloses Wachstum die Pforte zur Fruchtbarkeitshöhle zu bewachen und zu schliessen

⊕ Zerstörung des Organs und damit letztendlich des Lebens
Zur Unfähigkeit, neu entstehendes Leben körperlich aufzunehmen (nach Entfernung des Organs)
Zu Eingriff und Beschneidung der Weiblichkeit

⊙ Eigene bewusste Entscheidungen treffen, was aufgenommen werden soll und was nicht
Sich von zerstörerischer Fremdbestimmung befreien
Den Konflikt für sich selbst auflösen
Im Bewusstsein über Grenzen hinauswachsen, sich dort grenzüberschreitender Liebe öffnen, anstelle auf der körperlichen Ebene

Gebärmutterkrebs   Mond-Pluto   ☽ ♇

⊕ Überaus belastende Konflikte um Sexualität und unerfüllte Wünsche, die mit Macht aus dem Bewusstsein verdrängt wurden, lösen ungezügeltes wildes Wachstum aus
Verhinderte eigene geistig-seelische Entwicklung erfüllt sich ohne Plan auf der Körperebene

⊛ Das Organ behalten zu können
Sich so vollkommen weiblich zu fühlen

⊕ Das Organ bei Strafe des eigenen Untergangs opfern zu müssen
Den tiefen, auch seelischen Einschnitt verkraften zu müssen
Mit «Töchtern der Entartung» (Metastasen) zu rechnen

⊙ Sich im Bewusstsein das Bedürfnis nach Wachstum eingestehen und dieses vorantreiben
Ohne Angst die Verantwortung für geschenktes Leben übernehmen
An diesen Aufgaben und darüberhinaus auf der geistig-seelischen Ebene wachsen

Geburtskomplikationen   Mars-Mond   ♂ ☽

⊕ Geburt als eigentlicher Beginn des Lebens
Entlassen und Austreiben aus der Geborgenheit des Mutterleibes
Erste Hindernisse im Geburtskanal überwinden müssen
Ängste erleben durch Enge und Mangel an Versorgung

⊛ In der unmittelbaren Nähe des mütterlichen Herzens zu verbleiben
Weiter ohne eigenes Zutun von der Mutter versorgt zu werden

⊕Symbolik /Analoges Muster   ⊛Woran hindert das Symptom?   ⊕Wozu zwingt das Symptom?   ⊙Erlösung

④ Eintritt in die Polarität des Seins
Durch den ersten Abschied der Mutter wehtun zu müssen
Das erste «schützende Heim» verlassen zu müssen
Einen Teil der Aufgaben (atmen, Nahrung aufnehmen) selbst zu übernehmen

◉ Eigene Ängste vor dem Geburtsvorgang, die sich auf das Kind übertragen, auflösen
Der Geburt als dem Beginn eines neuen Lebens freudig entgegensehen
Dem Kind bereits im Mutterleib Mut auf den Lebensweg mitgeben

Fehlgeburt Mond-Uranus ☽ ♅, Pluto ♇

⊕ Flucht des sich entwickelnden Kindes vor dem Leben
Unbewusste Ängste der Mutter vor der Verantwortung
Abbruch der Entwicklung durch Fehler in der Erbinformation, aufsteigende, konfliktauslösende
Erreger oder Überlastung der Mutter

⊛ Beim Kind: auf dem Weg ins Leben fortzuschreiten und sich den Lernaufgaben zu stellen
Bei der Mutter: sich der Verantwortung für das werdende Leben stellen zu müssen

④ Zur Trauer über die verlorene Chance
Schwierige Austreibung durch die zu kleine Frucht
Sich mit dem Thema Kinderwunsch auf der geistig-seelischen Ebene zu befassen

◉ Sich die Frage nach dem eigenen Reifegrad für die Aufgabe stellen
Zum Kind aus vollem Herzen «Ja» sagen können
Geborgenheit geben können
Sich selbst schonen und das Kind spüren lassen, dass es willkommen ist

Frühgeburt Mars-Mond-Uranus ♂ ☽ ♅

⊕ Ohne ausreichende Reife ins Leben treten wollen
Neugierde
Es nicht abwarten können
Die Frucht nicht bis zur vollständigen Reife austragen können

⊛ Kind: Die erforderliche Reife für den Eintritt in die Polarität entwickelt zu haben
Mutter Dem Kind die Geborgenheit und Nähe geben zu können, die es jetzt besonders braucht
(Aufenthalt im Brutkasten)

④ Eltern: Dem Kind die erforderliche Zuwendung durch Überwindung räumlicher Entfernung
zukommen zu lassen
Die unmittelbare Verantwortung zunächst anderen Menschen überlassen zu müssen
Kind: Die ausstehende Entwicklungsetappe unter ungünstigeren Voraussetzungen und Bedin-
gungen nachholen zu müssen
Den Anforderungen des Lebens noch nicht voll gerecht werden zu können

◉ Erkennen des richtigen Zeitpunktes
Keine überstürzten Handlungen und vorschnellen Urteile zulassen
Den Dingen Zeit zum Reifen zu lassen
Die Schritte gehen, wenn ihre Zeit gekommen ist

Vorzeitiger Blasensprung Mond-Uranus ☽ ♅

⊕ Entwicklungselement des Kindes im Mutterleib ist nicht mehr zu halten
Weiches warmes Wasserelement verschwindet und lässt das Kind im Trocknen zurück

⊛ Am reibungslosen Geburtsablauf
An der gleitenden Unterstützung des Fruchtwassers unter der Geburt

④ Auch die Geburt vorzeitig einzuleiten, wenn sie nicht von selbst beginnt

◉ Gespür für den rechten Zeitpunkt entwickeln

Vorzeitige Wehenbereitschaft   Mond/Uranus-Mars ☽ ⚭ ♂

⟿ Ungeduld
Unbewusst das Kind zu zeitig loswerden wollen
Unruhe und Voreiligkeit des Kindes
Es nicht abwarten können

✹ Sich in Ruhe und Gelassenheit auf das Ereignis Geburt vorbereiten zu können

♃ Immer auf dem Sprung zu sein
Sich um Ruhe und Gelassenheit zu bemühen, um wertvolle Entwicklungszeit für das Kind abzu-trotzen

☉ Ausdauer und Geduld entwickeln und lernen, einen einmal eingeschlagenen Weg bis zu Ende zu gehen

Übertragung   Mond-Jupiter-Pluto ☽ ♃ ♇

⟿ Kind noch nicht loslassen wollen, es ganz für sich haben wollen
Glucken-Verhalten
Kind will Zeit der Bequemlichkeit ausdehnen
Fehlender Mut zum notwendigen Schritt ins Leben

✹ An einer leichten Geburt durch grosses Gewicht des Kindes

♃ Zum schwierigen Prozess des Loslassens, eventuell unter Zwang
Frage nach der Tendenz zum Überbehüten und der damit verbundenen Einengung des Entfal-tungsspielraums für das Kind zu stellen

☉ Die Tendenz zum Hinauszögern im Verhalten erkennen
Die Dinge zur rechten Zeit in Angriff nehmen
Dem Kind Mut zur Selbständigkeit machen (bei jedem neuen Lebensabschnitt)

Steisslage   Mond/Mars-Saturn-Uranus ☽ ♂ ♄ ⚭

⟿ Kind kehrt der Welt seine Rückseite zu
«Ihr könnt mich mal…!»
Übertriebener Stolz

✹ Den Geburtskanal ohne Schwierigkeiten zu durchqueren

♃ Die Enge über Gebühr durch einen verlängerten Geburtsvorgang zu ertragen oder durch einen Kaiserschnitt die Welt bequem zu erreichen

☉ Lebensabkehr und -fremdheit überwinden helfen
Dem Kind Mut zum Leben machen
Ihm nicht alles abnehmen wollen

Querlage   Mond/Mars-Saturn ☽ ♂ ♄

⟿ Sich querlegen
Das Spiel nicht mitspielen wollen
Trotz und Weigerung, den notwendigen Schritt ins Leben zu gehen

✹ An einer normalen, problemlosen Geburt, die ohne fremde Hilfe vonstatten gehen kann

♃ Oftmals zum Kaiserschnitt oder der Lageveränderung von aussen durch die Hebamme
Den anderen die Initiative zu überlassen: «Kümmert euch, wenn ihr was von mir wollt!»

☉ Das Kind herausfordern, selbst Initiative zu ergreifen
Es mit den Folgen von Verweigerungshaltungen konfrontieren, um Erkenntnis zu ermöglichen

---

⟿ Symbolik / Analoges Muster   ✹ Woran hindert das Symptom?   ♃ Wozu zwingt das Symptom?   ☉ Erlösung

Bauchhöhlenschwangerschaft Uranus-Mond ☉ ☽

⟿ Ansiedlung des befruchteten Eis bereits im Eileiter
   Die Wanderung zu zeitig aufgeben und dadurch das Ziel nie zu erreichen
   Kreativität am falschen Platz
   Innerlicher Riss
✺ Entwicklung und Reifung der Frucht in der Geborgenheit der Gebärmutter
   Gegebenenfalls weitere Schwangerschaften
♁ Den Eileiter zum Zerbersten zu bringen, um dann in der Bauchhöhle unterzugehen
   Ebenso zur Gefährdung des Lebens der Mutter
   Dringend Hilfe von aussen anzunehmen
☉ In Bezug auf den Kinderwunsch Geduld und Aufnahmebereitschaft aufbringen
   Gespür für den richtigen Zeitpunkt entwickeln
   Ungewöhnliche Kreativität auf der geistig-seelischen Ebene entfalten

Vorzeitige Ablösung des Mutterkuchens Mond-Uranus ☽ ☉

⟿ Sich in Bezug auf die Schwangerschaft unbewusst im Zwiespalt zu befinden
   Versorgung des werdenden Lebens vorzeitig abbrechen
✺ An der vollständigen Ausreifung des Ungeborenen
   Zu einem frühen Schwangerschaftszeitpunkt dessen Überleben
♁ Das eigene und das Leben des Kindes in Gefahr zu bringen
   Zu Früh- oder Fehlgeburt
   Hilfe von aussen anzunehmen
☉ Durchhaltevermögen entwickeln
   Bewusst zu übernommener Verantwortung stehen und ihr solange wie erforderlich nachkommen
   Mit der Mutterrolle im Einklang stehen

Eierstöcke

Eierstockentzündung Mond-Mars ☽ ♂

⟿ Konflikt in der Schatzkammer des Lebens
   Kampf um Fruchtbarkeit und Kreativität
✺ (Bei chronischem Konflikt) an der Fruchtbarkeit
   Am Fliessen der Lebensenergie
   Am Wohlbefinden
♁ Alle Lebensenergie in den Kampf um die eigene Nachkommenschaft zu investieren
   Sich in der eigenen Weiblichkeit angegriffen zu fühlen
☉ Die weibliche Kreativität auch auf geistig-seelischer Ebene entfalten und um sie kämpfen
   Dafür Grenzen durch fremdbestimmte Normen durchbrechen

Eierstockzyste Mond ☽

⟿ Wachsende Wasserbläschen in Hohlräumen der Eierstöcke
   Seelenwasser sammelt sich an der Quelle der Kreativität und Fruchtbarkeit
   Auswüchse beim Thema Mütterlichkeit
✺ Uneingeschränktes Wachstum von Eizellen im Umfeld der sich ausbreitenden Zyste
♁ Bezüglich Fruchtbarkeit und Kreativität: Wollen und nicht Können!
   Falls die Zyste aufplatzt, zu Blutungen und damit zu Verlust von Lebenssaft und -energie
☉ Sich mit den Quellen der eigenen Kreativität befassen
   Erkennen, wo die Tendenz besteht, sich selbst etwas vorzumachen
   Sich über die eigenen Ziele bezüglich Mütterlichkeit klar werden

Leistungsschwäche der Eierstöcke   Mond-Saturn ☽ ♄

☽ Geschlechtlichkeit unvollkommen ausgebildet
Mangel im weiblichen Hormonhaushalt
Ungenügende Ausprägung der sekundären Geschlechtsmerkmale
In der kindlichen Phase verbleiben wollen

✴ Sich als vollwertige Frau zu fühlen
An einem geregelten Monatszyklus und Fruchtbarkeit

♨ Hormonhaushalt mit Gaben von aussen auszugleichen
Verpasste Entwicklungsschritte nachzuholen

◉ Die Rolle als Frau für sich selbst definieren und annehmen
Unterscheidung zwischen Rollenzuweisungen und eigenen Ansprüchen
Die verzögerte Entwicklung im Bewusstsein nachvollziehen
Den vergangenen Lebensabschnitt bewusst abschliessen und sich dem neuen öffnen

Schamlippen und Scheide

Scheidenentzündung   Venus-Mars ♀ ♂

☽ Konflikt um Lust und Hingabe
Entzündliche Erreger haben die «Grotte der Lust» erobert und besiedelt
Möglicher Sauberkeitswahn hat die natürliche Abwehrkraft des Scheidenmilieus untergraben

✴ An der Bereitschaft zum Geschlechtsverkehr
Am Genuss der Lust

♨ Sich im Intimbereich erst recht unrein zu fühlen
Abwehr der Eindringlinge fordert Energie
Partnerschaftliche Konflikte werden deutlich erkennbar

◉ Eigene Entscheidungskraft entwickeln, was aufgenommen werden soll
Auch mit dem Partner klären: Geschlechtsverkehr als Akt der Liebe und nicht als Pflichterfüllung ansehen

Scheidenkrampf   Venus-Mars ♀ ♂

☽ Den Partner bei der Vereinigung festhalten wollen
Schmerzhaftes Festklammern

✴ Am Gelingen eines beglückenden Geschlechtsaktes

♨ Sich und dem Partner Schmerzen zuzufügen
Seelische Verlustangst auf der Körperebene auszudrücken

◉ Ausgewogenes Verhältnis zwischen Distanz und Nähe in der Partnerschaft entwickeln
Dem Partner Freiräume zugestehen
Vertrauen in sich selbst aufbauen
Sich selbst liebenswert finden lernen, um ohne Angst loslassen zu können

Ausfluss   Venus/Mond-Pluto ♀ ☽ ♇

☽ Im gewissen Grade normal
Dient der Aufrechterhaltung des feuchten Scheidenklimas
Gleitfähigkeit beim Geschlechtsakt
Bei gelblicher Färbung: Hinweis auf Entzündungen oder eine Geschlechtskrankheit

✴ Sich kindlich neutral und trocken (vertrocknet) zu empfinden

---

☽ Symbolik/Analoges Muster   ✴ Woran hindert das Symptom?   ♨ Wozu zwingt das Symptom?   ◉ Erlösung

⊕ Tägliche Hygienemassnahmen im äusseren Intimbereich (inneren Bereich aussparen – Gefahr der Zerstörung des Scheidenklimas)
Zersetzungserscheinungen führen zu Geruchsbelästigung oder Wundsein
Bei starkem Ausfluss: Ursachen klären lassen!

⊙ Mit den eigenen weiblichen Körperfunktionen einverstanden sein
Loslassen, was nicht mehr gebraucht wird
(bei Vorliegen einer diagnostizierten Erkrankung: s. entsprechenden Abschnitt)

Schamlippenentzündung   Venus-Saturn/Pluto   ♀ ♄ ♇

⊛ Besiedlung des äusseren Intimbereichs mit Erregern oder Pilzen
Vorhänge der «Lustgrotte» werden attackiert
Konflikt zwischen Abwehr und Aufnahme

⊛ Durch zärtliche Berührung zu sexueller Lust zu gelangen

⊕ Sich von erregenden Themen bedrängt zu fühlen
Sich verunreinigt zu empfinden

⊙ Innere Einstellung zu Sexualität und zur eigenen körperlichen Unterwelt einer erneuten kritischen Bewertung unterziehen
Anerzogene Schamhaftigkeit in Frage stellen

Erkrankungen der männlichen Geschlechtsorgane

Hoden und Nebenhoden

Hodenentzündung   Pluto-Mars   ♇ ♂

⊛ Infektionserreger anderer Symptome verlagern das Kampfgeschehen in das Zentrum der männlichen Fruchtbarkeit
Oder Verletzungen lassen Erreger eintreten und das Kampfgeschehen entfachen

⊛ Im schlimmsten Falle an Fruchtbarkeit

⊕ Sich der Auseinandersetzung um die Fruchtbarkeit zu stellen und den Kampf aufzunehmen
Sich mit den verlagerten Themen befassen (z. B. Mumps, Rheuma, Verletzungen)

⊙ Sexualität und Fortpflanzung als lebenswichtige Elemente des Lebens anerkennen
Eigene Sexualität in diesem Zusammenhang sehen und beachten lernen, für neues Leben Verantwortung übernehmen wollen

Hodenhochstand   Mond-Pluto   ☽ ♇

⊛ Bei Neugeborenen möglich
Hoden verbleiben im Bauchraum
Zeichen der unzureichenden Reife bei der Geburt

⊛ Fruchtbarkeit durch die Körpertemperatur, die keine lebensfähigen Samenzellen entstehen lässt

⊕ Zur genauen Beobachtung der Entwicklung
Treten die Hoden im Laufe der Entwicklung nicht in den Hodensack ein, zum operativen Eingriff

⊙ Verzögerungen der Reife beachten und berücksichtigen
Erziehung zur Männlichkeit Raum geben
Im übertragenen Sinne: aus dem mütterlichen Schoss zur rechten Zeit entlassen

Hodenkrebs   Mars-Pluto ♂ ♇

- ↔ Verirrtes Wachstum im Bereich der Themen Fruchtbarkeit und Leben spenden
- ✸ Wachstum und Entwicklung von lebensspendenden Samenzellen
- ⚖ Überwuchernde und die Grenzen sprengende Entwicklung der männlichen Fruchtbarkeitsorgane als Belastung und Bedrohung zu empfinden
- ☉ Entwicklung und Wachstum zu den Themen Männlichkeit und Fortpflanzung in seelisch-geistiger Ebene zulassen
  Grenzen von einengenden Klischee-Vorstellungen auf dieser Ebene sprengen

Hodenbruch   Mond-Mars ☽ ♂

- ↔ Eingeweide treten in den Hodensack
  Grenzverletzung und Überfall der Bauchorgane in den Bereich der Fruchtbarkeit
- ✸ Fruchtbarkeit und Fortpflanzung
- ⚖ Empfindlichsten Teil der Männlichkeit von den aus dem Bewusstsein verdrängten Anteilen aus dem Bauchraum körperlich attackieren zu lassen
- ☉ Trennung der Bereiche Bauch (Unterwelt) und Fortpflanzung
  Gefühlswelt in den Bereich der Fortpflanzung auf seelisch-geistiger Ebene einlassen

Unbeweglichkeit der Samenzellen   Mars-Pluto-Saturn ♂ ♇ ♄

- ↔ Natur wirft die ihr zugemuteten Waffen zurück
  Schadstoffe greifen die Samenzellen an
- ✸ Das Ziel zu erreichen und neues Leben entstehen zu lassen
- ⚖ Unfruchtbarkeit
  Die zerstörte Natur lässt damit die Anzahl ihrer Zerstörer verringern
- ☉ Nicht mehr alles «Machbare» auf Kosten der Natur umsetzen wollen
  Sich aus den gesellschaftlichen Zwängen zurückziehen und innere Lebendigkeit entwickeln

Nebenhodenentzündung   Mond-Mars ☽ ♂

- ↔ Kriegerische Auseinandersetzung in der «Reifekammer» der Samenzellen
  Konflikt um die Reifung
- ✸ Bei lange schwelendem Konflikt: die Fruchtbarkeit und die Fähigkeit, einem Wesen das Leben zu geben
- ⚖ Sich mit dem Thema Reife bewusst auseinanderzusetzen, das Konfliktpotential erkennen
- ☉ Reife (Verantwortungsbewusstsein), Sexualität und Fortpflanzung als untrennbare Einheit bearbeiten
  Reife braucht Zeit und Einsichten

Prostata

Prostatavergrösserung   Pluto ♇

- ↔ Krise nach der Lebensmitte
  Anschwellung der Drüse, die wichtige Bestandteile der Samenflüssigkeit produziert
- ✸ Mit kräftigem Strahl Wasser zu lassen
- ⚖ Zu häufigem Harndrang mit nur kläglichem Ergebnis
  Rückstau des Urins
- ☉ Die Zeichen der Zeit erkennen und anerkennen
  Veränderte Aufgaben nach der Lebensmitte annehmen lernen
  Die anderen Facetten der Männlichkeit (Erotik, Zärtlichkeit) leben lernen

---

↔ Symbolik / Analoges Muster   ✸ Woran hindert das Symptom?   ⚖ Wozu zwingt das Symptom?   ☉ Erlösung

Prostataentzündung   Mond/Mars-Mars   ☽ ♂ ♂
- ⊕ Erreger aus anderen Konfliktherden greifen die Drüse der Fruchtbarkeit an
- ⊛ Das Sekret für die Samenzellen ausreichend und in guter Qualität bereitzustellen
- ⊥ Den Schmerz des Kampfgetümmels im gesamten Bereich des Unterleibs bis zur Kreuzgegend zu spüren
  Möglichkeit der Absonderung eines eitrigen Sekretes
- ⊙ Sich der Aufforderung zum Kampf um den Bereich der männlichen Fruchtbarkeit stellen
  Versorgungsaufgaben des zu schenkenden oder werdenden Lebens erfüllen

Prostatakrebs   Mond/Mars-Pluto   ☽ ♂ ♇
- ⊕ Entartetes Wachstum im Bereich der Versorgungsaufgaben der Fruchtbarkeit
- ⊛ Mit dem entarteten Wachstum der Fruchtbarkeit wirklich zu dienen
- ⊥ Zerstörung der Drüse durch die abweichenden Wachstumszellen
- ⊙ Wachstumsimpulse auf die geistig-seelische Ebene zu Themen der Sexualität und der Entwicklungsbedingungen des neuen Lebens umlenken und dabei die bisherigen Grenzen sprengen

Penis und Vorhaut

Impotenz   Mars-Saturn   ♂ ♄
- ⊕ Seinen Mann nicht stehen können
  Angst, den Anforderungen nicht gerecht werden zu können
  Vor der erwarteten Leistung kneifen wollen
  Sich körperlich nicht erregen lassen können
- ⊛ Die Manneskraft zu entfalten
  Leben zu schenken
  Eine beglückende und erfüllende Partnerschaft gestalten zu können
- ⊥ Zu Versuchen, das Versagen im Bett durch andere «grossartige» Leistungen ausgleichen zu wollen. Besser wäre, die Ursachen der Komplexe zu ergründen und zu bearbeiten (Einstellung zur Sexualität, Partnerschaft und zum anderen Geschlecht überhaupt)
- ⊙ Innere Ruhe finden
  Den Druck abbauen
  Sich selbst und der Partnerin vertrauen
  Im Bett auf die Machtausübung mit dem Kopf verzichten
  Zärtlichkeiten Raum lassen
  Warten, was sich entwickelt, staunen und geniessen

Dauersteife   Mars-Pluto   ♂ ♇
- ⊕ Ständig unter Druck «stehen», ohne sexuelles Lustgefühl und Entspannungsaussicht
- ⊛ Sich zu entspannen und anderen Aufgaben die volle Hingabe und Aufmerksamkeit zu widmen
- ⊥ Schmerzliches Empfinden in den Organen der Lust
  Ständige Aufmerksamkeit auf den «kleinen Mann» zu richten
- ⊙ Energiestau um die Sexualität gedanklich auflösen, um auch körperlich gelöster zu werden
  Sich mit der eigenen Geschlechterrolle in Paarung und Fortpflanzung auseinandersetzen

Vorzeitiger Samenerguss Mars-Uranus ♂ ♅

↔ Nicht abwarten können, zuviel auf einmal wollen
Spannung nicht aushalten können
Ungeduld

⊛ In Einklang mit der Partnerin zu stehen
Geschlechtsakt gemeinsam harmonisch zu erleben

⬇ Zur Entstehung von Versagensängsten und dem Druck, es beim nächsten Mal besser machen zu wollen
Druck erhöht die Gefahr des Versagens

⦿ Lernen, mit Erregung umzugehen
Der Spannung Entwicklungs(spiel)raum lassen
Die Phantasie ins (Liebes-)Spiel bringen
Auf die Partnerin eingehen lernen

Eichelentzündung Mars-Mars ♂ ♂

↔ Kriegerische Auseinandersetzung an der Oberfläche des empfindlichsten Bereiches der Lust

⊛ Noch lustvolle Reize empfinden zu können

⬇ Sich für Unsauberkeit bestraft zu fühlen
Sich in seiner Männlichkeit heissgelaufen und überfordert zu fühlen

⦿ Dem «Blütenkopf» Pflege und für eine gewisse Zeit Schonung zukommen lassen, bis anstelle des Waffenkopfes die Lust wieder erblühen kann

---

↔ Symbolik / Analoges Muster   ⊛ Woran hindert das Symptom?   ⬇ Wozu zwingt das Symptom?   ⦿ Erlösung

Die Haut

Haut

Prinzip: Venus, Saturn, Merkur ♀ ♄ ☿
Aussengrenze des Körpers
Tastsinn und Gefühl der Wahrnehmung
Kontakt und Berührung
Zärtlichkeit
Schutz und Isolation
Spiegel der inneren Befindlichkeit
Atmung und Austausch (Wärme und Wasser)
Reflexzonen der inneren Organe

Schleimhaut

Prinzip: Mond ☽
Innengrenze
Schutz und Aufnahme
Filter zur Innenwelt
Fruchtbarkeit

Erkrankungen der Haut

Ausschlag   Saturn/Venus-Mars ♄ ♀ ♂

⊕ Von innen aufsteigende aggressive Energie sprengt die Hautgrenze und will ins Licht der Aufmerksamkeit

⊛ Mit diesem Signal tatsächlich zärtliche Zuwendung von aussen zu bekommen
Den Konflikt weiter in der Tiefe der Seele schlummern zu lassen

⊕ Sich der Haut zuzuwenden
Gleichzeitig Ekel vor sich selbst zu empfinden
Nach den Ursachen zu forschen, wobei diese meist in der Aussenwelt gesucht werden

⊙ Sich über die Ursachen der inneren Aggression klar werden
Über seine Gefühle sprechen lernen
Den Aggressionen im Leben Raum lassen
Sich selbst ohne Schuldgefühle Zuwendung geben und Gutes zu tun

Akne   Venus/Saturn-Mars ♀ ♄ ♂

⊕ Eitrige Pusteln im Bereich des Gesichts, der Brust und des Rückens
Begleitprozess des Erwachsenwerdens, des Wachsens und Reifens in die neue Rolle

⊛ Sich in der neuen Rolle attraktiv zu fühlen
Die mit dem Erwachsenwerden verbundenen Konflikte (eigene Sexualität) im Innern unbeachtet weiterschmoren zu lassen

⊕ Sich aufgrund (unbewusster) eingeschränkter sexuellen Ausstrahlung nicht mit den sexuellen inneren Konflikten auseinandersetzen zu müssen
Das Konfliktthema sichtbar mit sich herumzutragen

⊙ Sich dem Thema Sexualität stellen, sie als wesentlichen Bestandteil des Erwachsenenlebens erkennen
Den Wunsch nach zärtlicher Berührung eingestehen und ihm nachkommen

Juckreiz   Venus/Saturn-Mars   ♀ ♄ ♂

↔ Erregung von Hautstellen
Den Wunsch herausfordernd, sich zu kratzen
Bis zum Schmerzgefühl

✹ Das lustvolle Kratzen zu unterlassen
Die reizenden Themen unbeachtet zu lassen

⚖ Der betreffenden Körperstelle Aufmerksamkeit zu widmen
Sich mit den Reizthemen zu beschäftigen, ob sie denn von innen oder von aussen herkommen

☉ Sich von aufreizenden Themen innerlich erregen lassen, auf diese im Leben reagieren
Erkennen, welche Themen bedeutsam sind, so dass man sich daran «kratzen» sollte

Hautentzündungen   Venus-Mars/Saturn   ♀ ♂ ♄

↔ Lokal begrenzter Grenzkonflikt, durch mechanische, chemische oder biologische Reizauslöser oder Hautöffnungen
Verteidigungskampf des Abwehrsystems

✹ Am Vordringen der Erreger in die tieferen Schichten

⚖ Sich im Kontaktbereich auseinander zu setzen
Der Haut an der betroffenen Stelle Schonung und Zuwendung zukommen zu lassen

☉ Sich seiner Haut wehren und nicht in jedem Konflikt «sein Fell zu Markte tragen» und eine Opferhaltung einnehmen

Wundsein   Venus-Saturn   ♀ ♄

↔ Aufreiben und Scheuern zwischen den eigenen Hautgrenzen (Schenkel, Körperfalten)
Reibeflächen im Kontakt mit sich selbst

✹ Sich schmerzfrei bewegen zu können
Das Reiben an sich selbst ertragen zu können

⚖ Abstand von sich selbst zu nehmen
Den engen Kontakt mit sich selbst zu meiden
Dem sensiblen Bereich besondere Sorgfalt zukommen zu lassen

☉ Reibungspunkte zwischen den eigenen Persönlichkeitsbereichen erkennen
Widersprüchlichkeiten herausfinden
Wertesystem überprüfen und den Ausgleich im Bewusstsein herstellen

Abszess   Mars/Saturn, Neptun   ♂ ♄ ♆

↔ Enger von gesundem Gewebe abgegrenzter Konfliktherd an der Oberfläche
Eiterbildung – Explosion des Aufgestauten (auch an inneren Organen möglich)

✹ Dass das von Infektionen zerstörte Gewebe den Organismus belastet
Den Konfliktherd zu übersehen

⚖ Zusammenfassen der infektiösen abgestorbenen Zellen, damit die nunmehr giftigen Substanzen den Organismus nicht weiter belasten können
«Vulkan» vom Arzt öffnen lassen, falls es an eigener innerer Energie fehlt und nicht von selbst gelingt

☉ Mit Aggressionen umgehen und streiten lernen
Aggressionsauslösende Konflikte im Bewusstsein erkennen, ordnen und äussern
Seine Grenzen Themen von aussen öffnen und damit umgehen lernen

Furunkel   Mars-Uranus, Neptun, Pluto   ♂ ♅ ♆ ♇

↔ Abszesse unter der Haut
Konflikte, die unter der Oberfläche vor sich hin schmoren und im Verborgenen brüten, bis es nicht mehr zu verbergen ist

---

↔ Symbolik / Analoges Muster   ✹ Woran hindert das Symptom?   ⚖ Wozu zwingt das Symptom?   ☉ Erlösung

⊗ Die Botschaft des Körpers zu ignorieren und das konfliktgeladene Thema weiter zu verdrängen
⤓ Etwas, was unter die Haut gegangen ist, endlich zu beachten, bevor es sich weiter ausdehnt
◉ Sich dazu durchringen, auch schmerzhafte Themen zu bearbeiten
Sie nicht nur hinnehmen, sondern auch aussprechen und die Aggressionen nicht zurückhalten

Pickel Mars-Uranus/Neptun/Pluto ♂ ⛢ ♆ ♇

↔ Spannungen und Konflikte aus dem Inneren suchen einen Ausweg und werden an der Oberfläche sichtbar
⊗ An einem makellosen Aussehen der Haut
⤓ Sich mit den inneren Konflikten auf der Oberfläche und Körperebene zu befassen
◉ Innere Harmonie finden
Sich die inneren Konflikte und Bedürfnisse vor Augen führen und sich ihnen zuwenden

Geschwüre Mars-Pluto ♂ ♇

↔ Äussere Konfliktherde fressen sich in die Tiefe
Aggression richtet sich gegen sich selbst
Grenzen sind offen
⊗ Mit der körperlichen Selbstzerfleischung den Konflikt tatsächlich lösen zu können
⤓ Körperliches schmerzhaftes Erleben des Konflikts
Den Kampf der Abwehrkräfte nicht nur an der Oberfläche halten zu können
Die Ausbreitung des Konfliktes in die Tiefe
◉ Konfliktbearbeitungsstrategien entwickeln, die nicht nur die Selbstkritik umfassen
Eigene Grenzen schützen und Auseinandersetzungen führen lernen, ohne sich selbst zu verletzen

Muttermal Saturn/Venus-Merkur ♄ ♀ ☿

↔ Erinnerung an die eigenen Wurzeln
Botschaft der Ahnen über eine Aufgabe, die es zu lösen gilt
⊗ Seine Herkunft vor sich selbst zu leugnen
⤓ Stets an die Botschaft erinnert zu werden
◉ Die Botschaft durch Beschäftigung mit den Vorfahren entschlüsseln und an der Erfüllung der Aufgabe arbeiten

Warzen Saturn-Uranus ♄ ⛢

↔ Kleine Auswüchse auf der Haut
Verdrängtes bricht nach oben und macht auf seine Anwesenheit aufmerksam
⊗ An einem makellosen Erscheinungsbild
⤓ Sich mit den Umständen des Erscheinens zu befassen: Was ging ihrem Erscheinen voraus?
◉ Sich mit dem Hinweis, der Symbolik des Körperteils, auf der der Auswuchs erschien, befassen
Die Schattenanteile des Selbst akzeptieren

Lichtempfindlichkeit Saturn/Venus-Sonne ♄ ♀ ☉

↔ Schmerzhafte Reaktionen der Haut auf Sonnenlicht, dem Gegenpol des Schattens
⊗ Sich ungeschützt dem Licht der Sonne aussetzen zu können
Dem gängigen Schönheitsideal (sonnengebräunte Haut) zu entsprechen
⤓ Sich zu bedecken oder im Schatten aufzuhalten
Nachzudenken über Sinn und Unsinn kosmetischer Präparate und künstlicher Duftnoten aus der Sprayflasche
◉ Nicht alles an seine Haut heranlassen, was angeblich der Schönheit dient, dabei die Natürlichkeit zerstört (Allergien, Zerstörung der Ozonschicht)

Pigmentstörung Venus/Saturn-Uranus ♀ ♄ ⛢

(↔) Farbe verschwindet von bestimmten Hautbereichen
Landkartenähnliches Aussehen der Haut

(✖) Ohne sichtbare Folgen sonnenbaden zu können
Sich makellos und dem gängigen Schönheitsideal entsprechend zu fühlen

(⤓) Zu fleckigem, fast schmutzig wirkendem Aussehen der Haut
Als die Harmonie störende Bereiche werden eher die gesunden Hautstellen empfunden
Zum Schutz der pigmentlosen Hautstellen vor Sonnenbrand: ihnen ein Schattendasein zu verordnen

(●) Farbe ins gesamte Leben bringen
Ausgesparte Lebensbereiche neu entdecken und ihnen farbigen Glanz verleihen

Ekzem Saturn/Venus-Mars ♄ ♀ ♂

(↔) Immer wieder von innen aufsteigende Konfliktträchtigkeit, die, ständig mit Macht verdrängt, sich hartnäckig auf der Hautoberfläche widerspiegelt

(✖) Sich von dem Verdrängten nicht «jucken» zu lassen
Es für immer von sich zu weisen und in die Tiefen zu verbannen

(⤓) Sich unrein und unvollkommen zu fühlen
Die eigene «Unvollkommenheit» seinen Mitmenschen präsentieren zu müssen

(●) Dem Konflikt erlauben, ins Bewusstsein aufzusteigen und ihn dort bearbeiten
An überkommenen Wertvorstellungen kratzen
Sich erst mit seinen Schwächen vollkommen fühlen

Schuppenflechte Venus/Saturn-Saturn ♀ ♄ ♄

(↔) Verpanzerung der Haut
Aufrüstung gegen eventuelle Verletzungen von aussen, die letztlich die Hautsubstanz auflöst und sie verletzt (bei Aufbrechen des festen Schuppenpanzers kommt eine leicht verletzbare gerötete Haut zum Vorschein)

(✖) Am Austausch mit der Umwelt
An Unverletzbarkeit, die unbewusst gewünscht wird

(⤓) Am einengenden juckenden Panzer zu kratzen
Die Grenzen öffnen zu wollen, um frei atmen zu können
Dann aber besondere Verletzbarkeit zu präsentieren

(●) Erkennen, dass Abschotten keine Lösung ist
Die Selbstverteidigung mit Worten üben
Konflikte als Entwicklungsimpulse ansehen lernen und sich deren Bearbeitung mutig stellen

Neurodermitis Venus/Saturn-Mars ♀ ♄ ♂

(↔) Allergische Reaktionen der Haut, die Jucken und Kratzen herausfordern
Allergene als symbolisierte Feindbilder lösen die (unbewusste) körperliche Aggression aus

(✖) Sich mit der Welt und all ihren Einflüssen auseinandersetzen zu können, ohne sich auf die erwarteten körperlichen Reaktionen zu konzentrieren

(⤓) Aufgekratztsein
Vermeidungsverhalten
Zuwendung und Beachtung der Bedürfnisse durch die Mitmenschen
Beherrschung des Umfeldes durch das Fernhalten der allergieauslösenden Stoffe und «geforderter» Rücksichtnahme

(●) Sich mit den Themen, die die Allergene symbolisieren, auf der Bewusstseinsebene auseinandersetzen, sie nahe an sich heran und sich davon erregen lassen
Mutig und aggressiv für die eigenen Bedürfnisse eintreten

(↔) Symbolik/Analoges Muster (✖) Woran hindert das Symptom? (⤓) Wozu zwingt das Symptom? (●) Erlösung

Gürtelrose   Venus-Mars   ♀ ♂

⊖ Aus der Tiefe steigt ein lange unterdrücktes und unbearbeitetes Problem auf (Windpockenvirus)
Aggressives und schmerzhaftes Aufblühen auf der Haut und in den Nervenbahnen
Leidenschaftlichkeit zeigt sich brennend auf der Haut

⊛ Berührung zu ertragen
Sich ohne Schmerz körperlich fortbewegen zu können

⊕ Entwicklungsschritt, der lange unterlassen wurde, nun unter körperlichen Qualen zu gehen
Nichtgelebtes auf unerlöster Ebene schmerzhaft nachzuholen
Leidenschaftlichkeit vor Schmerz herauszubrüllen

⊙ Entscheidungen zur richtigen Zeit treffen
Eigene Bedürfnisse erkennen und anerkennen
Leidenschaftlichkeit ausleben
Zu eigenen Bedürfnissen und Gefühlen stehen

Wundrose   Venus/Saturn-Mars   ♀ ♄ ♂

⊖ Erreger schlichen sich in eine Wunde einund versuchen den Übergriff auf den Organismus
Abwehrkampf mit Fieber
Lebensgefahr

⊛ Am Verschliessen der körperlichen Grenzen

⊕ Sich durch den unsicheren Grenzbereich körperlich erregen zu lassen
Sich ganz auf den Abwehrkampf zu konzentrieren
Den Übergriffen auf innere Organe entgegenzuhalten

⊙ Sich erregenden Themen auf der Bewusstseinsebene öffnen, um den Körper von der Aufgabe zu entlasten
Offene Wunden in der Seele beachten und deren Heilung vorantreiben

Krätze   Venus/Saturn-Pluto   ♀ ♄ ♇

⊖ Krätzmilben kriechen unter die Haut und ernähren sich von ihr, durchpflügen das Gewebe unter der Haut und hinterlassen sichtbare Spuren
Starker Juckreiz

⊛ Sich sauber und makellos zu fühlen

⊕ Eigene Interessen als unterlaufen zu betrachten
Sich von ungebetenen und abgelehnten Gästen ausgenutzt und belästigt zu fühlen
Sich ständig kratzen zu müssen

⊙ Bewertung des Begriffes Sauberkeit überprüfen
Freiwillig von sich abgeben
Sich im Bewusstsein den Kreaturen dieser Welt öffnen und ihnen die Existenzberechtigung dort zuerkennen

Pilzbefall   Venus/Saturn-Pluto   ♀ ♄ ♇

⊖ Zersetzende Pilze befallen Abgestorbenes
Abwehrkräfte sind zu schwach, um den Kampf zu gewinnen
Befall auch neugebildeter Zellen (zuerst im Verborgenen – Körperzwischenräume)

⊛ Den ausgeglichenen Regenerationsprozess der Haut
Abgestorbene Zellen durch neue gesunde ersetzen zu können

⊕ Sich zu kratzen
Die Haut trocken zu halten (Flüssigkeit binden)
Kontakt zu meiden

⊙ Überlebtes in der eigenen Situation erkennen und freiwillig aufgeben
Stärkung der Abwehrkräfte durch Gewinnung neuer Lebensenergie

Hautrisse   Venus/Saturn-Mars   ♀ ♄ ♂
- ↔ Einrisse der Haut durch übermässige Beanspruchung und zuwenig Zuwendung
- ✸ Die Schutzfunktion der Haut aufrecht zu erhalten
- ⚡ Austritt des Lebenssaftes
  Gewaltsame Öffnung an Stellen, wo keine Eintrittspforte vorgesehen ist
  Verspätete Zuwendung und Pflege
- ⊙ Ein Zuviel an Einsatz erkennen
  Die Grenzen der «Grenze» akzeptieren
  Sich nicht alles zumuten zu lassen
  Die Grenzen des Bewusstseins öffnen

Schwielen   Saturn   ♄
- ↔ Hautverhornungen durch ständige starke Beanspruchung
- ✸ Leichte Verletzbarkeit der stark belasteten Stellen durch Brüchigwerden
- ⚡ Zu rauher Haut, die bei zärtlicher Berührung wenig empfindsam ist
- ⊙ Lernen, bei Überforderung «Nein» zu sagen
  Sich seiner Haut mit Worten wehren lernen

Blaue Flecke   Mars-Neptun   ♂ ♆
- ↔ Leicht zu beeindrucken sein
  Auf Anstössiges reagieren und daran lange festhalten
- ✸ Die schmerzhafte Erfahrung leicht zu vergessen
- ⚡ Die Spuren der erlittenen Gewalt sichtbar mit sich herumzutragen
  Wiederholte Schmerzempfindungen bei leichtem Druck
- ⊙ Selbst aktiv werden, bevor Anstösse erforderlich sind
  Für neue Eindrücke seelisch offen sein

Sonnenbrand   Sonne   ☉
- ↔ Sich zuviel des «Guten» genehmigt zu haben
  Masslosigkeit statt Masshaftigkeit
  Betonung des einen Pols
  Sich den «Pelz» dabei verbrannt haben
- ✸ Sich in seiner Haut wohlfühlen zu können
- ⚡ Das Zuviel nachhaltig brennend auf der Haut zu spüren
  Das verbrannte «Fell» in Fetzen zu verlieren
  Mit dem «Gedächtnis» der Haut zu rechnen – Hautkrebsgefahr
- ⊙ Sich selbst guttun, aber in angemessenen Dosen und mit unterschiedlichen Methoden
  Die «Sonne im Herzen» unbegrenzt erstrahlen lassen

Zellulitis   Mond-Jupiter   ☽ ♃
- ↔ Kleine Dellen an der Hautoberfläche, vergleichbar mit der Schale der Orangen
  Eigentlich kein Krankheitswert, eher ein kosmetisches Problem
  Leichte Bindegewebsschwäche
- ✸ Sich mit dem Zeitgeist und dem gängigen Schönheitsideal in Übereinstimmung zu finden
- ⚡ Sich unattraktiv und unweiblich zu fühlen, obwohl gerade die typisch weibliche weiche Körper-
  form dadurch betont wird
- ⊙ Den Zeitgeist und seine Bewertung des Schönheitsideals zu hinterfragen (vgl. die barocken und
  üppigen weiblichen Figuren auf den Bildern von Peter Paul Rubens)
  Etwas für das eigene Wohlbefinden tun – gezielte Gymnastik und Pflege

---

↔ Symbolik/Analoges Muster   ✸ Woran hindert das Symptom?   ⚡ Wozu zwingt das Symptom?   ⊙ Erlösung

Gutartige Hautgeschwülste   Venus/Saturn-Jupiter   ♀ ♄ ♃

- ⊖ Entwicklung abgeschlossener Gewächse auf der Haut, die nicht auf gesundes Gewebe übergreifen
  Themenbereiche, die unbearbeitet und unbeachtet gelassen wurden, machen auf sich aufmerksam
- ⊛ An aalglatter Anpassung an die Umwelt, gleichgeschaltet zu sein
- ⚷ Kleine Besonderheiten der Persönlichkeit treten an der körperlichen Grenze nach aussen
  Sich körperliche kleine Extras zu leisten, die auf der geistig-seelischen Ebene nicht anerkannt wurden
- ⊙ Sich eigene Vorlieben und Stärken, die nicht unbedingt den Beifall und die Anerkennung der Umwelt finden würden, leisten und entwickeln
  Mut zum Anderssein und zum gelegentlichen Auffallen

Hautkrebs   Venus/Saturn-Pluto   ♀ ♄ ♇

- ⊖ Entgleistes zerstörerisches Wachstum im Grenz- und Kontaktbereich
  Verhindertes geistig-seelisches Wachstum dieses Themenkreises (Kontakt, Verbindlichkeit) geschieht nun körperlich
- ⊛ Die Erfüllung der unbeschwerten Begrenzungs-, Kontakt- und Austauschfunktion der Haut
- ⚷ Rücksichtsloses Ausbreiten der entarteten Zellen auf Kosten der gesunden
  Die Konsequenzen für den Kontakt mit dem, was in zu hoher Dosis schadet (ausgedehnte Sonnenbäder, Umweltgifte, falscher Umgang), zu tragen
- ⊙ Kontakte und Verbindlichkeiten eingehen, die die eigene Entwicklung voranbringen
  Den Kompromiss zwischen Anpassung und Widerstand nur soweit eingehen, wie es mit den eigenen Ansprüchen vereinbar ist

Schwarzer Hautkrebs (Melanom)   Saturn/Venus-Pluto/Jupiter   ♄ ♀ ♇ ♃

- ⊖ Schwarze Seelenanteile dringen durch alle Grenzen und verwirklichen sich zerstörerisch auf der körperlichen Ebene
- ⊛ Eine makellose angepasste Fassade zu präsentieren
- ⚷ Die Entwicklung der schwarzen Auswüchse auf der Haut wahrzunehmen und davon das eigene Leben bedroht zu sehen
- ⊙ Bisherige Lebenseinstellungen rigoros in Frage stellen
  Seine eigene seelische Entwicklung vorantreiben und nach eigenen, von Liebe getragenen Normen leben

Das Muskel-, Binde- und Fettgewebe

Muskulatur   Prinzip: Mars ♂
Antriebsmaschinerie des Körpers
Kraftübertragung
Umsetzen eines Teils der Körperenergie in Bewegung
Polarität zwischen Anspannung und Entspannung

Bindegewebe   Prinzip: Merkur-Saturn ☿ ♄
Halt und Verbindung
Hält Organe an ihrem Platz und den Körper in Form
Sichert die Verbindung und das Zusammenspiel der Muskelgruppen

Sehnen und Bänder   Prinzip: Mond-Saturn ☽ ♄
Verbindung und Kraftübertragung
Taue und Stricke in den Gliedmassen, um die Gelenke und die Wirbelsäule
Stehen für Beweglichkeit in vorgegebenen Grenzen

Fettgewebe   Prinzip: Jupiter, Venus, Mars ♃ ♀ ♂
Schutz- und Isolationsschicht
Energievorrat
Reservedepot aus dem Überfluss
Gewicht und Ausdehnung

Erkrankungen des Muskelgewebes

Muskelkrampf   Mars-Uranus-Pluto ♂ ♅ ♇
↔ Schmerzhafte Anspannung ohne Sinn
Übertriebene Anspannung ohne den Willen zur Bewegung oder Kraftübertragung
✹ An willentlicher Entspannung, Durchblutung und Energieversorgung des Muskels
⚖ Zu schmerzhaftem Spüren der körperlichen Anstrengung durch Weiterarbeiten nach Überforderung
Zu langsamerer Gangart
Den seelischen Ehrgeiz zu erkennen
◉ Loslassenkönnen nach getaner Arbeit
Wechsel zwischen Anspannung und Entspannung üben (seelisch, wie körperlich)
Aktivität aus Freude und nicht der Belohnung wegen

Muskelkater   Mars ♂
↔ Vom Zuviel «verkatert» sein
Überforderung der untrainierten Muskulatur
Kleine Muskelrisse
Dazu Ablagerung von Stoffwechselschlacken, die nach alter Gewohnheit nicht so schnell abgebaut werden können
✹ Die überstrapazierte Muskulatur schmerzfrei betätigen zu können

↔ Symbolik/Analoges Muster   ✹ Woran hindert das Symptom?   ⚖ Wozu zwingt das Symptom?   ◉ Erlösung

⊕ Sich schmerzhaft an die Übertreibung zu erinnern
Bei jeder erneuten Bewegung den Schmerzschrei zu spüren (und auszustossen)
Den Muskeln hilfreiche Zuwendung (leichte Massage, feuchte Wärme) zukommen zu lassen
Nur allmählich wieder an die Bewegung gewöhnen
⊙ Auf allen Ebenen (geistig, seelisch und körperlich) in Bewegung bleiben
Entwicklung geschieht in der Betätigung, zuviel Schonung bedeutet Rückschritt

Muskelriss   Mars-Uranus ♂ ⚵

⊕ Überforderung und Überdehnung
Über die eigentlichen Grenzen bis zum Zerreissen gespannt und angespannt gewesen sein (auch durch Unfallverletzung)
⊛ Sich weiter über seine Möglichkeiten strecken zu können
An der Beweglichkeit und Kraftübertragung
⊕ Zu Entlastung und Ruhe
Nicht mehr über die Stränge schlagen zu können
Zeit zur Besinnung zu haben, um sich über seine körperlichen Grenzen klar zu werden und zu den geistig-seelischen vorzustossen
⊙ Ausdehnung auf der Bewusstseinsebene
Auf dieser Ebene Grenzen ausweiten
Die körperlichen Grenzen respektieren lernen

Muskelverhärtung   Mars-Saturn ♂ ♄

⊕ Lokale Verhärtungen und Blockaden in der Antriebsmaschinerie durch Überlastung oder Entzündung (Konfliktbereitschaft)
⊛ An freier und schmerzloser Beweglichkeit
⊕ Die einseitige Überlastung auszugleichen
Die betroffene Region zu entlasten
Den Konflikt körperlich zu spüren
⊙ Sich auf die wichtigsten körperlichen Bewegungen beschränken, weite seelisch-geistige Ausflüge unternehmen
Den Konflikt erkennen und thematisieren

Verspannung   Mars-Saturn ♂ ♄

⊕ Spannung, um übertriebenen Ansprüchen an sich selbst gerecht zu werden
Seelische Erstarrung
⊛ Den Ausgleich zwischen Anspannung und Entspannung herbeiführen zu können
Steckengebliebene Energie fliessen zu lassen
⊕ Nicht loslassen zu können
Energieübertragung wird durch starre Haltung blockiert
Schmerzhaftes Eingeengtsein durch selbstauferlegte inflexible Normen
⊙ Beide Pole zu ihrem Recht kommen lassen
Die Ansprüche an sich selbst auf ein vertretbares Mass reduzieren
Entspannungssituation bewusst geniessen und sich nicht ständig unter Druck setzen

Muskelerschlaffung Mars-Neptun ♂ ♆

↔ Herabgesetzter bis fehlender Spannungszustand der Muskulatur
  Unfreiwillige Entspannung
✱ Dynamik
  Körperenergie in Bewegungsenergie umzusetzen
  Spannung aufzubauen
⚖ Kraftlosigkeit
  Antriebsmaschinerie verweigert die Arbeit
  Unfreiwillige Entspannung bei Leistungswillen
◉ Sich der Gelassenheit hingeben
  Auf geistig-seelischer Ebene entspannen
  Wechsel von An- und Entspannung
  Sich Schwäche erlauben

Muskelrheuma Mars-Saturn ♂ ♄

↔ Oberbegriff über alle Schmerz- und Krampfzustände der Muskulatur durch Nervenreizungen,
  Haltungsschäden, Zugluft oder Überanstrengung
  Hindernis bei der Umsetzung der Körper- in Bewegungsenergie
  Steckengebliebene Energie
✱ Seine innere Aggression in äussere umzusetzen
  Morgens schmerzlos aus der Starre der Nacht in Bewegung zu kommen
⚖ Durch körperliche Schonung den Schmerz nicht über Gebühr herauszufordern
  Gezielte fördernde Bewegung, um nicht ganz einzurosten
  Immer wieder an seine Grenzen zu stossen, damit sich diese nicht weiter einengen
◉ Innerlich aufgestaute und unverarbeitete Probleme bearbeiten
  Sich Aggressionen zugestehen und sie im Leben einsetzen
  Sich selbst ohne Schuldgefühle wichtig und ernst nehmen

Muskelschwund Mars-Pluto ♂ ♇

↔ Erbliche Veranlagung
  Schwächung der Muskulatur
  Zunehmend behinderte Kraftübertragung
✱ Mit körperlicher Spannkraft das Leben in Angriff zu nehmen
⚖ Die Lebensaufgabe ohne die aggressive Mars-Energie lösen zu müssen
  Thema je nach betroffenem Körperteil zu erkennen
◉ Die mitgebrachte Familienaufgabe im geistig-seelischen Bereich annehmen und dort bearbeiten
  Die Energie auf das Thema übertragen, die die betroffene Region symbolisiert

Erkrankungen des Bindegewebes

Bindegewebsschwäche Mond/Venus-Neptun ☽ ♀ ♆

↔ Haltlosigkeit bei Verbindlichkeiten
  Neigung zum Nachgeben
✱ Geringe Spannkraft zur Verbindung der Kraftübertragung
⚖ Leichte Verletzbarkeit mit nachtragendem Effekt (blaue Flecke)
  Symptome, wie Eingeweidesenkung
  Auskugelung von Gelenken zu bearbeiten

↔ Symbolik / Analoges Muster   ✱ Woran hindert das Symptom?   ⚖ Wozu zwingt das Symptom?   ◉ Erlösung

⊙ Empfindlichkeit in Empfindsamkeit umwandeln
Sich in den Lebensstrom eingliedern
Inneren Halt finden
Opferhaltung aufgeben

Zellgewebsentzündung (Phlegmone)   Mars ♂

↩ Sich ausbreitender eitriger Konflikt in Gewebsspalten durch eingedrungene Erreger
Gefahr einer Blutvergiftung
Tiefliegende Konflikte, die chronisch werden können
✖ Die Konflikte bei Gefahr des Lebens unbeachtet zu lassen
⚖ Die tiefliegenden Konflikte um Verbindlichkeiten in der Körperebene auszutragen
Den Kampf um die Existenz aufzunehmen
Die Kampftrümmer (Eiter mit Erregern) behandeln zu lassen, bevor sie den ganzen Organismus
überschwemmen
⊙ Die konfliktauslösenden tiefliegenden Verletzungen aus den Verbindlichkeiten ins Bewusstsein
holen
Mit aller Kraft und Energie aufräumen, auch wenn dabei etwas zu Bruch geht

Wucherungen des Bindegewebes   Merkur-Jupiter, Saturn ☿ ♃ ♄

↩ Bindegewebe wuchert aus und verdrängt spezifisches Organgewebe
Unwesentliches anstelle von Wesentlichem
Falsche Verbindlichkeiten, die stören
✖ Die Funktionstüchtigkeit der betroffenen Organe
⚖ Von ausufernden Platzhaltern durch unsinnige Verbindlichkeiten am Wesentlichen behindert zu
werden
Nebensachen wichtig nehmen zu müssen
⊙ Je nach betroffenem Organ: Welche Verbindlichkeiten drängen ins Körperliche, die im Bewusst-
sein unbeachtet geblieben sind?
Eigene Verbindlichkeiten überprüfen und einlösen

Sehnenscheideentzündung   Merkur-Mars ☿ ♂

↩ Versteckter Konflikt, der aufreibt
Monotone gleichförmige Bewegungen, denen der wirkliche Sinn fehlt (Anerkennung der Lei-
stung)
✖ Sich weiter verkrampft in den gleichen Bahnen zu bewegen, ohne körperliche Schmerzen zu er-
tragen
⚖ Motivation hinterfragen (Pullover stricken, den niemand gerne tragen will?)
⊙ Die gleichförmige Arbeit mit Liebe und Hingabe verrichten oder aus den Bahnen aussteigen
Sich Aufgaben suchen, die Erfolgserlebnisse versprechen

Bänderriss/Sehnenriss   Uranus-Saturn ♅ ♄

↩ Konflikt überzogen
Bis zum Zerreissen gespannt
✖ Sich weiter körperlich zu überstrapazieren
⚖ «Wenn alle Stränge reissen» gibt es immer zwingend einen anderen Lösungsweg
Erzwungene Zeit und Ruhe, danach zu suchen
⊙ Sich der eigenen «Sehn»-süchte bewusst werden
Konfliktlösung auf geistig-seelischer Ebene in Angriff nehmen

Achillessehnenriss   Saturn-Mars-Jupiter ♄ ♂ ♃

- ↪ Riss der Sehne am körperlichen Schwachpunkt
  Den Bogen bis zum Zerreissen überspannt haben
- ⊗ An der Sprungkraft, dem Fortschritt und dem weiteren Aufstieg
- ⚡ Zu einer Pause im Vorwärtsdrang
  Auf den Boden der Tatsachen zurückzukehren, um vorerst dort zu bleiben
- ☉ Ziele des Ehrgeizes überdenken
  Seine eigenen Möglichkeiten kennenlernen und die Aktivitäten daran ausrichten
  Sich statt an körperliche an geistig-seelische Höhenflüge und Kraftakte wagen

Abrissfraktur   Mars-Saturn, Jupiter-Saturn ♂ ♄ ♃ ♄

- ↪ Abrupte Kraftakte in der Bewegung haben die Trossen aus der Halterung springen lassen
- ⊗ Die Verbindung von der betroffenen Sehne zum Knochen für die Bewegung nutzen zu können
- ⚡ Nach einem Höhenflug unsanft zu landen
  Die Folgen der Selbstüberschätzung körperlich ausbaden zu müssen
  Für eine Weile auf dem Boden zu bleiben und die Aktivitäten entsprechend einzuschränken
- ☉ Die eigenen Grenzen akzeptieren
  Die Haltbarkeit von Verbindlichkeiten keinem übertriebenen Härtetest unterziehen
  Sich geistig-seelische Extratouren erlauben

Überbein   Jupiter ♃

- ↪ Kleine zystenartige Auswüchse aus verändertem Bindegewebe an Gelenken oder Sehnen
- ⊗ Sich äusserlich makellos zu fühlen
- ⚡ Mit dem Auswuchs zu leben oder ein Machtwort zur Veränderung sprechen (Zyste sprengen)
- ☉ Sich kleine geistig-seelische Auswüchse in Hinsicht von Verbindlichkeiten leisten
  Zu seinen Besonderheiten stehen

Erkrankungen des Fettgewebes

Fettgeschwulst   Jupiter ♃

- ↪ Kleine Anhäufung des Überflusses an bestimmten Stellen des Unterhautfettgewebes,
  gutartige begrenzte Wucherung
- ⊗ Das Anwachsen des Überflusses zu verstecken
  Sich am Überfluss erfreuen zu können
- ⚡ Überfluss verursacht Druck
  Vom Überfluss abzugeben, wenn der Druck zu stark wird (chirurgischer Eingriff)
- ☉ Reserven auf geistig-seelischer Ebene anwachsen lassen und nutzbar machen
  Materielle Reserven nutzbar machen, gezielt zum Einsatz bringen

Krebs des Fettgewebes   Jupiter-Pluto ♃ ♇

- ↪ Wildes wucherndes Wachstum im Bereich des Überflusses
  Umgang mit Luxus gerät ausser Kontrolle
- ⊗ Den Überfluss im Leben nutzbar anwenden zu können
- ⚡ Über das Ziel (Schutz und Sicherheit) hinauszuschiessen und vom eigentlichen Entwicklungsweg
  abzukommen
  Überfluss nimmt zerstörerische Tendenz an
- ☉ Das Anwachsen geistig-seelischer Werte ohne Selbstbeschränkung forcieren
  Verantwortungsbewusster Umgang mit materiellen Werten
  Luxuriöse Auswüchse einer kritischen Betrachtung unterziehen

---

↪ Symbolik/Analoges Muster   ⊗ Woran hindert das Symptom?   ⚡ Wozu zwingt das Symptom?   ☉ Erlösung

Die Wirbelsäule, Gelenke und Knochen

Wirbelsäule
Prinzip: Saturn ♄
Rückgrat des Körpers
Haltung – hält den Körper aufrecht
Achse des Körpers
Beweglichkeit und Stabilität
Trägt das Gewicht des Körpers über die Erde
Abfederung durch Bandscheiben (weiblicher Teil der Wirbelsäule)

Halswirbelsäule
Prinzip: Merkur-(Saturn) ☿ (♄)
Tragen und Bewegen des Kopfes
Umsicht und Überblick – Gesichtsfelderweiterung
Last des Kopfes tragen

Lendenwirbel
Prinzip: Saturn-Pluto ♄ ♇
«Das Kreuz haben», zu etwas zu stehen
Last des Lebens tragen
Problemzone
Beweglichkeit und Stabilität gleichzeitig

Gelenke
Prinzip: Merkur ☿
Beweglichkeit
Den Menschen und der Welt näher kommen oder sie an sich heranholen
Körpersprachliche Artikulation

Gelenkinnenseiten
Prinzip: Merkur ☿
Offenheit, Sicherheit und Vertrauen, wenn nach aussen gewendet
Verletzbarkeit und Schutzlosigkeit

Gelenkaussenseiten
Prinzip: Merkur ☿
Schutz und Abgrenzung

Handgelenk
Prinzip: Merkur ☿
Beweglichkeit
Handlungsfähigkeit

Ellenbogen
Prinzip: Mars ♂
Durchsetzungsvermögen, sich Raum verschaffen

Schultergelenk
Prinzip: Merkur-Mars ☿ ♂
Garant für die Beweglichkeit der Arme
Spielraum für (Bewegungs-)Freiheit mit nur geringfügigen Abstrichen (Bewegungsraum nach hinten ist eingeschränkt)

Hüftgelenk
Prinzip: Jupiter ♃
Ausgangspunkt der Schritte
Grundlage der Fortbewegung
Verantwortlich für Ausmass des Wirkungskreises

Kniegelenk
Prinzip: Saturn ♄
Ermöglicht das Auf und Nieder der Beine bei der Vorwärtsbewegung, der Erde näher zu kommen, sich klein zu machen und eine demutsvolle Haltung einzunehmen

Sprunggelenk
Prinzip: Uranus ♅
Grundlage für den aufrechten Gang und Absprung
Federndes Gehen
Fliessende Vorwärtsbewegungen

Knochen
Prinzip: Saturn ♄
Tragwerk des Körpers
Gibt Halt und Festigkeit
Zunehmende Verknöcherungen verringern Flexibilität

Knorpelgewebe
Prinzip: Mond-Saturn ☽ ♄
Verbindlichkeit (zwischen Knochen)
Umhüllung der Gelenkköpfe und -pfannen
Abfederung bei Belastung und Beweglichkeit
Jugendliche Biegsamkeit

Bandscheiben
Prinzip: Mond-Saturn ☽ ♄
Weicher elastischer Puffer zwischen den Wirbelkörpern
Stossdämpferfunktion
Belastungsausgleich und -verteilung
Weiblicher Anteil der Wirbelsäule, der reibungslose Funktion, Biegsamkeit, Belastungsanpassung und Wendigkeit ermöglicht

⊕ Symbolik / Analoges Muster   ✖ Woran hindert das Symptom?   ⚤ Wozu zwingt das Symptom?   ⦿ Erlösung

Erkrankungen der Wirbelsäule

Bechterew-Krankheit Saturn-Saturn ♄ ♄

(↔) Chronisch-entzündlicher Verlauf lässt die Körperachse verknöchern und versteifen
Trifft meist Männer
Buckelbildung
⊛ An der Biegsamkeit und Flexibilität durch Fehlen des weiblichen Ausgleichs
(↓) Unbewegliche steinerne senkrechte Mitte (Verkalkungen)
(Schmerzhafte) starre Unbeugsamkeit
Sich unfreiwillig zu beugen
⊙ Wirkliche innere Mitte finden
Weibliche Seelenanteile leben
Statt starrer Haltung konsequentes Auftreten
Rückgrat im «aufrechten Gang» unter Beweis stellen

Buckel Saturn-Saturn ♄ ♄

(↔) Unfreiwillige Demutshaltung
Sichtbar unter der Schicksalslast gebeugt sein
Den Blick zu Boden zu richten
⊛ Den aufrechten Gang nach aussen sichtbar zu demonstrieren
Sich äusserlich zur vollen (der inneren entsprechenden) Grösse aufzurichten
(↓) Zu anderen Menschen aufzublicken
Sich stets den eigenen Wurzeln zuzuwenden
⊙ Aus den eigenen Wurzeln heraus die Kraft schöpfen, dem Leben innerlich aufrecht und aufgeschlossen gegenüber zu stehen
Aus der Demut der Mutter Erde gegenüber innere Grösse entwickeln

Haltungsschäden Saturn ♄

(↔) Fehlhaltung
Nicht ausgelebte innere Haltung drückt sich sichtbar nach aussen aus
Duckmäuser-Eindruck
Körperlich ausgedrückte Mutlosigkeit
⊛ Am schmerzfreien aufrechten Gang
Die innere Grösse für andere erkennbar zu machen
(↓) Verletzten Stolz und Verbogenwordensein in der Körperhaltung darzustellen
Sich kleiner zu machen, als man ist
⊙ Innere Mitte finden und sich daran aufrichten
Nach eigenen Haltungsansprüche leben
Sich zu voller Grösse aufrichten, ohne Angst vor Tiefschlägen

Hohlkreuzhaltung Saturn-Neptun ♄ ♆

(↔) Überfordernder Ausgleich von Haltungsschäden durch vorgetäuschte Aufrichtigkeit
Hohle Aufrichtigkeit – angepasst, um den Schein zu wahren
⊛ Wirkliche Standfestigkeit und Aufrichtigkeit
(↓) Sich aus lauter Angepasstheit verbiegen
Überlastung und schnelle Abnutzung der beanspruchten Bandscheiben und Wirbelkörper
Schein geht auf Kosten der Substanz
⊙ Innere Aufrichtigkeit zu sich selbst und gegenüber dem Leben entwickeln
Aus innerer Stärke heraus den Anforderungen gerecht werden
Inneres Gleichgewicht wahren

Hexenschuss Saturn-Mars ♄ ♂

⊕ Quetschung eines ausgetretenen Nervs durch Bandscheibenverlagerung
Entstanden aus Spannungen zwischen oben und unten
Anpassungsversuch in beide Richtungen der Polarität
Aus dem Lot geraten sein

✴ Sich aufrecht zu halten und auf dem gleichen Weg fortzuschreiten

⚖ Entzündung an dem die Hauptlast tragenden Wirbelsäulenabschnitt im Kreuz
Plötzlich eintretender, heftiger Schmerz
Sich auch äusserlich zu verbiegen
Zeit zum Nachdenken und allmähliche Korrektur der Haltung zu haben

⊙ Die richtige Einstellung zu sich und den eigenen Ansprüchen finden
Sich nicht nach allen Seiten anpassen und dabei innerlich verbiegen
Einen tragfähigen Ausgleich finden

Ischias Jupiter/Mars-Saturn ♃ ♂ ♄

⊕ Durch Druck verschobene Bandscheibe reizt den Ischiasnerv
Mehr Belastung, als die elastische Bandscheibe abfedern kann

✴ Aufrecht zu gehen
Sich schmerzfrei bewegen zu können
Scheinaufrichtigkeit zu wahren

⚖ Der übergrosse Druck sucht einen Ausweg
Körperachse gerät aus dem Lot
Schiefe Haltung, um den Schmerz zu mindern

⊙ Sich aus belastenden Situationen befreien
Sich Verklemmungen bewusst machen
Alles gerade rücken, auch wenn es weh tut

Querschnittslähmung Uranus-Saturn-Neptun ♅ ♄ ♆

⊕ Aus der Bahn geworfen worden sein
Meist Folge eines Unfalls
Durch Wirbelsäulenbruch sind die Nachrichtenbahnen unterbrochen
Einschneidendes Erlebnis in Todesnähe mit einschneidenden Veränderungen in der Lebens-
führung

✴ Selbständig und ohne Hilfe leben und sich fortbewegen zu können
Nach den Mustern vor dem Einschnitt weiterzuleben

⚖ Kein Gefühl und keine Kontrolle über den Bereich unterhalb des Bruchs zu haben
Sich vom unteren Teil des Körpers abgeschnitten zu fühlen, lernen, Hilfe anzunehmen und sich
im Leben neu zu orientieren

⊙ Ergründen, was die erzwungene Richtungsänderung ausgelöst haben könnte
Die Veränderung als Chance zur Neuorientierung nutzen
Nach neuen Möglichkeiten, Aufgaben und Aktivitäten suchen, die die Lebensbewältigung unter-
stützen
Anstelle von Sex: den Austausch von Zärtlichkeiten als beglückendes Erlebnis entdecken

Entzündung der Wirbelsäule (Spondylitis) Saturn-Mars ♄ ♂

⊕ Konfliktentzündung in den Wirbelkörpern
Angriff gegen die Aufrichtigkeit

✴ Lasten zu tragen
Sich beschwingt zu bewegen
Die von sich selbst geforderten Leistung in vollem Umfang zu erbringen

---

⊕ Symbolik / Analoges Muster   ✴ Woran hindert das Symptom?   ⚖ Wozu zwingt das Symptom?   ⊙ Erlösung

⊕ Schmerzhafter aufrechter Gang und Schmerzen beim Stillsitzen
Ständig seine Körperachse zu spüren
⊙ Seinen Standpunkt im Leben und die eigene Aufrichtigkeit verteidigen
Keine Anpassung um jeden Preis

Wirbelsäulenverkrümmung   Saturn-Uranus ♄ ♅
↔ Achse aus dem Lot geraten
Zugeständnisse unter Druck
Ausweichen
Sich krummlegen
✳ An der aufrechten Haltung
⊕ Übertriebenes Ausgleichsverhalten
Zum schmerzhaften Empfinden in dem von der Fehlbelastung betroffenen Bereich
⊙ Lernen, mit Hindernissen angemessen umzugehen
Seelische Mitte finden – wissend, dass der gerade Weg nicht immer am schnellsten zum Ziel führt

Bandscheibenvorfall   Mond-Saturn ☽ ♄
↔ Überdruck auf den weichen elastischen Puffern
Unterdrückung der weiblichen Seelenanteile
Über die Grenzen hinausgepresst, nun auf die Nerven gehend
Achse aus dem Lot
✳ Am aufrechten und federnden Gang
Sich weiter überlasten zu lassen
⊕ Schmerzgrenze zu erreichen
Die seelische Befindlichkeit körperlich auszudrücken – sich unter dem schmerzhaften Druck zu beugen
Zu Ruhe und Entspannung
⊙ Selbstbewertung (Härte gegen sich selbst) überprüfen
Übergrossen Leistungsdruck zurückweisen
Sich seelisch aufrichten
Ausgeglichenes Verhältnis von Anspannung und Entspannung

Bandscheibenschäden   Mond-Saturn ☽ ♄
↔ Zerstörung der weichen elastischen Puffer unter ständigem Druck
Wirbelkörper reiben aufeinander
Zwischen die Mühlsteine geraten sein
✳ Am federnden Gang
Sich alles aufladen zu lassen
⊕ Opferhaltung
Seelische Verletzungen im Körperbereich nacherleben
Schmerzhaft die Reibung zwischen den verschiedenen Interessen spüren
Sich unter dem Druck zu beugen
⊙ Neigung erkennen, allen alles recht machen zu wollen
Eigene Ansprüche wichtig nehmen
Mit weicher Elastizität den Hindernissen begegnen
«Nein-Sagen» lernen

Erkrankungen der Gelenke

Gelenkerkrankungen Merkur-Jupiter/Saturn/Uranus/Pluto ☿ ♃ ♄ ⛢ ♇

(↔) Probleme mit der Beweglichkeit und der Artikulation
Verrenkung, Verdrehung, Überdehnung, Verstauchung – übertretene Grenzen
Versteifung, Verprellung – starre Haltung

(✖) An der Beweglichkeit innerhalb der Grenzen und am zwanglosen, unbelasteten Kontakt zur Welt und seinen Mitmenschen

(↧) Die Beweglichkeit einzuschränken
Zum Ausgleich für übertretene Grenzen auf dem Gegenpol (Ruhe – kleinerer Bewegungsradius)
Steife (seelische) Haltung – Blockaden und Schwierigkeiten beim Aufeinanderzugehen

(●) Eigene körperliche Grenzen akzeptieren und respektieren
Sich an geistig-seelische Grenzen herantasten, um über diese hinauszuwachsen
Loslassen von verhärteten und versteiften Standpunkten und lernen, offen auf andere Menschen zuzugehen

Gelenkrheuma Merkur-Pluto-Saturn ☿ ♇ ♄

(↔) Blockaden durch Aggressionen gegen sich selbst
Aufgestaute seelische Probleme werden zu Sand im Getriebe des Lebens
Festgefahren sein
Schmiere ist verbraucht
Gelenke rosten ein

(✖) Geschmeidigkeit der Bewegung und des Fortschritts
Am Morgen die Gelenkblockaden schmerzlos überwinden zu können

(↧) Jeden Morgen über sich hinauszuwachsen, um den Schmerz zu überwinden
Beim Nachgeben und Verbleiben in der Bewegungslosigkeit zur völligen Versteifung und Bewegungsunfähigkeit
Ein gewisses Mass an Ruhe zu akzeptieren

(●) Erzwungene körperliche Ruhe zur inneren Einkehr nutzen
Innere Beweglichkeit ebenso wie die äussere trainieren
Aufgestaute Probleme bearbeiten
Sich zugestehen, seinen Aggressionen nach aussen Ausdruck zu verleihen

Gicht Jupiter-Mars/Saturn ♃ ♂ ♄

(↔) Konflikt durch aggressive Abfallprodukte
Ständiges Sauersein (innere Aggressivität)
Gestörtes Gleichgewicht zwischen Säuren und Basen im Körperklima
Harnsäurekristalle setzen den Gelenken zu

(✖) Zuerst an der Beweglichkeit der kleinen Gelenke, im weiteren Krankheitsverlauf auch an der der grossen Gelenke

(↧) Zum Verzicht auf Nahrung, bei deren Abbau zuviel Harnsäure entsteht
Die aufgestaute aggressive Energie gegen den eigenen Körper zu richten
Zur Zerstörung der Gelenke
Gefahr der Bildung von Nierensteinen

(●) Sich Zeit zur gründlichen Verdauung von aufgestautem Ärger nehmen
Innere Beweglichkeit trainieren, um mit Schwung und Leichtigkeit seine Aggressionen gegen die Ärgernisse im Umfeld zu richten

(↔) Symbolik/Analoges Muster (✖) Woran hindert das Symptom? (↧) Wozu zwingt das Symptom? (●) Erlösung

Gelenkversteifung   Saturn-Merkur ♄ ☿

⊕ Entzündliches Konfliktgeschehen hat sich auf die Gelenke verlagert, greift dort die weichen abfedernden Knorpel an und zerstört diese
Projizierte Aggressionen aus den Auseinandersetzungen in anderen Bereichen
Verschwinden der anpassenden Nachgiebigkeit

⊛ Beweglichkeit und problemloses Aufeinanderzugehen

⊕ Je nach Gelenk: eingeschränkte Fortbewegung und Artikulation
Versteifte geistig-seelische Haltung körperlich nachzuvollziehen
Sich auf das Wesentliche zu beschränken

⊙ Erkennen, in welchen Bereichen Stellvertreter-Kriege von erstarrten Haltungen aus geführt werden
Geistig-seelische Beweglichkeit und Verlassen überlebter Standpunkte im Bewusstsein
Das Wichtige im Leben erkennen und bearbeiten
Wohlüberlegte verbale Artikulation

Gelenkabnutzung (Arthrose)   Merkur-Saturn ☿ ♄

⊕ Chronische Gelenkerkrankung durch Fehlhaltungen, Fehlbelastungen, Übergewicht, Entzündungen oder Verletzungen
Weiche abfedernde Knorpelmasse verlor ihre Geschmeidigkeit, wird zur Reibefläche

⊛ An schmerzloser Beweglichkeit des betroffenen Gelenkes durch fehlende Abfederung

⊕ Die zur Reibefläche gewordene Knorpelschicht bei jeder Bewegung weiter zu zerstören
Sich zu jeder Bewegung überwinden zu müssen
Körperliches Missempfinden bei jeglicher Belastung

⊙ Das Thema der Symbolik des betroffenen Gelenkes im Bewusstsein bearbeiten
Reibeflächen und Hindernisse aufspüren
Die verhinderte körperliche Beweglichkeit auf geistig-seelischer Ebene herstellen

Hüftgelenkarthrose   Jupiter-Saturn ♃ ♄

⊕ Behinderung des Weiterkommens
Schmerzhafte Reibung bis zum Aufreiben

⊛ An der Fähigkeit zum reibungslosen, ungehinderten Fortschritt

⊕ Zu kleinen mühseligen Schritten
Zu kraftzehrendem Aufstieg

⊙ Erkennen, dass die Zeit der grossen äusseren Schritte vorüber ist
Weite grosse Schritte auf der Reise im Innern unternehmen

Kniegelenkarthrose   Saturn ♄

⊕ Widerstand gegen Beugsamkeit

⊛ Ohne Schmerz in die Knie zu gehen
Am leichten Vorwärtskommen

⊕ Sich nicht mehr auf ein Leben auf den Knien einlassen zu können

⊙ Unterschied zwischen gedemütigter und demutsvoller Haltung erkennen
Demutsvolle Haltung auf der geistig-seelischen Ebene einnehmen

Sprunggelenkarthrose   Uranus ♅

↔ Absprung fehlt die Federung und wird schmerzhaft
✱ Grosse Sprünge zu machen
⚴ Vor dem Absprung auf eine weiche Landung zu achten
⊙ Sich realistische Ziele stecken
   Kleine Schritte dorthin unternehmen
   Innere Sprunghaftigkeit und Lebhaftigkeit

Handgelenk- und Fingerarthrose   Merkur ☿

↔ Eingeschränkte Handlungsfähigkeit beim «In-den-Griff-bekommen» des Lebens
✱ Problemloses Ergreifen und Festhalten
⚴ Sein Eingreifen auf das Wesentliche beschränken
   Reibung verursachende Eingriffe weitestgehend zu unterlassen
⊙ Sich auf Loslassen vorbereiten
   Neue Bereiche auf der geistig-seelischen Ebene er- und begreifen

Schleimbeutelentzündung   Saturn/Mond-Mars ♄ ☽ ♂

↔ Konfliktgeschehen im wässrigen Schutz der Gelenke, häufig im Kniegelenk, durch Überlastung
   und dauerhaften Druck
   Innere Aggression gegen Unterwürfigkeit
✱ Das Gelenk zu belasten und zu bewegen
   Sich schmerzfrei niederzuknien
⚴ Sich von den Knien zu erheben
   Das heisse kriegerische Geschehen von aussen abzukühlen
   Ruhe und Entlastung
⊙ Dem Körper hin und wieder Entlastung gönnen
   Sich nicht selbst ständig unter Druck setzen
   Konflikt um Vereinbarkeit der seelischen mit der nach aussen gezeigten Haltung (Unterwürfig-
   keit) lösen

Meniskusverletzung   Merkur/Saturn-Mars ☿ ♄ ♂

↔ Zerreissprobe um die Beugsamkeit
   Stossdämpfer-Knorpel aus der Halterung gerissen, wird zum schmerzhaften Bremsklotz
   Verbindlichkeit, die unter zu starker Belastung aufriss
✱ Sich problemlos zu beugen und zu bewegen
⚴ Auf den losgerissenen Stossdämpfer ganz zu verzichten, bevor er das gesamte Kniegelenk
   blockiert
⊙ Körperliche Grenzen akzeptieren lernen
   Verbindlichkeiten aufrechterhalten und nicht überbelasten
   Zerreissproben auf die Bewusstseinsebene verlagern und sich da über Grenzen hinausbewegen

Knöchelbruch   Uranus-Saturn ♅ ♄

↔ Gewagter Sprung mit unglücklicher Landung liess das Sprunggelenk zerbersten
✱ Für einen gewissen Zeitraum an weiteren Sprüngen
⚴ Am Boden zu bleiben und sich seinen Wurzeln näher zu fühlen
   Zeit und Ruhe zur Besinnung
⊙ Erkennen, wo man sich auf unsicherem Untergrund bewegt, welcher Entwicklungsweg durch
   den Bruch unterbrochen wurde

↔ Symbolik / Analoges Muster   ✱ Woran hindert das Symptom?   ⚴ Wozu zwingt das Symptom?   ⊙ Erlösung

Erkrankungen der Knochen

Knochenbruch   Saturn-Uranus   ♄ ♅
- ⊖ Bruch, Unterbrechung in Bereichen der Unbeugsamkeit
  Unbewusste erstarrte Haltung fand rigorose Veränderung
- ⊛ Auf dem gerade begangenen Weg fortzuschreiten
  Die begonnene Handlung fortzuführen
- ⊕ Den betroffenen Knochen ruhigzustellen
  Die Festigkeit und Stabilität für eine Weile durch äussere Hilfsmittel garantieren
  Zeit und Ruhe zur Neuorientierung zu haben
- ⊙ Entwicklung von Anpassungsfähigkeit an neue Lebenssituation
  Erstarrtes und Überlebtes in der eigenen Lebenssituation aufspüren und loslassen
  Hilfe bei der Neuorientierung annehmen lernen

Knochenkrebs   Saturn-Pluto   ♄ ♇
- ⊖ Festigkeit und Stabilität der strukturgebenden Knochen wird durch wildes und ungezügeltes Wachstum untergraben
- ⊛ Die Übernahme der Funktionen der über die Grenzen wachsenden entarteten Zellen
  Belastbarkeit der tragenden Kraft
- ⊕ Zerstörung der Struktur, die Festigkeit und Halt gibt
  Strukturelles Wachstum auf der Körperebene, was in der Entwicklung auf der geistig-seelischen Ebene allzu lange versäumt wurde
- ⊙ Bisherige Strukturen des eigenen Lebens vehement in Frage stellen und sprengen
  Sich an seine ursprünglichen Ansprüche erinnern und bei ihrer Einlösung auf der Bewusstseinsebene über sich hinauswachsen

Knochenentkalkung (Osteoporose)   Saturn   ♄
- ⊖ Knochen verlieren die stabilisierende Substanz Calcium
  Abwerfen von Ballast nach der Lebensmitte
  Hormonelle Umstellung
- ⊛ Die Festigkeit und Haltbarkeit des Knochengerüstes
  Sich aufrecht zur vollen Grösse aufzurichten
- ⊕ Schmerzhafte Wahrnehmung der eigenen Knochen
  Verringerung der Körpergrösse
  Sich unter der Last des Lebens zu beugen
  Weiterer Abbau durch Unterforderung
- ⊙ Sich auf der geistig-seelischen Ebene von unnötigem Ballast befreien und sich auf das Wesentliche konzentrieren
  Sich körperlich fordern, um nicht einzurosten
  Sprichwörtlich: «Wer rastet, der rostet.»

Knochenentzündung   Saturn-Mars ♄ ♂

- ☋ Konfliktgeschehen um Struktur, Stabilität und Festigkeit
  Durch Verletzungen eingedrungene Keime zersetzen die Festigkeit des Knochengewebes
  Abszessbildung
- ✶ Die betroffenen Gelenke schmerzfrei zu betätigen
  Die gesunde Entwicklung der Knochenstruktur (Krankheitsbild tritt bei Kindern und Jugendlichen häufiger auf)
- ♃ Absterben von Knochengewebe
  Verlust der Festigkeit
  Langandauernder hartnäckiger Abwehrkampf mit Neigung zur Chronifizierung
- ☉ Konflikte um die eigenen strukturellen Vorstellungen ins Bewusstsein lassen und die eigenen Ansprüche der Umwelt mitteilen
  «Ich-Botschaften» senden
  Konflikte bearbeiten

Knochenmarkentzündung   Saturn-Mars ♄ ♂

- ☋ Konflikt ging durch «Mark und Bein», wurde im Bewusstsein verdrängt und lässt den Kampf auf der Körperebene entzündlich entflammen
  Angriff der «Wiege des Abwehrsystems»
- ✶ An der Festigkeit der Knochen, die von innen heraus attackiert werden
- ♃ Zersetzung der Knochen durch das Kampfgeschehen im Innern
  Ruhigstellung
  Zeit und Musse, darüber nachzudenken, welche Konflikte in der Tiefe ihr zerstörerisches Werk begonnen haben
- ☉ Erkennen, was die innere Struktur in der Tiefe angreift und es im Bewusstsein bearbeiten
  Bis auf die Knochen für die eigenen tiefverwurzelten Ansprüche kämpfen lernen
  Die Auseinandersetzung mit fremdbestimmten Normen im Leben führen

Knochenhautentzündung   Saturn-Mars ♄ ♂

- ☋ Konfliktgeschehen um das Gerüst des Lebens
  Fremde Normen und Gesetze entzünden sich an der eigenen inneren Struktur
- ✶ Freie schmerzlose Beweglichkeit
  Die Angriffe auf das Gerüst und den eigenen Halt im Leben zu ignorieren
- ♃ In der aufgezwungenen Bewegung innezuhalten
  Belastungen von sich zu weisen
  Zu Schonung und Ruhe
- ☉ Bisherige Strukturen in Frage stellen
  Den Kampf um eigene Ansprüche bis auf die Knochen aufnehmen

Falsches Gelenk   Uranus ♅

- ☋ Bildung eines neuen Gelenkes anstelle eines verheilenden Knochenbruchs
  Sich auf weitere Anstösse vorbereitend
- ✶ Die Stabilität an der Stelle, wo sie erforderlich ist
- ♃ Körperliche Kreativität, die im Geiste verhindert wurde
  Schaffung neuer Beweglichkeit, die den Körperfunktionen zuwider läuft
- ☉ Kreativität, auch wenn sie scheinbar fehl am Platze ist, im Bewusstsein entwickeln und den Körper von dieser Aufgabe befreien

---

☋ Symbolik / Analoges Muster   ✶ Woran hindert das Symptom?   ♃ Wozu zwingt das Symptom?   ☉ Erlösung

Das Gehirn

Gehirn
Prinzip: Merkur-Uranus ☿ ⛢
Regierungssitz unseres Körpers
Metropole mit allen wichtigen verwaltungstechnischen Institutionen, zentrale Verwaltung, Archiv und Zentralbibliothek (Gedächtnis und Wissen)
Logistikzentrum, Steuerungs- und Informationszentrum

Linke Hirnhälfte
Prinzip: Merkur-Sonne ☿ ☉
Sitz der Logik, des kausalen Denkens (Ursache und Wirkung), Sachlichkeit
Glasklarer Verstand
Ratio
Steuerung der rechten Körperseite

Rechte Hirnhälfte
Prinzip: Mond-Venus ☽ ♀
Sitz des bildhaften Vorstellungsvermögens
Kreativität
Gefühlsenergie durch gespeicherte, aufgenommene und vorgestellte Bilder
Phantasie
Irratio
Steuerung der linken Körperhälfte

Grosshirn
Prinzip: Merkur-Uranus ☿ ⛢
Steuerungszentrale des Organismus
Ermöglicht ganzheitliches Denken
Ratio sowie Irratio
Vereinigung der sonst getrennten Hirnhälften durch den Balken

Kleinhirn
Prinzip: Merkur ☿-Venus ♀
Verantwortlich für nicht willentliche Bewegung und Genauigkeit bei der Ausführung der Bewegungsbefehle aus der obersten Ebene

Stammhirn
Prinzip: Pluto ♇
Auch das «alte Gehirn» (entwicklungsgeschichtlich)
Regelt alle wichtigen Lebens- und Überlebensfunktionen wie Atmung, Lidschlag und Herzschlag

Limbisches System
Prinzip: Merkur-Mond ☿ ☽
Teil des Stammhirns
Das Gefühlsgehirn
Dem Grosshirn beigeordnet
Verarbeitung von Reizen aus dem Innern des Körpers und aus der Aussenwelt und Weiterleitung der Signale

Riechhirn
Prinzip: Pluto-Neptun ♇ Ψ
Reptiliengehirn, Verbindung von Geruchswahrnehmung (Witterung) und Gefühl, Instinkt und Eingabe (Intuition)
Starker Reiz – Entscheidung, ob Kampf oder Flucht

Gehirnhäute
Prinzip: Saturn, Mond ♄ ☽
Schutz und Versorgung des Gehirns
Abpolsterung und Isolation

Rückenmark
Prinzip: Merkur ☿
Verwaltung auf der nächstunteren Ebene, (Länder, Distrikte, Provinzen), Verbindung zwischen oben und unten, gewisser Handlungsspielraum bei Entscheidungen vor Ort

Rückenmarkshäute
Prinzip: Saturn-Mond ♄ ☽
Verpackung der Hauptnervenbahnen
Schutz und Umhüllung mit Wasserpolster

Erkrankungen des Gehirns

Durchblutungsstörung des Gehirns   Merkur-Saturn ☿ ♄
↔ Mangelversorgung führt zu Funktionsstörungen
   Vergesslichkeit
   Konzentrationsschwäche
   Abnahme der Leistung des Verstandes
   Gefühle spielen eine grössere Rolle
✶ Am Leben wie bisher teilzunehmen, den wachen Verstand über alles zu stellen
   Mit dem Denken und dem Leben im Fluss zu bleiben
⚓ Sich auf die wesentlichen Dinge zu beschränken
   Die Gefühle mehr zu Wort kommen zu lassen
   Gefahr des Schlaganfalls ins Auge zu fassen
◉ Ganzheitliche Wahrnehmungen mehr in den Mittelpunkt zu rücken, die zu kurz gekommene
   Seite (Gefühl) zu ihrem Recht kommen lassen
   Sich selbst und dem Leben vertrauen, Verstocktheiten auflösen und in Fluss geraten lassen

Gehirnerschütterung   Uranus-Merkur ♅ ☿
↔ Erdbeben in der Hauptstadt des Körpers
   Auslöser kann sein: Waghalsigkeit, mit dem Kopf durch eine Betonwand wollen, Starrköpfigkeit
✶ Seinen Kopf weiter mit aller Macht durchzusetzen
   Weitere Auseinandersetzungen nach dem alten Muster zu suchen und zu führen
⚓ Sich zurückzunehmen
   Sich selbst und den Kopf wie ein rohes Ei zu behandeln
   Die nächsten Schritte und Handlungen zuvor gründlich zu überdenken
◉ Gleichgewicht zwischen Anpassung und Widerstand herstellen
   Alte Denkprogramme erkennen, überdenken und durch geeignetere ersetzen

---

↔ Symbolik / Analoges Muster   ✶ Woran hindert das Symptom?   ⚓ Wozu zwingt das Symptom?   ◉ Erlösung

Gehirnentzündung Merkur-Mars ☿ ♂

⊖ Kriegsgeschehen in der Körperhauptstadt entzündet
Gefahr für die Steuerungszentrale und damit fürs Leben

⊛ Sich von Unwesentlichem ablenken zu lassen
Nach alten Regeln weiterzuleben
Kräfte und Energien in Nebensächlichkeiten zu investieren

⊕ Zur Beschäftigung mit sich selbst und zum Kampf ums Überleben
Die eigenen Kräfte zu erkennen und einzusetzen

⊙ Es geht ums Ganze! Neue Gedanken hereinlassen und sich mit ihnen auseinandersetzen
Sich selbst wichtig nehmen und für sich selbst kämpfen

Gehirnhautentzündung Mars-Merkur-Mond ♂ ☿ ☽

⊖ Entzündlicher Konflikt um die Steuerungszentrale
Angriff auf den wässrigen Schutzmantel

⊛ Sich im Gleichgewicht zu befinden
Alarmsignale nicht wahrzunehmen

⊕ Verdrängte Aggressivität im Körpergeschehen auf höchster Ebenen austoben zu lassen
Bisheriges Denk- und Verhaltensmuster als gescheitert erkennen
Reifeprozess einzuleiten oder im Kampf unterzugehen

⊙ Sich dem Neuen öffnen
Ins innere Gleichgewicht gelangen, den Kampf ums Ganze ausfechten
Ausgleich zwischen Gefühl und Verstand herstellen

Gehirntumor Mond/Merkur-Pluto ☽ ☿ ♇

⊖ Alle Grenzen sprengendes Wachstum auf höchster Ebene, Ausdehnung und damit Behinderung
lebenswichtiger Funktionen

⊛ An der Funktionstüchtigkeit und Entfaltungsmöglichkeit im Rahmen des Ganzen für alle Bereiche der Denk- und Schaltzentrale

⊕ Zerstörung der Existenzgrundlage des wuchernden Bereiches in absehbarer Zeit, wenn keine Hilfe von aussen kommt

⊙ Entwicklung und Entfaltung des symbolisierten Themas im Lebensprozess
Gesundes Wachstum unter Berücksichtigung der Ausgeglichenheit und Angemessenheit

Bewusstseinstrübung (zeitweise) Neptun ♆

⊖ Wanderer zwischen den Welten sein
Membran zum Unterbewusstsein ist zu durchlässig

⊛ Sich stets auf seine Wahrnehmungen und den Verstand berufen zu können
Von anderen immer verstanden zu werden

⊕ Sich zwangsweise den seelischen Inhalten hinzugeben
Sich der Flut der seelischen Eindrücke hilflos ausgeliefert zu fühlen

⊙ Verstand und Gefühl jeweils zu ihrer Zeit zu ihrem Recht kommen lassen
Den seelischen Eindrücken Raum lassen, sie nicht verstandesmässig erklären zu wollen

Ohnmacht Neptun ♆
- (↔) Sich machtlos den Dingen ausgeliefert fühlen
  Sich zeitweise aus der Verantwortung stehlen
- (✖) Sich stets mit wachen Sinnen dem Leben zu stellen
  Energie je nach Erfordernis zur Verfügung zu haben
- (⤓) Sich die Ohnmacht gegenüber manchen Geschehnissen einzugestehen
  Überforderungen nicht annehmen zu müssen
- (●) Freiwillig auf Macht verzichten lernen
  Vertrauen ins Leben entwickeln
  Energien gleichmässig fliessen zu lassen

Koma Saturn-Neptun ♄ ♆
- (↔) Zwischenwelt mit tiefer Bewusstlosigkeit
  Entscheidungsstadium der Seele zwischen Leben und Tod
- (✖) Keine bewusste und verstandesmässige Entscheidung treffen zu können
- (⤓) Aufnahme unbewusster Eindrücke (wichtig für begleitende Angehörige)
  Der Seele die Entscheidung zu überlassen
- (●) Für Angehörige: die Entscheidung akzeptieren, auch wenn es heisst, loszulassen
  Den Betroffenen mit Liebe auf seinem Weg begleiten
  Körperkontakt, entspannende Musik
  Ehrliche Worte der Liebe und Zuwendung aussprechen

Schlaganfall Mars-Saturn-Uranus ♂ ♄ ♅
- (↔) Schlag in die oberste Schaltzentrale
  Bestimmte Bereiche des Gehirns von der Versorgung abgeschnitten und daran zugrunde gegangen
- (✖) Volle Funktionstüchtigkeit der gegenüberliegenden Körperseite
  Weitere ungestörte Steuerungsarbeit der betroffenen Zentren
- (⤓) Sich den betroffenen Bereichen intensiv zuzuwenden
  Ausgleich herzustellen
  Weiteren Blockaden vorzubeugen
- (●) Warnsignal beachten
  Neue Lebensmuster entsprechend der verbliebenen Möglichkeiten entwerfen
  Die ausgefallenen Seiten im Bewusstsein mehr zu ihrem Recht kommen lassen

Alzheimer-Krankheit Neptun-Saturn ♆ ♄
- (↔) Abbruch und Umkehr der Entwicklung
  Neue Eindrücke werden flüchtig, Vergangenes wird überdeutlich und gegenwärtig im zeitlichen Rückschritt
- (✖) Sich der Gegenwart mit all seinen Anforderungen zu stellen und es zu bearbeiten
- (⤓) Das Leben im Rückwärtsgang noch einmal zu durchfahren, Auflösung von Raum und Zeit
  Lebensbedürfnisse müssen von Helfern erfüllt werden
- (●) Statt kindisch zu werden: die Weisheit des Alters in «Betrachten und Werten wie ein Kind» umwandeln
  Altes loslassen können, um seinem Sog zu entkommen

Demenz Merkur-Neptun ☿ ♆
- (↔) Zeitweiliges und immer häufigeres Verlassen von der Gegenwart
  Sich in Zeit und Raum irren
  «Alte Rechnungen» auf die Tagesordnung setzen

(↔) Symbolik / Analoges Muster (✖) Woran hindert das Symptom? (⤓) Wozu zwingt das Symptom? (●) Erlösung

⊛ Gegenwart in ihrer Bedeutung zu erkennen und sie im Gedächtnis festzuhalten
⊛ Altes und inzwischen Bedeutungsloses zu bearbeiten
  In der Umwelt auf Unverständnis zu stossen
  Mit dem Bewusstsein die Gegenwart immer öfter zu verlassen
⊙ Wertung nach Wesentlichem und Unwesentlichem
  Nebensächlichkeiten loslassen
  Einsichtig werden
  Kindliche Werte im Bewusstsein aktivieren

Creutzfeldt-Jakob-Krankheit   Pluto-Merkur ♇ ☿

⊕ Vermutlich dem Rinderwahnsinn (BSE) gleichzusetzen
  Von umfassender, globaler Symbolik: «Die Natur schlägt zurück!»
⊛ Alles, was möglich ist, auch durchzuführen
  Sich als Herr über alle Kreaturen zu fühlen
⊛ Die Grenzen menschlicher Schöpferkraft anzuerkennen
  Die Verantwortung eines jeden am Gesamten wahrzunehmen
⊙ Die Gesetze der Natur anzuerkennen, Achtung vor jedem Lebewesen, ethisch-moralische Werte
  für die Gesamtheit der Welt gelten lassen

Epilepsie   Uranus ♅

⊕ Gewitter in Kopf und über die Nerven im Körper
  Blitzschlag entlädt hohe elektrische Spannung
⊛ Sich wirklich zu entspannen und erlöst zu fühlen
⊛ Bei Überspanntheit, Verbissenheit und häufiger Überlastung, Schäden des (Nerven-)Netzes hinzunehmen
  Sich im ungleichen Kampf hilflos unterlegen zu fühlen
  Sich letztlich so anzunehmen, wie man ist
⊙ Wohldosierter Spannungsabbau im Leben
  Sich bewusster Entspannung hingeben
  Kein krampfhaftes Wollen
  Vertrauen, loslassen und sich bewusst fallenlassen

Rückenmarksgeschwülste   Mond/Merkur-Pluto ☽ ☿ ♇

⊕ Meist Tochtergeschwülste (Metastasen) von anderen Krebsherden im Körper
  Leitungen werden attackiert und Wachstum in Nähe der regionalen Schaltstellen stört die Funktionsfähigkeit
⊛ Je nach betroffener Nervenbahn die korrekte Weiterleitung der Befehle der Zentralregierung
⊛ Einschränkungen bei Bewegungsabläufen
  Die Gefühlswahrnehmungen in der betroffenen Region zu beachten
  Therapeutische Behandlung
⊙ Auf erste Anzeichen des Ursprungsherdes reagieren und sich des Themas annehmen: Blockaden
  in der Informationsweiterleitung und -verarbeitung im Leben erkennen und auflösen

Schwachsinn (Debilität)   Mond-Sonne ☽ ☉ anstelle Merkur-Saturn ☿ ♄

⊕ Geringer Verstand wird durch eine grosse Gefühlstiefe und emotionale Erlebnisfähigkeit ausgeglichen
Lernprozess für Angehörige ermöglichend

✱ Für Eltern: Dem Schicksal zu grollen und mit dem Kind auf verstandesmässiger Ebene umgehen zu wollen

⚖ Die Herausforderung des Schicksals anzunehmen und über Liebe und Gefühl die Entwicklung zu ermöglichen

⊙ Die Freude des Kindes über die kleinen Erfolge und die oft übersehenen kleinen Dinge des Lebens teilen
Seine Liebe mit offenem Herzen empfangen und mit der gleichen Hingabe geben
Dem Kind ein Leben als Gefühlsmensch ermöglichen und diesen Teil auch für sich selbst entdecken und leben lernen

⊕ Symbolik / Analoges Muster   ✱ Woran hindert das Symptom?   ⚖ Wozu zwingt das Symptom?   ⊙ Erlösung

Das Nervensystem

Nervensystem
Prinzip: Merkur ☿
System der Verbindung, Übermittlung, Steuerung, Koordinierung, Kontrolle über das gesamte
Körpergeschehen des Denkens, Fühlens und Handelns

Vegetatives Nervensystem
Prinzip: Merkur ☿
Selbständig arbeitende Relaisstation des Körpers
Dem Willen nicht unterworfen
Reflexe
Eingeweidenervensystem

Sympathikus
Prinzip: Sonne/Mars ☉ ♂
Teil des vegetativen Nervensystems
Zuständig für Aktivierung, Anspannung, Antrieb, Kampf oder Flucht

Parasympathikus
Prinzip: Mond-Venus ☽ ♀
Teil des vegetativen Nervensystems
Zuständig für Erholung, Entspannung, Ruhe, Wiederherstellung

Zentrales Nervensystem
Prinzip: Merkur ☿
Unterliegt dem Willen
Steuerung unseres Handelns
Agieren und Reagieren

Erkrankungen des Nervensystems

Nervenzusammenbruch   Merkur-Uranus ☿ ♅
- ↦ Sicherungen haben dem Druck nicht mehr standgehalten
  Überlastung der Kommunikationszentrale
  Zu hohe Spannung, Kurzschluss im System
  Rigoroses und gewaltsames Abschalten
- ✹ Weitere Informationen aufzunehmen
  Den Stau anwachsen zu lassen
  Sich dem Druck des Lebens auszuliefern
- ↓ Zur Ruhe zu kommen
  Die Welt draussen zu lassen, Anforderungen an sich selbst auf ein verkraftbares Mass zu reduzie-
  ren, das Zuviel erkennen, auszusortieren
  Notwendige Entscheidungen zu treffen
- ⊙ Sich selbst wieder wahrnehmen
  Herausfinden, was für mich selbst wichtig ist
  Eigene Wertigkeiten festlegen (Prioritäten setzen), Verantwortung abgeben lernen
  Aufgaben nacheinander und nicht alles gleichzeitig erledigen wollen

Nervenentzündung   Merkur-Mars/Saturn ☿ ♂ ♄

- ↔ Ständiger Schmerz im betroffenen Bereich (z. B. Nacken-Schulterbereich, Arm)
  Langanhaltender kriegerischer Konflikt
- ✳ An der vollen Funktionstüchtigkeit des betroffenen Bereichs und an Gefühlsunterscheidung
- ⚇ Dem entsprechenden Bereich Aufmerksamkeit zukommen zu lassen
  Körperliche Belastung zurückzunehmen
- ⊙ Auseinandersetzung mit dem Thema auf der bewussten Ebene, den Konflikt erkennen und lösen

Schüttellähmung (Parkinson-Syndrom)   Saturn ♄

- ↔ Körperliche Beweglichkeit ordnet sich dem momentanen Willen nicht unter
  Gezielter Bewegungswille wird durch Zittern verhindert, Lähmungserscheinungen, maskenhafte Gesichtszüge
- ✳ An ausgeglichener, körperlicher Beweglichkeit, von sich aus etwas zu bewegen, Wollen und Können in Einklang zu bringen
- ⚇ Ständig an eigene Grenzen zu stossen
  Die Welt seinem Willen nicht unterordnen können, Starrheit auf der bewussten Ebene im Körperlichen auszuleben
- ⊙ Eigene Ansprüche mit der Welt in Einklang bringen
  Von starrer Fassade Abstand nehmen und der Welt sein wahres Gesicht zeigen, sich selbst als lebendigen Menschen sehen und annehmen

Multiple Sklerose   Merkur-Neptun-Saturn ☿ ♆ ♄

- ↔ Härte gegen sich selbst
  Neigung zu Perfektionismus
  Von sich selbst für andere alles fordern
  Übertriebenes Sicherheitsbedürfnis, alles unter Kontrolle halten wollen
- ✳ Den eigenen hohen Ansprüchen gerecht zu werden, freie Beweglichkeit und das Gefühl der Sicherheit zu erreichen (Lähmungserscheinungen, Schwindelgefühl)
- ⚇ Den eigenen (überhöhten) Ansprüchen niemals genügen zu können
  Sich entsprechend seiner körperlichen Möglichkeiten zu betätigen, eigene Grenzen zu akzeptieren
- ⊙ Sich selbst kennenzulernen und annehmen
  Die Verantwortung für sich selbst anderen zu überlassen
  Kontrollverzicht
  Dem Leben vertrauen

Tics (unkontrollierbare Zuckungen)   Uranus ♅

- ↔ Sich ständig wiederholende, vom Willen unkontrollierbare Bewegungsimpulse
  Nerven und Muskulatur führen ein Eigenleben, unterwerfen sich der Steuerungszentrale nicht
- ✳ Sich unauffällig und angepasst zu verhalten
  Die «dumme» Angewohnheit zu unterlassen
- ⚇ Unterdrückte (seelische) Energie über die Muskulatur entladen zu lassen
  Scheinbar willensfremden Befehlen zu gehorchen, sich ausgeliefert vorzukommen
- ⊙ Sich selbst ein «Aus-der-Reihe-tanzen» erlauben
  Energien fliessen lassen
  Sich gelegentlich austoben
  Das Erdbeben bewusst herbeiführen
  Die Programme und Auslöser der Bewegungen erkennen
  Angepasstheit ablegen

↔ Symbolik / Analoges Muster   ✳ Woran hindert das Symptom?   ⚇ Wozu zwingt das Symptom?   ⊙ Erlösung

Nervliche Daueranspannung Merkur ☿

☹ Gleichgewicht und innere Harmonie gestört
Sich ständig nur auf einem Pol befinden
Nicht Loslassen können

☒ Ausgeglichenheit und Gelassenheit zu empfinden

☝ Sich ständig unter Druck und gefordert zu fühlen, sich körperlich zu überanstrengen, über seine
Kräfte zu leben
Sich zu verschleissen

☺ Die innere Mitte finden
Ausgleich suchen und sich ihn bewusst gönnen
Verantwortung übertragen
Hin und wieder ohne schlechtes Gewissen die «Seele baumeln lassen»

Veitstanz Uranus-Saturn ♅ ♄

☹ Erbliche Störung, fortschreitender Verfall des Gehirns bis zur Demenz
Kaskade von schnellen schlangenhaften Bewegungen bis zur Erschöpfung, wie ein ekstatischer
Tanz anmutend

☒ Leben auf später zu verschieben zu wollen
Das Damoklesschwert aus der Erb-Last zu übersehen

☝ Sich den Bewegungsstürmen hinzugeben, als Betroffene nicht einschränken zu lassen
Sich dem Schicksal zu stellen und es anzunehmen
Quälendes Winden, beim Versuch, sich seelisch dagegen aufzulehnen

☺ Jeden Augenblick bis zum Eintreten und Fortschreiten der Erkrankung ausleben, sich alle Wünsche erfüllen und den eigenen Impulsen folgen

Nervenschmerz Mars-Mond ♂ ☽

☹ Alarmglocken des Körpers werden geläutet
Nachrichtendienst des Körpers setzt alle betroffenen Systeme in Bereitschaft
Ursache schreit nach Lösung des jeweiligen Konfliktes

☒ Die Signale auf Dauer zu überhören und zu verharmlosen
Nur die Alarmglocke ausschalten zu wollen

☝ Zu Aufmerksamkeit und Zuwendung zum entsprechenden Thema
Entlastung zu schaffen
Ursachen zu klären und zu beheben

☺ Signale anhand des betroffenen körperlichen Bereichs entschlüsseln
Konflikte auch im bewussten Bereich bearbeiten
Leidenschaften ausleben, anstelle zu leiden

Psychische Erkrankungen und geistige Störungen

Langanhaltende Abgeschlagenheit   Neptun   ♆

- ↔ Sich ausgebrannt und verausgabt fühlen
  Leere Batterien
  Erschöpfung vom Geben ohne Nehmen
- ✖ Am Einsetzen eines Erholungseffektes nach einer Ruhephase
- ⚡ Energiereserven langsam wieder ansteigen zu lassen
  Sich aus dem Lebenskampf eine Weile zurückzuziehen
  Sich selbst und die eigenen Ansprüche wahrzunehmen
- ☉ Entspannungsübungen
  Sich selbst wichtig nehmen
  Lernen, zu anderen «Nein» und zu sich selbst «Ja» zu sagen
  Eigenen Antrieben folgen

Depression   Mond-Saturn/Neptun/Pluto   ☽ ♄ ♆ ♇

- ↔ Aggressionshaltung gegen sich selbst
  Tiefe Missstimmung und Selbstzweifel
  Schuldgefühle
  Selbstmordgedanken als Fluchtabsicht
- ✖ Mit Schwung und Energie an die Lösung von Aufgaben zu gehen
  Spannkraft nach aussen einzusetzen
- ⚡ Erschlaffung der Muskulatur
  Sich von eigener Befindlichkeit erdrückt zu fühlen
  Empfinden von Ausweglosigkeit und Hilflosigkeit
- ☉ Rückzug aus der Hektik des Alltags
  Bewusste Entspannung herbeiführen
  Eigene Stärken herausfinden und eigene Ansprüche leben

Manisch-depressive Erkrankung   Pluto   ♇

- ↔ Stimmungsschwankungen von «himmelhoch jauchzend» bis «zu Tode betrübt»
  Wechsel von einen Pol auf den entgegengesetzten
- ✖ Mit sich selbst in Harmonie bleiben
  Gleichgewicht zu halten
- ⚡ Selbstüberschätzung und Hochstimmung in der manischen Phase
  Tiefe Niedergeschlagenheit bis zu Sehnsucht nach dem Tod in der depressiven Phase
- ☉ Versöhnung der beiden Pole anstreben
  Beide Pole anerkennen und die Mitte suchen
  Das Spannungsfeld bewusst durchwandern und erleben

Neurose   Pluto-Mond   ♇ ☽

- ↔ Seelische Störung, die sich in seelischer und auch körperlicher Krankheit zeigen kann
  Versuch, Leben in unerlöster Form zu meistern
- ✖ Sich der Situation entsprechend zu verhalten
  Verhalten dem veränderten Umfeld anpassen zu können
- ⚡ Sich dort zu ängstigen, wo keine Gefahr droht, oder übertriebenen Selbstdarstellungen oder
  Zwängen zu unterliegen
  Seelisches und körperliches Leiden unter der Zwecklosigkeit

---

↔ Symbolik / Analoges Muster   ✖ Woran hindert das Symptom?   ⚡ Wozu zwingt das Symptom?   ☉ Erlösung

⊙ Begegnung mit dem Gegenstand der Angst suchen
Sich damit aussöhnen
Lernen, sich selbst zurückzunehmen
Eigene Ansprüche überdenken und überzogene loslassen
Unterscheidung zwischen wirklicher Liebe und erzwungener Aufmerksamkeit

Hysterie Uranus-Sonne-Mond-Pluto ♅ ☉ ☽ ♇

⊛ Form der Neurose
Bis ins Extreme gehender körperlicher Schmerz als Reaktion auf unverarbeitete Konflikte
Verdrängtes bricht sich auf der Körperebene Bahn
⊗ Den unbearbeiteten Konflikt weiter ins Unbewusste abzudrängen und ihn vergessen zu glauben
⊕ Den schmerzhaften Konflikt über den Körper zu spüren, für dessen Bearbeitung die Zeit reif ist
Für vermiedene seelische Qualen die körperlichen auszuleben
⊙ Sich vergangene seelische Erschütterungen und schmerzhafte Erfahrungen bewusstmachen, nach und nach bearbeiten und dann loslassen
Das Unbewusste vom Druck befreien

Psychose Uranus/Neptun/Mond ♅ ♆ ☽

⊛ Überflutung des Bewusstseins mit Inhalten des Unbewussten
Mögliche Ursache können auch Erkrankungen des Gehirns und des Körpers sein
⊗ Die Fülle der aufsteigenden Inhalte gleichzeitig zu bearbeiten
⊕ Flucht aus der Wirklichkeit in eine real erlebte Scheinwelt
Verstand unterliegt den positiven oder negativen Gefühlen
⊙ Festen Halt auf der Erde suchen
Sich mit einfachen Arbeiten körperlich verausgaben
Verbannten Seelenanteilen freiwillig im Bewusstsein einen Platz einräumen

Paranoia Saturn-Neptun ♄ ♆

⊛ Wahnerkrankung, bei der das normale Denken erhalten bleibt, mit der Zeit jedoch immer öfter hinter den Wahnvorstellung zurücktritt
Dunkle Seiten gewinnen die Oberhand
⊗ Die Krankheit als solche selbst zu erkennen
Wirklichkeit und Wahnvorstellung als solche beurteilen zu können
⊕ Wahnvorstellung als Wirklichkeit zu behandeln
Unerfüllbare Forderungen an Angehörige zu stellen
Ungelebte Ansprüche im Leben in Grössenwahn ausarten zu lassen
⊙ Bodenhaftung bewahren
Soziale Kontakte suchen
Urteilsfähigkeit üben
Abgespaltene Seelenanteile integrieren
Durchlässigkeit zwischen Oberbewusstsein und Unterbewusstsein verringern

Schizophrenie   Uranus-Neptun ⛢ ♆

⊕ Gespaltenes Bewusstsein
   Flucht in die Welt der Schatten
   Störungen des Denkens, des Fühlens, des Verhaltens und der Wahrnehmungen
✸ Gedankengänge immer bis zum Ende zu verfolgen
   Unbeschwerte soziale Kontakte zu erleben
⚖ In der eigenen Erlebniswelt allein zu sein
   Sich allein, ausgeliefert und unverstanden zu fühlen
   Keine Antriebskraft zum Leben entwickeln zu können
☉ Ansprüche an das Leben zur richtigen Zeit ausleben
   Polarität des Seins anerkennen
   Unterscheiden lernen zwischen innerer und äusserer Wirklichkeit

Selbstmordneigung   Neptun-Pluto ♆ ♇

⊕ Fluchtwunsch vor den Anforderungen des Lebens
   Ausweichen vor Konflikten
   Den Tod für den einzigen Ausweg halten
✸ Dem Leben die schönen Seiten abgewinnen zu können
   Den Blick nach vorn zu richten
⚖ Energie und Aggression gegen sich selbst zu richten, die besser bei der Aufarbeitung
   der Probleme mit therapeutischer Hilfe eingesetzt wären
☉ Den Sinn des eigenen Lebens erkunden, ihn annehmen und sich motivieren
   Gangbare Wege finden, um Lebensaufgabe zu erfüllen
   Verantwortung für sich selbst übernehmen
   Wertesystem neu ordnen

⊕ Symbolik / Analoges Muster   ✸ Woran hindert das Symptom?   ⚖ Wozu zwingt das Symptom?   ☉ Erlösung

Krankhafte Ängste und Phobien

Chronische Angst   Saturn, Pluto ♄ ♇
- ↔ Enge, Vermeidenwollen, Fluchtgedanken
  Sich ausgeliefert und hilflos fühlen
  Sich den Anforderungen des Lebens nicht gewachsen glauben
- ✳ Sich durch scheinbare Mutlosigkeit minderwertig zu fühlen
- ⊕ Verstärkung der Angst durch Vermeidung
  Verzicht auf Austausch, Bewegungsfreiheit und den Stolz auf sich selbst
  Sich wie abgeschnürt zu fühlen
- ⊙ Angst als Bestandteil des Lebens anerkennen (Schutzfunktion)
  Das rechte Mass finden
  Begegnung mit dem Gegenstand der Angst suchen – ihn kennenlernen
  Aus Enge Weite werden lassen

Phobien   Saturn-Pluto ♄ ♇
- ↔ Weiterwirken einer in der Vergangenheit gemachten und zum Symbol gewordenen furchtbaren
  Erfahrung (Form der Neurose)
- ✳ Freiwillig mit neuen Erfahrungen den Schrecken zu neutralisieren
- ⊕ Zwangsverhalten
  Sich auch vor Dingen zu fürchten, von denen keine wirkliche Gefahr ausgeht
  Einschränkung der Handlungsfähigkeit
- ⊙ Fachliche Hilfe annehmen
  Sich der Symbolhaftigkeit bewusst werden
  Nach eigenen Seelenanteilen mit diesem Symbol suchen und sich damit aussöhnen

Nachtangst   Mond-Saturn-Pluto ☽ ♄ ♇
- ↔ Sich im Dunklen unbekannten Mächten ausgeliefert fühlen
  Den eigenen Schatten fürchtend
- ✳ An der Bewegungsfreiheit bei fehlendem Licht
  Draussen Aufgaben am Tagesende übernehmen zu können
  Aktive Teilnahme am gesellschaftlichen Leben
- ⊕ Wunsch, alles mit den Augen kontrollieren zu können
  Abneigung gegen den eigenen Schatten
- ⊙ Sich mit den eigenen Schattenanteilen aussöhnen
  Vertrauen in sich selbst und das Leben entwickeln

Raumangst, enge Räume (Klaustrophobie)   Pluto ♇
- ↔ Gefühl, in engen geschlossenen Räumen keine Luft zu bekommen
  Unverarbeitetes Geburtstrauma
- ✳ Zwangsläufigen nahen Kontakt mit fremden Menschen zulassen zu können
  Benutzung eines Fahrstuhls oder eines engen Fahrzeuges
- ⊕ Umwege zu gehen
  Mitunter mehr Zeit für die Bewegung von hier nach dort zu brauchen
  Bestimmte Orte nicht erreichen zu können
  Auf Austausch zu verzichten
- ⊙ Sich während der Enge auf die Weite einstellen
  Engpässe als zum Leben gehörend akzeptieren
  Nähe auch als etwas Gewinnbringendes betrachten lernen

Raumangst, weite Räume (Agoraphobie)   Saturn-Jupiter   ♄   ♃

↔ «Marktplatz-Angst»
Zwanghaftes Verlangen nach Geborgenheit
Angst vor Weite und Offenheit

⊛ Sich ungezwungen in der Weite der Welt fortzubewegen

⊕ Sich in weiten Räumen verloren zu fühlen, verbunden mit Schwäche- und Schwindelgefühl
Zu Einschränkungen durch fehlendes Vertrauen in sich selbst und zum Leben

⊙ Sich des eigenen Anspruchs auf Sicherheit und Geborgenheit bewusst werden
Sich als *ein* Bestandteil dieser grossen Welt sehen
Innerliche Weite herbeiführen
Der Angst begegnen und sie im Geiste umarmen

Krankheitsangst   Merkur-Saturn   ☿   ♄

↔ In ständiger Vorsicht leben
Sich selbst stets auf Krankheitszeichen beobachtend, vom kleinsten Unwohlsein beunruhigt fühlen

⊛ Die Aufmerksamkeit von sich auf die Umwelt zu richten
Dem Leben und sich selbst vertrauen

⊕ An sich selbst vom jeweiligen Krankheitsthema beeindruckt, beunruhigende Zeichen zu entdecken
Schlimmste Vorstellungen von der Zukunft zu entwickeln
Negative Energie in sich wirken zu lassen

⊙ Krankheit als einen Pol, Gesundheit als den anderen betrachten lernen; als Pole einer Einheit zusammengehörend
Sich mit dem Tod als zum Leben gehörend aussöhnen
Eigene dunkle Seiten als dazugehörend akzeptieren

Höhenangst   Saturn-Pluto   ♄   ♇

↔ Schwindelgefühl beim Blick in grosse Tiefen
Angst, herunterzufallen
Erfolgsangst (gleiche Symbolik)

⊛ Sich in Höhen unbefangen und sicher zu bewegen
Mutig zum Erfolg zu streben

⊕ Sich festzuhalten und jeden Aufstieg zu vermeiden
Hohes Sicherheitsbedürfnis zu erfüllen

⊙ Den Blick in die Tiefe meiden
Sich auf das Naheliegende konzentrieren und darin Sicherheit erkennen
Sich selbst etwas zutrauen

Tierphobien   Saturn-Pluto   ♄   ♇

↔ Abneigung und Angst vor bestimmten Tieren
Spinnen   Hinterhältigkeit, Aussaugen
Schlangen   Verführung, Versuchung
Hunde   Aggressivität
Katzen   Anschmiegsamkeit
Mäuse   Schnelligkeit, Unberechenbarkeit
Ratten   Schmutz, Unrat
u. a.

⊛ Hinter der Symbolik die Kreatur zu sehen
Das Tier als Bestandteil dieser Welt zu sehen und seine Daseinsberechtigung anzuerkennen

---

↔ Symbolik/Analoges Muster   ⊛ Woran hindert das Symptom?   ⊕ Wozu zwingt das Symptom?   ⊙ Erlösung

⚥ Bei Begegnung mit dem jeweiligen Tier in Panik auszubrechen, das Tier zu verteufeln, Abstand zu suchen oder es sogar töten zu wollen
«Der Tiger macht aus Angst **Angst**.» (Chinesisches Sprichwort)

☉ Auseinandersetzung mit der jeweiligen Symbolik der Furcht
Die eigenen verdrängten Seelenanteile darin erkennen und akzeptieren lernen
Mit dem Vertrautmachen die Angst allmählich bewusst abbauen

Panikattacken   Saturn ♄

☿ Der Gott «Pan», der zu Tode erschrecken kann
«In einem Augenblick tausend Tode sterben»

♂ «Herr der Lage» und handlungsfähig zu sein

⚥ Sich verloren und ausgeliefert fühlen
Zu unüberlegter Handlungsweise
Sterben vor dem eigenen Tod

☉ Mit der Endlichkeit des Lebens aussöhnen
Dem Schicksal und sich selbst vertrauen

Suchterkrankungen

Suchterkrankungen   Neptun   Ψ
- ⊖ Suche nach Fehlendem (Sehnsucht)
  Krampfhaftes Festhalten am «falschen Freund»
  Verharren oder sinnloses Anrennen in der Sackgasse
- ⊗ In der eingeschlagenen Richtung mit dem falschen Begleiter seinen Weg zu machen und sein Ziel zu erreichen
- ⊕ Auf den eigenen Willen zugunsten des «falschen Freundes» zu verzichten
  Ihn über sich selbst bestimmen zu lassen
  Freiwillige Gefangenschaft
  Das eigene Leben auf dessen Altar zu opfern oder den rigorosen Schritt zur Umkehr gehen
- ⊙ Den «falschen Freund» entlarven
  Den Irrtum erkennen und ihn sich verzeihen können
  Verantwortung für sich selbst übernehmen
  An neuen Aufgaben wachsen und Halt finden

Alkoholismus   Neptun-Mond   Ψ   ☽
- ⊖ Konfliktvermeidung mittels Betäubung durch die «gesellschaftsfähige» Droge Alkohol
  Wiederholter Problemlösungsversuch mit dem bedenklichen Mittel – so lange, bis das Mittel selbst zum noch grösseren Problem geworden ist
- ⊗ Sich selbst und seine wirklichen Ansprüche zu erkennen und sie sich aus eigener Kraft heraus zu erfüllen
  Wirkliche menschliche Nähe zu erfahren und Konfliktfähigkeit zu erlernen
  An der Fähigkeit zur Selbststeuerung und (ohne das Mittel) zur Selbstachtung
- ⊕ Immer mehr vom Selbigen zu sich zu nehmen, um das Leben überhaupt noch ertragen zu können
  Zur Abhängigkeit von der Substanz
  Zu schwerwiegenden Konflikten im zwischenmenschlichen Bereich
  Zur Abnahme der Leistungsfähigkeit
  Zur Wut auf sich selbst und die Welt
- ⊙ Den schweren, aber lohnenden Weg der Umkehr gehen und dem *falschen Freund* und *hinterlistigen Tröster* «Ade» sagen
  Sich den Irrtum verzeihen
  Für neue Wege und Aufgaben offen sein
  Sich die Welt wieder erobern

Drogensucht   Neptun   Ψ
- ⊖ Aus der tristen Welt mit Hilfe der Droge aussteigen
  Sich von ihr innere phantastische Bilder vorgaukeln lassen
  Diese Welt für erstrebenswerter als die erlebte Wirklichkeit zu halten
  Der chemischen Substanz verfallen sein
  Sich in ihrer Gewalt befinden
- ⊗ Sich im wirklichen Leben noch zurecht zu finden
  Sich selbst steuern zu können
  Echte innere Freude und Harmonie erleben zu können
  Sich an der eigenen Leistung zu erfreuen

⊖ Symbolik / Analoges Muster   ⊗ Woran hindert das Symptom?   ⊕ Wozu zwingt das Symptom?   ⊙ Erlösung

☽ Sich nach und nach mit der Substanz zu vergiften
Das gesamte Streben und Handeln für das Erlangen der Droge einzusetzen
Sich über gesellschaftliche Werte und Normen hinwegzusetzen
Zum Aussenseiter zu werden
Zur Belastung bis zum Bruch aller wertvollen zwischenmenschlichen Kontakte
☉ Den Mut besitzen, sich der realen Welt zu stellen
In ihr das Leben wieder als lebenswert entdecken
Sich von neuen Aufgaben anstelle von der Droge fesseln lassen
Lernen, sich den Reichtum des Unterbewusstseins auch ohne chemische Substanzen zu eröffnen
Sich ehrliche Freunde suchen und alles Streben in Richtung Selbstachtung leiten

Medikamentenabhängigkeit   Neptun-Merkur ♆ ☿

☋ Hilfe, die abhängig macht
Ohne die einst «helfende» Substanz nicht mehr existieren können – Verschlimmerung der Symptome
Schwächung der Selbstheilungskräfte
☿ Mit den eigenen Energien die Symptome bekämpfen zu können
Ein selbstbestimmtes Leben zu führen
Sich frei zu entscheiden
☽ Fixierung auf das «Mittelchen»
Alles dreht sich um deren Vorhandensein
Vergiftung des Körpers
Zur Überlastung des Körperlabors Leber und zu dessen Veränderung (Fettleber)
☉ Den eigenen Selbstheilungskräften wieder Raum zur Entfaltung geben und ihnen vertrauen
Alternative Methoden zur Stärkung des körperlichen Wohlbefindens erlernen und anwenden
Das Symbol des Symptoms im Leben verwirklichen

Fress-Sucht   Venus ♀

☋ Sich mit Essgenuss für erlittene Schmach entschädigen wollen
Selbstbelohnung anstelle der vermissten Anerkennung und Zuwendung
Sich unbewusst ein «dickes Fell» zulegen wollen, um weniger verletzbar zu sein
☿ Sich selbst zu mögen
Mit dem Gewicht auch an Wichtigkeit für seine Mitmenschen zuzulegen
Sich mit Leichtigkeit durchs Leben zu bewegen
☽ Immer mehr an körperlicher Nahrung zu sich zu nehmen, ohne dass der seelische Hunger zu stillen ist
Die Organe mit der körperlichen Last zu überfordern
Seine seelische Last sichtbar mit sich herumzutragen
☉ Sich den Hunger nach seelischer Nahrung, Liebe und Zuwendung eingestehen
Sein eigenes Wertesystem überprüfen und lernen, sich selbst anzunehmen und zu mögen
Lernen, sich selbst «auf die Schulter zu klopfen» und weniger abhängig von der Bewertung der Mitmenschen werden
Nicht für jede Leistung eine Belohnung erwarten
Leistung aus Freude daran erbringen

Magersucht   Mond-Saturn/Uranus/Neptun   ☽ ♄ ♅ ♆

⊕ Sich aus dieser Welt weghungern wollen
   Sich selbst darin keinen Platz gönnen
   Sich stets noch für zu gewichtig halten
   Einem unsinnigen Ideal nacheifern

⊛ Mit Kraft und Energie das Leben zu meistern
   Zum richtigen Zeitpunkt aufzuhören mit dem Abnehmenwollen

⊙ Sich selbst nicht sehen zu können, wie man ist (viel zu mager)
   Ekel vor allem Essbaren
   Einschränkung noch weiter zu verstärken
   Die Lebensfunktionen auf Sparflamme laufen zu lassen bis zum Zusammenbruch
   Sich selbst einem aufgezwungenen Ideal zu opfern

⊙ Sich selbst wichtig nehmen und auch gewichtig erscheinen wollen
   Das Programm zum Abnehmen stoppen
   Zeitgeist und Mode als Fremdbestimmung und als untaugliche Motivation erkennen
   Aufnahmebereitschaft für körperliche und seelische Nahrung entwickeln

Fress-Brechsucht (Bulimie)   Mond-Pluto/Uranus   ☽ ♇ ♅

⊕ Sich dem Genuss zügellos hingeben, um danach, vom schlechten Gewissen geplagt, alles wieder hergeben zu müssen
   Den seelischen Hunger mit Essen stillen wollen, ohne zu glauben, darauf Anspruch zu haben

⊛ Sich das Lebensnotwendige einzuverleiben und sich damit auseinanderzusetzen
   Sich die seelischen Bedürfnisse einzugestehen und zu erfüllen
   Die innere Leere zu füllen

⊙ Alles Aufgenommene unbearbeitet wieder von sich zu weisen
   Sich selbst nichts gönnen, sich nicht der Gaben dieser Welt für wert zu befinden
   Sich eigene Ansprüche nicht zu erlauben

⊙ Sich seines eigenen Wertes bewusst werden
   Seelische Nahrung zu sich nehmen und sich damit auseinandersetzen
   Sich der inneren Leere bewusst werden und mit geeignetem Inhalt füllen
   Seinen Platz im Leben einnehmen und die Welt in sich aufnehmen und ihr dort Raum zur Entfaltung geben

Arbeitssucht   Saturn ♄

⊕ «Leben, um zu arbeiten» anstelle von «Arbeiten, um zu leben»
   Sich nur über die Arbeitstätigkeit als wertvoller Mensch fühlen können
   Flucht vor Konflikten – Verstecken hinter Arbeit
   Unfähigkeit, die schönen Dinge des Lebens ohne Gewissensbisse zu geniessen

⊛ Sich in Ruhe entspannen zu können, um neue Kraft zu schöpfen
   Mit den Liebsten gemeinsam geniessen zu können
   Das Gleichgewicht und die Harmonie im Leben zu finden, seinen eigenen Wert auch ohne Arbeit, zum Beispiel im Rentenalter, als gegeben anzusehen

⊙ Sich stets mit Arbeit zu beschäftigen
   Andere Menschen nach dem gleichen Wertesystem zu beurteilen
   Sich ohne Arbeit unvollkommen und überflüssig zu fühlen
   Zu glauben, sich alles im Leben erarbeiten zu können
   Nur den Pol Arbeit als wichtig anzusehen, den Pol «Erholung mit Spass und Freude» zu vernachlässigen

---

⊕ Symbolik / Analoges Muster   ⊛ Woran hindert das Symptom?   ⊙ Wozu zwingt das Symptom?   ⊙ Erlösung

⦿ Ergründen, woher das Programm «Arbeit» im Unterbewusstsein stammt und was es verstärkt hat
Sich bewusst vor Augen führen, dass ein Gleichgewicht zwischen Geben und Nehmen, Anstrengung und Entspannung zum Leben gehört
Seinen eigenen Wert nicht nur nach der Arbeitsleistung bestimmen lernen
Eigene innere Werte entdecken und sich Zeit für seelische Belange geben
Auch Liebe zu geben ist eine wertvolle Leistung

Habsucht   Venus   ♀

↔ Auch alles das haben wollen, was andere besitzen
Nie mit dem zufrieden sein können, was sich im Besitz befindet
Seinen eigenen Wert nur am Besitz messen können
Fixierung auf Statussymbole

⊛ Am Gefühl der Zufriedenheit
Sich an dem zu erfreuen, was vorhanden ist
Innere seelische Werte zu entwickeln und wahrzunehmen

♃ Immer mehr und anderes haben wollen und immer auf der Jagd sein
Neidgefühle, wenn etwas, was andere haben, nicht erreichbar ist
Nur äusseren Glanz als das Wahre zu betrachten
Energie in den Erhalt der Fassade stecken zu müssen

⦿ Innehalten in der Jagd nach materiellen Dingen
Neid als etwas erkennen, was innerlich zerfrisst
Stolz auf Erreichtes fühlen lernen
Sich mit den Ansprüchen der Seele befassen und an der Vergrösserung des inneren Reichtums arbeiten

Spielsucht   Sonne   ☉

↔ Hoffnung auf das grosse Glück
Über das Spiel den schnellen und leichten Gewinn erringen zu wollen
Von jeder Chance in frohe Erwartung gesetzt werden
Den «Kick» brauchen
Mit dem (finanziellen) Einsatz über seine Verhältnisse leben
Eine grosse Hypothek auf erwartetes «Glück» aufnehmen

⊛ Wirkliches Glück zu erleben
Das vorhandene Kapital zum eigenen und zum Nutzen der Familie einzusetzen

♃ Verzicht auf vieles Lebensnotwendige
Sich immer wieder der trügerischen Hoffnung hinzugeben
Immer schneller und häufiger den «Kick» zu erleben
Das Letzte und noch mehr aufs Spiel zu setzen
Sich nicht mit aller Aufmerksamkeit den Aufgaben des Lebens widmen zu können

⦿ Das Spielerische auf der geistig-seelischen Ebene zu seinem Recht kommen lassen
Im Spiel der Gedanken kreativ sein
Statt dem Glücksspiel dem Leben vertrauen
Seinen Einsatz auf andere Weise im Spiel des Lebens riskieren
Vertrauen
Zuwendung und Leistungsbereitschaft
Anstelle der Hingabe zum Glücksspiel: sich Aufgaben im Leben stellen, die gewinnträchtig für die Entwicklung der Persönlichkeit sind

Sexsucht Sonne ☉

☞ Triebhaftigkeit

Gedanken an Sex überlagern alles

Vom Sexualtrieb beherrscht werden

Flatterhaftigkeit

Schmetterlingsgebaren

Immer auf der Suche nach der Erfüllung

Jede Blüte aufsuchen, um sofort wieder von dannen zu ziehen, ohne das Gesuchte gefunden zu haben

✖ Sexuelle Erfüllung zu erleben

Den Trieb befriedigen zu können

Sexualität als tiefe Beglückung gemeinsam mit dem Partner / der Partnerin zu fühlen

Seelische Tiefe im Geschlechtsakt zu erleben

⚖ Immer nur daran zu denken, den Trieb zu befriedigen

Eine(n) feste(n) Partner(in) zu überfordern

Immer wieder von neuen Partnern das Gesuchte zu erwarten, um immer wieder enttäuscht zu sein

◉ Über einen Zeitraum hinweg bewusste sexuelle Enthaltsamkeit üben

Den Stellenwert der Liebe für die seelische Erfüllung erkennen

Erotik und Zärtlichkeit entdecken, ohne den Geschlechtsakt auszuführen

Innere Reife entwickeln und sich der Verantwortlichkeit für das durch Sex entstehende Leben stellen wollen

Den Geschlechtsakt als solchen als Erfüllung einer Liebesbeziehung sehen lernen, anstelle ihn nur als Befriedigung des körperlichen Triebes zu betrachten

Nikotinsucht (Rauchen) Venus-Merkur-Mars ♀ ☿ ♂

☞ Sich am Glimmstengel festhalten

Statussymbol bei Jugendlichen («cool» wirken wollen)

Bei immer häufigerem Griff nach der Zigarette: Nikotinabhängigkeit

Ritualstatus

Mehr Gewohnheit als Genuss

Ersatz für orale (des Mundes) Befriedigung

✖ Saubere Luft zu atmen

Mit dem Ersatz das eigentliche Bedürfnis (ausreichende Stillphase) noch erfüllen zu können

Durchblutung und ausreichende Versorgung des Organismus mit Sauerstoff

⚖ Immer einen Vorrat an Glimmstengeln erreichbar zu haben

Von Zeit zu Zeit zum Griff danach

Unter Nichtrauchern zum Aussenseiter zu werden

Mit den Gefahren für die Gesundheit rechnen zu müssen

Unruhe bei fehlendem Tabak oder fehlender Gelegenheit zu spüren

◉ Entspannung in bekömmlicher Form suchen

Sich mit Dingen belohnen, die dem Wohlbefinden zuträglicher sind

Vom kindlichen Nuckeln Abstand nehmen

Sich auf andere Aufgaben konzentrieren und bewusst aus eigenem Willen heraus dem Gift Nikotin entsagen

---

☞ Symbolik / Analoges Muster   ✖ Woran hindert das Symptom?   ⚖ Wozu zwingt das Symptom?   ◉ Erlösung

Kinderkrankheiten

Kinderkrankheiten (allgemein)   Mond-Mars ☽ ♂
- ↪ Bestandteil des Lernprozesses
  Entwicklung und Reifung
  Überwindung des Alten und Durchbruch des Neuen im Leben
- ✳ Sich vor dem Lernprozess zu drücken
  Schwachstellen zu übersehen
- ♃ Auseinandersetzung mit neuen Themen
  Überwindung und Erkenntnis
  Lebenslange Immunität
- ☉ Sich dem Lernprozess stellen
  Eigene Erfahrungen machen und sie im Leben anwenden

Masern   Venus/Saturn, Sonne/Mond-Mars ♀ ♄ ☉ ☽ ♂
- ↪ Haut, Augen und Nase (Schnupfen)
  Konflikt um Grenze, neue Sicht und Zuwendung zu neuen Gebieten
- ✳ Sich weiter mit dem begnügen, wovon man die Nase voll hat
  Grenzen dicht lassen – nichts hineinlassen
- ♃ Sich wie das Samenkorn im Dunkeln zu entwickeln
  Schmerzhaftes Öffnen der Grenze
  Erneuerung
- ☉ Mutig den Aufbruch zu neuen Ufern wagen
  Die Grenzen zum «Ich» freiwillig öffnen
  Sich entfalten

Windpocken   Mars ♂
- ↪ Neues durchbricht die Grenze von innen
  Juckend zum Öffnen reizend
- ✳ Die (Haut-)Grenze dicht abzuschliessen
- ♃ Blasenartige Gebilde reifen und sich von selbst öffnen zu lassen
  Infektionen zu verhindern
- ☉ Entwicklung zulassen, dem Reiz von Impulsen folgen
  Dem Neuen mit Nachdruck Bahn brechen

Röteln   Mars/Uranus ♂ ♅
- ↪ Von innen heraus bricht sich die neue Entwicklung durch die Hautgrenze
  Sichtbar durch viele kleine rote Punkte
- ✳ Späteren Gefahren bei einer Schwangerschaft ausgesetzt zu sein
  Entwicklung hinauszuzögern
- ♃ Den notwendigen Entwicklungsschritt zu vollziehen, den wichtigen Lernstoff zu verinnerlichen
- ☉ Sich dem Lernstoff aufschliessen und neuen Erfahrungen gegenüber offen sein

Mumps (Ziegenpeter) Mond-Mars ☽ ♂

⊕ Schwellung der Ohrspeicheldrüse (ziegenhaftes Aussehen)
Konflikt um Gleitflüssigkeit des Aufzunehmenden
Gefahr der Konfliktausdehnung (Gehirn)

✳ Bei Durchleben im Kindesalter: Das Übergreifen der Entzündung auf die Hoden bei erwachsenen Männern und die Gefahr der Unfruchtbarkeit

♁ Zu lernen, Konflikte auszutragen
Die Gleitfähigkeit von allem, was aufzunehmen und zu verarbeiten ist, herzustellen

◉ Sich aktiv mit Neuem auseinandersetzen
Nicht in überwundenen Entwicklungsstadien verharren, das Fliessen ermöglichen

Scharlach Mars-Uranus ♂ ♅

⊕ Harte, erbarmungslose Schlacht mit der Gefahr der Entzündung neuer Kriegsherde, deren Folgen verheerend sein können (Übergriffe auf Gelenke, Herz, Gehirn, Nieren)

✳ Alles zu schlucken, da der Hals entzündet ist und der Magen rebelliert

♁ Zuwendung zu geben und den Energien die Möglichkeiten zum Fliessen lassen
Die Nebenkämpfe zu beachten
Zu aggressivem Herangehen ermutigen
Aufzunehmendes in kleinen Stücken anzubieten

◉ Dem Neuen zum Durchbruch verhelfen
Aggressionen herauslassen, sie nicht bekämpfen
Neue Lebensabschnitte mit Mut und Offenheit erobern

⊕ Symbolik / Analoges Muster   ✳ Woran hindert das Symptom?   ♁ Wozu zwingt das Symptom?   ◉ Erlösung

Unfälle

Unfall   Uranus   ☿

⊕ Abruptes Anhalten des Lebensflusses
  Gewaltsame Unterbrechung des gerade begangenen Weges

✴ Im gleichen Trott weiterzumachen
  In den Tag hineinzuleben
  Monotones Gleichmass ohne Entwicklung

♨ Plötzlich wachgerüttelt zu sein und sich mit dem Hergang des Unfalls zu befassen und mit der gegenwärtigen Lebenssituation zu vergleichen

⊙ Sich im Leben etwas zutrauen
  Veränderung und Spannung ins Leben bringen
  Eingefahrene Gleise freiwillig verlassen

Arbeitsunfall   Uranus-Mars   ☿   ♂

⊕ Den Boden unter den Füssen verloren, sich verbrannt, danebengegriffen oder sich übernommen haben
  Abgedrängt worden oder abgerutscht sein, «es ist einem etwas auf die Füsse (den Kopf) gefallen»

✴ Das Gleichmass, die Richtung und Verfahrensweise beizubehalten
  Gleichbleibende Risikofreude und Leichtsinn

♨ Aus dem Arbeitsprozess für eine gewisse Zeit auszusteigen, Abstand zu gewinnen
  Zeit zum Nachdenken und Auswerten
  Veränderungen hinnehmen

⊙ Den Unfallhergang in bewusst-geistiger Ebene nachvollziehen und die Parallelen in der gegenwärtigen Lebenssituation herausfinden
  Brennende Themen, verunsichernde Tatbestände, angestaute Aggressionen im Umfeld in Angriff nehmen und auflösen

Haushaltsunfall   Uranus-Mars   ☿   ♂

⊕ «Sich ins eigene Fleisch schneiden»
  Stolpern, abrutschen oder sich verbrennen

✴ Im häuslichen Bereich weiterhin wie gewohnt zu funktionieren

♨ Einschnitte in den Arbeitsabläufen hinzunehmen
  Heisses körperlich zu meiden
  Stolpersteine aus dem Weg zu räumen
  Glitschiges beseitigen

⊙ Rechtzeitig wichtige Einschnitte vornehmen
  Heisse Themen ansprechen
  Hindernisse erkennen
  Reibeflächen zulassen

Verkehrsunfall   Uranus ☼
⊕ Zusammenprall
  Mit etwas oder jemanden zusammenkrachen
  Vom Wege abgekommen sein
  Kontrollverlust
  Die Kurve nicht kriegen
⊗ Weiter in Gedanken- und Sorglosigkeit zu verweilen
  Gewohntes Tempo beizubehalten
⊕ Aggressivität im Leben und nicht am Steuer auszuleben
  Zeit zum Nachdenken, Zwang zur Veränderung
⊙ Festgefahrene Lebenssituationen erkennen und durch Entscheidungen auflösen

Sportunfall   Uranus-Mars ☼ ♂
⊕ Sich selbst überschätzt haben
  Sich mehr zugemutet haben, als gut ist
  Überdehnungen
  Zerrungen
  Risse
  Brüche
⊗ Sich weiter bis zum Zerreissen anzustrengen
  Den Bogen zu überspannen
⊕ Dämpfer für Überheblichkeit und Ehrgeiz
  Die eigenen Grenzen zu erkennen
  Sich selbst zurückzunehmen
⊙ Erkennen, was zum Ehrgeiz herausfordert, auf geistig-seelischer Ebene Entwicklung vorantreiben, um nicht alles dem Körper zu überlassen

Verbrennungen   Venus/Saturn-Mars ♀ ♄ ♂
⊕ Heisse Energie, die im Innern fehlt, trifft den Körper von aussen
  Grenze (Haut) wird verletzt
  Körper wehrt sich mit Wasseransammlung (Brandblasen)
⊗ Gegen erregende und brennende Themen von aussen gefeit zu sein
  Erregern den Eintritt zu verweigern
⊕ Das Brennen körperlich zu spüren
  Die betroffenen Hautpartien vor erregenden Einflüssen zu schützen
  Besonders empfindlich zu sein
⊙ Sich auf geistig-seelischer Ebene entzünden lassen
  Für ein wichtiges Thema innerlich entbrennen (eventuell in heisser Liebe entflammen)
  «Wer zünden will, muss selber brennen.» (Sprichwort)

Erfrierungen   Saturn ♄
⊕ Eisige Erstarrung
  Unterkühlung
  Fehlende Liebe und Zuwendung (Wärme) führt zu Absterben in dem Bereich (meist Hände oder Füsse)
  Erstarrung in der eigenen Lebenssituation – keine Bewegung, keine Reibung, keine Entwicklung
⊗ Durchblutung der betroffenen Körperteile durch innere Wärme (Energie)
⊕ Juckender Reiz an den betroffenen Körperteilen bis zum totalen Absterben
  Sich den äusseren Bedingungen anpassen
  Schutz vor klirrender Kälte durch warme Kleidung, die die innere Wärme festhält

⊕ Symbolik/Analoges Muster   ⊗ Woran hindert das Symptom?   ⊕ Wozu zwingt das Symptom?   ⊙ Erlösung

⊙ Die eigenen Grenzen beachten
   Vorher überlegen, inwieweit man sich der Kälte aussetzen kann
   In «frostigem Klima» sich ein «dickes Fell wachsen lassen»

Bissverletzungen   Mars   ♂

↔ In Gefahrensituation fehlerhafter Umgang mit Aggressivität
   Für Angriffe offen sein

⊛ Mit Mut und äusserer Stärke der Gefahr ins Auge zu sehen (Hunde zögern, zuzubeissen, wenn ihnen in die Augen gesehen wird)

⚡ Erkenntnis, sich wie ein potentielles Opfer verhalten und dem Angreifer Mut zum Übergriff gemacht zu haben

⊙ Aufmerksamkeit und Wachsamkeit in Gefahrensituationen
   Den Herausforderungen mutig entgegentreten
   Bissigkeit (in Diskussionen) zeigen

Insektenstiche   Mars-Pluto   ♂ ♇

↔ Kleine Grenzverletzungen durch hinterhältige giftige Stiche, die einen Teil der Lebensenergie entziehen (vergleichbar dem Mobbing)
   Infektionsgefahr (Erreger werden übertragen)

⊛ Die kleinen Angriffe zu ignorieren
   Sich nicht zu kratzen

⚡ Juckende körperliche Abwehrreaktion
   Grenzkrieg
   Mit der Möglichkeit der Ausbreitung des Konfliktes zu rechnen

⊙ Sticheleien auf äusserer Ebene mit geeigneter Abwehr begegnen
   Sich auf erregende Themen einlassen
   Selbstvertrauen stärken
   Nicht in eine Opferhaltung verfallen
   Freiwillig von seiner Energie abgeben

Buchprogramm und Anzeigen

Home   Bücher   CD-ROMs   Bestellen   Autoren

©1997 SmartBooks Publishing AG
Telefon (+41) 1 716 14 24 - Telefax (+41) 1 716 14 25
smartbooks@access.ch

SmartBooks im Internet

Einen stetig aktualisierten Überblick über unser gesamtes Buchprogramm inklusive aller Neu-erscheinungen finden Sie auf unserer Homepage unter **http://www.smartbooks.ch** und unter **http://www.netzmarkt.de/smartbooks**

Schauen Sie mal vorbei!

Produktiver mit System 8 – so wird's gemacht

Aus der Feder von Bestseller-Autor Thomas Maschke: Das grosse Buch zum grossen Wurf von Apple. Der Autor hat intensiv recherchiert und zeigt den Lesern, wie sie das System von der ersten Minute an perfekt nutzen. Schritt für Schritt führt er die Anwender durch Installation und Anpassung zum perfekten Einsatz, so dass sie sofort produktiv sind. Was ist neu, was ist besser?

Maschke verrät haufenweise Tips und Tricks (vor allem solche, die nicht im Handbuch stehen), erklärt den Umgang mit den Schlüssel-technologien und zeigt Modifika-tionsmöglichkeiten auf.

Autor: Thomas Maschke
224 Seiten • ISBN: 3-908488-41-9
sFr. 45.–/DM 49.–/ÖS 358.–

Erfolgreiche Präsenz im Internet
Machen Sie Ihre Homepage zum Hit!

Dabeisein ist im Internet längst nicht mehr alles. Heute konkurrieren Millionen von Webseiten um die Gunst der Surfer – warum sollten diese also ausgerechnet bei Ihnen hereinklicken? Dieses Buch verrät es Ihnen! Es zeigt Ihnen eine integrierte Strategie, mit der Sie Ihre Website zum Erfolg führen. Sie lernen, wie Sie die Surfer dieser Welt zu zufriedenen Stammgästen machen, die immer wieder gerne hereinschauen. Von den Tips und Tricks dieses Buchs profitieren Sie immer wieder – egal, ob Sie zum ersten Mal eine Internet-Präsenz aufbauen oder einer bestehenden zum Durchbruch verhelfen wollen. Umfangreiche Checklisten machen dieses SmartBook zum optimalen Begleiter.

Highlights
- Ziele und Möglichkeiten einer Präsenz im Internet
- Überblick Veröffentlichungsmöglichkeiten für Webseiten
- Beispiele erfolgreicher Unternehmenspräsenzen im Internet
- Layouttricks mit Tables und Frames
- Innovative Möglichkeiten zur Leserbindung
- Effektive Werbung für Ihre Site
- Erfolgskontrolle mit Hilfe von Serverlogs

Autorin: Petra Vogt • 288 Seiten mit CD-ROM (Win/Mac)
ISBN: 3-908489-00-8 • sFr. 65.–/DM69.–/ÖS 650.–

WebDesign in der Praxis

Was macht den Besuch meiner Webseite zum angenehmen Erlebnis? Welchen echten Nutzen biete ich potentiellen Kunden? Mit Tips zur Planung und Strukturierung von Inhalten, Strategien zur visuellen Umsetzung und Ideen zur Interaktion zeigt dieses Buch anhand von Beispielen aus der Praxis Schritt für Schritt das Entstehen einer professionellen Website.

Autoren:
Olivier Heitz, Christof Täschler, Claudia Blum
Mit CD-ROM (inkl. Vollversion Claris HomePage)
ISBN: 3-908488-27-3 (vierfarbig)
sFr. 85.–/DM 89.–/ÖS 650.–

Mit dem Macintosh ins Internet

Dieses SmartBook nimmt den Internet-Neuling an die Hand und führt ihn Schritt für Schritt in die aufregende Welt des Internets hinein. Alle Fragen werden leichtverständlich erklärt und Klippen gemeinsam umschifft. Auf der CD ist alles, was Sie brauchen. So macht das Internet von der ersten Minute an Spass!

Autorin: Helga Kleisny • 240 Seiten mit CD-ROM
ISBN: 3-908488-36-2 • sFr. 55.–/DM 59.–/ÖS 431.–

Netscape Communicator 4 im Internet

Der «Communicator», Nachfolger des legendären «Netscape Navigator 3.0», das von Grund auf neue Online-Produkt, bildet ein Komplettpaket für alle Internet-Surfer und deckt damit rund 90% der täglichen Anwendungsgebiete vollständig ab.

Das erste deutschsprachige Standardwerk zur neuen Software schildert im Detail und leicht verständlich die Installation, Konfiguration und die Bedienung des Communicators und enthält viele Tips und Tricks aus der Praxis für die effektive Arbeit.

Ein Buch für den Einsteiger-Internauten ebenso wie für den Internet-Freak – mit garantiert hohem Nutzwert!

Autor: Oliver Pott •304 Seiten, mit CD-ROM (Win/Mac)
ISBN 3-908488-23-0 • sFr. 45.– / DM 49.– / ÖS 358.–

Microsoft Internet Explorer 4

Mit dem Internet Explorer 4 knüpft Microsoft an den grossen Erfolg der Vorgängerversion 3.0 an. Die nächsten Windows-Versionen werden serienmässig mit dem Explorer 4 ausgeliefert; als Vollprodukt ist der Explorer jedoch auch kostenlos im Internet erhältlich.

Das SmartBook zur Software befasst sich mit der Konfiguration und Bedienung des Explorers und nennt Tips und Tricks aus der Praxis. Der Leser erhält ausserdem eine leicht verständliche Einführung in die Funktion und Struktur des Internets und zahlreiche weitere Informationen.

Die CD–ROM enthält aktuelle Software zur Verwendung unter Windows 95 und Windows NT 4.0, die eine optimale Nutzung des Internets ermöglichen.

Autoren: Oliver Pott und Gunter Wielage • 272 Seiten, mit CD-ROM
ISBN: 3-908488-24-9 • sFr. 55.–/DM 59.–/ÖS 431.–

Surfen im Internet

Die Faszination, die vom Internet ausgeht, liegt nicht in den Bits und Bytes, sondern in den schier unbegrenzten Möglichkeiten des neuen Mediums und in den damit verbundenen Geschichten.

«Surfen im Internet» erzählt diese Stories des Internets und zeigt dabei anschaulich, wie sich das World Wide Web benutzen lässt. Es entführt die Leser in die unendlichen Weiten des World Wide Webs und macht sie mit den Menschen der virtuellen Welt bekannt.

«Surfen im Internet» verknüpft die Anekdoten um das Netz auf unterhaltsame Weise mit Tips und interessanten Netz-Adressen und ist damit Reiseführer und Handbuch zugleich.

Autor: Matthias W. Zehnder • 368 Seiten mit CD-ROM (Win/Mac)
ISBN: 3-908488-05-2 • sFr. 65–/DM 69.–/ÖS 504.–

Besuchen Sie uns im Internet! http://www.smartbooks.ch

Webphoning & Netfax – weltweite Kommunikation zum Ortstarif   2. überarbeitete und erweiterte Auflage

Die Alternative zum Telekom-Monopol «Sprachvermittlung»! Wer im Internet surft, kann auch damit telefonieren – zu massiv niedrigeren Kosten! Die benötigte Hardware ist preiswert und oft bereits vorhanden; die Webphoning-Software liegt diesem Buch bei.

Das SmartBook «Webphoning» führt auch technisch nicht vorgebildete Leser Schritt für Schritt in die Geheimnisse ein und hilft bei Einrichtung, Konfiguration und Nutzung eines funktionsfähigen Webphoning-Systems über Internet-Faxen bis hin zu Videoconferencing. Die beigelegte CD-ROM enthält viel aktuelle Webphoning-Software für Macintosh und Windows.

Autor: Oliver Pott • 176 Seiten mit CD-ROM (Win/Mac)
ISBN 3-908488-37-0 • sFr. 55.– / DM 59.–/ ÖS 431.–

Akte Internet – 250 Seiten, die es gar nicht geben dürfte...

Aus den Akten der Internet-Abenteurer Oliver Pott und Gunter Wielage: Skurrile, mysteriöse, ausgeflippte, unerklärliche, irrsinnige und witzige Seiten, die Sie mit keiner Suchmaschine so einfach finden!

Schnallen Sie sich an und lehnen Sie sich entspannt zurück! Wir laden Sie ein zu einer zugleich faszinierenden, begeisternden, spannenden, bunten und kuriosen Rundfahrt durch das Mega-Medium der Zukunft und Gegenwart.

Autoren: Oliver Pott und Gunter Wielage • 160 Seiten
ISBN: 3-908488-42-7 • sFr. 45.–/DM 49.–/ÖS 358.–

SmartBooks Intranet-Bibel

Neben technischen Konzepten und in der Praxis verwendbaren Lösungen legt der Autor grossen Wert auf die direkte Anwendbarkeit der vorgestellten Anwendungen in der Firmenkommunikation und löst sich damit von der reinen Technik.

Kritische Betrachtungen bieten einen ersten Ansatz für eigene Entscheidungen. Die «SmartBooks Intranet-Bibel»: Das professionelle Standardwerk zum Thema mit garantiert hohem Nutz- und Praxiswert. Unverzichtbar für Technik- und Intranet-Profis ebenso wie für Manager und Geschäftsführer von Unternehmen, die Intranets einsetzen möchten.

**Autor: Oliver Pott • mit CD-ROM für Macintosh und Windows
ISBN: 3-908488-22-12 • sFr. 75.–/DM 79.–/ÖS 577.–**

SmartBooks Computer-Lexikon

Entmystifizierte Computer-Terminologie! Adressbus und Callback, Disassembler, Firewall, Intranet und Overdrive, Pipeline, SCSI, TCP/IP und WWW: Das Dickicht der Fachbegriffe in der Computerwelt wird jetzt gelichtet! In mehr als 2500 Definitionen führt Peter Fischer – seit 1986 als Lexikon-Autor erfolgreich – seine Leserinnen und Leser heran an die verwirrende Fülle deutscher und englischer Fachbegriffe der Informatik und Telekommunikation.

Berücksichtigt sind Fachwörter aus der Hardware-Technik, Entwicklung und Anwendung über alle Computer-Plattformen. Die Definitionen sind kurz und prägnant, Querverweise helfen beim Einordnen eines Wortes in sein begriffliches Umfeld.

**Autor: Peter Fischer • Taschenbuchausgabe, 288 Seiten
ISBN 3-908488-14-1 • sFr. 23.– / DM 24.90 / ÖS 182.–**

1000 Fragen & Antworten
Das grosse Werk der PC-Allgemeinbildung

Warum – weshalb – wieso? Tausend Fragen drängen sich bei der Arbeit mit dem Computer auf – ebensoviele Antworten gibt dieses SmartBook. Das grosse Nachschlagewerk der PC-Allgemeinbildung lässt die Anwender nicht allein auf der Suche nach Lösungen. Kompetente Auskünfte und allgemeinverständlicher Schreibstil machen das Buch mit den tausend Fragen und Antworten zum unentbehrlichen Weggefährten durch die manchmal unlogischen Wirrnisse der Datenverarbeitung.

Dipl. Ing. Oliver Rosenbaum ist Fachautor, Dozent und Sachverständiger und sammelt seit Jahren die Fragen von PC-Anwendern in der täglichen Praxis – und die dazugehörigen Antworten. Hier präsentiert er sie zum ersten Mal in Buchform. **Autor: Oliver Rosenbaum • 864 Seiten
ISBN: 3-908488-20-6 • sFr. 55.–/DM 59.–/ÖS 431.–**

Willkommen zu Macintosh!

Dies ist nicht nur der perfekte Einstieg in die Welt des Macintosh, sondern zugleich ein Muss für alle, die mehr über ihren Lieblingscomputer wissen möchten. Es ist nicht nur Nachschlagewerk, sondern um ein leichtverständlicher, lockerer und unterhaltsamer Begleiter für die erste Zeit. Auch wenn Sie sich bereits ein wenig auskennen, wird «Willkommen zu Macintosh» Ihr Wissen erweitern, offene Fragen beantworten und Sie auf neue Ideen und Arbeitstechniken bringen.

Jede Seite enthält wertvolle Informationen und erklärende Illustrationen – und auf der CD-ROM finden Sie viele Schriften, Bilder und Töne!

Autor: Max Schlapfer • 400 Seiten mit CD-ROM
ISBN: 3-908488-09-5 • sFr. 65.–/DM 69.–/ÖS 504.–

Erste Hilfe für den Macintosh

– 4. aktualisierte & überarbeitete Auflage

Was unterscheidet den Profi vom Amateur? Woran liegt es, dass sich die einen Anwender selbst helfen können, während andere auf Hilfe von aussen angewiesen sind? Mit «Erste Hilfe für den Macintosh» wird jeder Anwender zum Profi. Viele Listen zu immer wieder auftauchenden Problemen und vor allem umfassende Grundlagen machen dieses Buch so wertvoll!

Ob es nun um die Festplatte, das Betriebssystem oder um Viren geht – «Erste Hilfe für den Macintosh» vermittelt auf leichtverständliche und kompetente Art scheinbar komplexe Zusammenhänge. Dieses Buch ist innert kürzester Zeit zu einem Bestseller geworden.

Autor: Thomas Maschke • 736 Seiten mit CD-ROM
ISBN: 3-908488-31-1 • sFr. 78.–/DM 89.–/ÖS 650.–

1500 Tips & Tricks für den Macintosh

– 3. aktualisierte & überarbeitete Auflage

Dies ist die geballteste Ladung an Tips, die je für den Macintosh erschienen ist! Seite um Seite reihen sich nützliche Kleinigkeiten aneinander und führen zu massiven Arbeits- und Zeiteinsparungen. Über 100 Seiten widmen sich allein dem System und dem Finder. Dazu kommen themenspezifische Tips zu Textverarbeitung und Desktop Publishing. Ausserdem haben wir für Sie die besten Kniffs für populäre Programme wie Word, ClarisWorks, FileMaker, PageMaker und viele mehr zusammengetragen!

Die Standardlektüre für alle Anwender!

Autor: Thomas Maschke • 688 Seiten mit CD-ROM
ISBN: 3-908488-32-X • sFr. 78.–/DM 89.–/ÖS 650.–

ClarisWorks Office 5 für Macintosh und Windows

Eines für alles! Mit ClarisWorks Office 5 auf dem Rechner gibt es keinen Grund mehr, andere teure Software anzuschaffen und mühsam zu erlernen. Das integrierte Paket schreibt wie ein Grosses, zeichnet und malt mit Pinsel, Formen und Effekten, rechnet wie ein Mathematiker und verwaltet Datenbanken für jeden Zweck. Und das in einer Weise, die keine Vorkenntnisse verlangt.

Das Buch bietet eine fundierte Einführung, beschreibt die Installation und Fehlerbehebung und zeigt Ihnen dann anhand vieler Beispiele und Tricks, wie Sie aus jedem Modul das Maximum herausholen!

Auf der beiliegenden CD-ROM finden Sie die besprochenen Beispiele und Vorlagen wieder.

Autor: Martin Kämpfen • 288 Seiten mit CD-ROM (Mac/Win)
ISBN: 3-908488-15-X • sFr. 55.–/DM 59.–/ÖS 431.–

Claris Works 4 für den Macintosh

Keine andere Integrierte Software bietet eine so nahtlose Verschmelzung der einzelnen Module wie ClarisWorks 4! Was immer Ihr Herz begehrt – das SmartBook «ClarisWorks 4 für den Macintosh» macht Sie fit für die Praxis! Umfangreiche Beispiele und sofort nachvollziehbare Übungen führen Sie Schritt für Schritt in die Feinheiten dieser Wundersoftware ein.

Dutzende von Schritt-für-Schritt-Anleitungen – für den schnellen und sicheren Einstieg!

Autor: Martin Kämpfen • 336 Seiten mit CD
ISBN: 3-908488-16-8 • sFr. 55.–/DM 59.–/ÖS 431.–

Excel 5 für den Macintosh

Im SmartBook «Excel 5 für den Macintosh» setzt der Autor seine langjährige Erfahrung als Kursleiter um. In über 200 Abbildungen und leichtverständlichen Anleitungen zeigt er Ihnen Schritt für Schritt, wie Sie das meistbenutzte Tabellenkalkulationsprogramm auf dem Macintosh erfolgreich einsetzen. Dabei arbeiten Sie an alltäglichen Beispielen aus der Praxis: Kassabuch, Rechnungsfor-

mular, Arbeitszeitabrechnung, Adressverwaltung, Umsatzstatistik, Preiskalkulation. Theorie gibt's nur so viel wie nötig. Grundkenntnisse und -techniken stehen im Zentrum und werden angereichert mit vielen Tips und Tricks für schnelles, effizientes Arbeiten. Hier finden Sie alles, was Sie für den professionellen Einsatz von Excel 5 benötigen.

Autor: Roger Klein• 400 Seiten mit Diskette
ISBN: 3-908488-12-5 • sFr. 65.–/DM 69.–/ÖS 504.–

Kommunikation total mit dem Macintosh

Dank Apples Weitblick ist kein Computer für die Kommunikation besser geeignet als der Macintosh. Egal, ob es um E-Mail, Datenaustausch oder die Nutzung von Informationsquellen geht – «Kommunikation total mit dem Macintosh» bringt Sie weiter.

Das Buch enthält das Grundlagenwissen, das Sie für die Kontaktaufnahme mit dem Rest der Welt benötigen. Lernen Sie alles über: Modem, BTX, Videotext, CompuServe, Internet, E-Mail oder den Zusammenschluss von Netzwerken.

Autor: Peter Fischer • 360 Seiten mit CD-ROM
ISBN: 3-908488-06-0 • sFr. 65.–/DM 69.–/ÖS 504.–

Macintosh und Musik

Möchten Sie in die Welt der elektronischen Musik einsteigen oder sind Sie bereits ein gestandener Anwender? Hier finden Sie in einem Werk alle Themen, die für Sie wichtig sind. Ob Sie sich nun für MIDI-Standards, für Notationsprogramme oder Harddisk-Recording interessieren.

Dieses Werk vermittelt Ihnen praxisorientiertes Know-how und bietet nebst unzähligen Hintergrund-Informationen zudem Demoprogramme, hilfreiche Tips für die Anschaffung von Hard- und Software sowie alle wichtigen Sharewareprogramme. Der «sanfte Einstieg» in die Welt der Musiziererei mit dem Macintosh!

Autor: Kalli Gerhards • 360 Seiten mit CD-ROM
ISBN: 3-908488-04-4 • sFr. 65.–/DM 69.–/ÖS 504.–

Macintosh zu Hause

Erfahren Sie, wie Sie zu Hause ohne Mehrkosten eigene Multimedia-Produkte erstellen, wie Sie zu schon fast symbolischen Beträgen Ihre Softwaresammlung mit Profiprodukten ausbauen, wie Sie eigene Spiele gestalten und vieles mehr! Erst dieses Buch macht den Macintosh zu dem, was er

eigentlich ist: Der beste Computer für den Heimbereich!

Auf der CD-ROM: Vollversion von ClarisImpact, viele Clip-Arts und Schriften. Dieses Buch ist ein Vielfaches seines Preises wert und sorgt dafür, dass Sie zu Hause und im Beruf mehr Spass Freude an Ihrem Macintosh haben und dass Ihre Kinder sinnvoll in die Welt der Computer eingeführt werden!

Autor: Klaus Zellweger • 454 Seiten mit CD-ROM
ISBN: 3-908488-02-8 • sFr. 69.–/DM 79.–/ÖS 577.–

Macintosh im Kleinbetrieb

Dies ist der Wegweiser zu einer effizienten Computeranlage – holen Sie mit einem Minimum an Aufwand das Maximum heraus!

Sie erfahren hier, wie Sie Schritt für Schritt eine Anlage aufbauen, die nicht nur Ihrem Budget gerecht wird, sondern auch Fehlinvestitionen ausschliesst und an der Zukunft orientiert ist.

Autor: Gary Czychi • 424 Seiten mit CD-ROM
ISBN: 3-908488-03-6 • Fr. 69.–/DM 79.–/ÖS 577.–

Der Business-PC:
Erfolgreicher Computer-Einsatz im Unternehmen

Auf leichtverständliche Weise wird dieses Buch Ihnen helfen, die richtigen Entscheidungen bei der Planung, Anschaffung oder der Erweiterung von betrieblicher Soft- und Hardware zu fällen.

Durch kompetente Entscheidungshilfen erfahren Sie, wie Sie das Beste für Ihr Geld bekommen und dabei den einen oder anderen Geldschein sparen. Workshops und Fallbeispiele machen den EDV-Einsatz im Betrieb nachvollziehbar. Firmengründer, die bei der Ausstattung ihres Betriebes mit EDV Rat suchen und sich vorab informieren möchten, werden dieses Buch genauso zu schätzen wissen wie Betriebseigner, die im Begriff sind, ihre Firma mit Computern auszustatten oder die Computeranlage zu erweitern.

Autor: Norbert Salomon • 440 Seiten mit CD-ROM für Windows
inkl. Vollversion ClarisWorks 4 und Virenscanner
ISBN: 3-908488-35-4 • Fr. 65.–/DM 69.–/ÖS 504.–

Erfolgreiches Selbst-Marketing – Ein Ratgeber für Arbeitslose und alle, die es nicht werden wollen

Nur derjenige wird sich auf dem Arbeitsmarkt durchsetzen können, der gutes Selbst-Marketing betreibt.

Und: Selbst-Marketing auf dem Arbeitsmarkt ist heute Grundvoraussetzung, um überhaupt bestehen zu können, nicht nur als Arbeitsloser oder Stellensuchender, sondern bereits als Angestellter, der seine Stelle behalten will.

In seinem Buch zeigt Autor Flavian Kurth die Parallelen zwischen Produkte-Marketing und Selbst-Marketing auf und zeigt den Lesern mit vielen Beispielen und Checklisten, wie sie sich besser verkaufen können.

Autor: Flavian Kurth • 320 Seiten
ISBN: 3-908488-38-9 • Fr. 47.–/DM 49.–/ÖS 358.–

In 7 Tagen zum Spitzenverkäufer

Bernhard P. Wirth bildet seit 8 Jahren in seinen Seminaren Verkäuferpersönlichkeiten bei grossen Unternehmen aus der Luftfahrt, dem Automobilbau und dem Bank-, Bauspar- und Versicherungswesen aus.

Seine gesammelten Erfahrungen und sein Wissen gibt er hier erstmals in Buchform wieder. Er lässt Sie verstehen, was sich in Verkäufer und Käufer abspielt und wie Sie mit diesem Wissen zu Erfolg und Zufriedenheit gelangen. Viele Grafiken und Checklisten machen das Buch zu einem praktischen Begleiter auf Ihrem Weg zum glücklichen Verkäufer.

Es sind 7 Stufen, die auf dem Weg zur Verkäuferpersönlichkeit zu begehen sind. Jede dieser Stufen können Sie in einem Tag nehmen – werden Sie in 7 Tagen zum Spitzenverkäufer!

Autor: Bernhard P. Wirth • 288 Seiten
ISBN: 3-908488-30-3 • Fr. 47.–/DM 49.–/ÖS 358.–

Ihre Meinung ist uns wichtig!

Damit das Schreiben von Büchern nicht zum Monolog verkommt, sind wir auf Ihre Meinung angewiesen! Bitte nehmen Sie sich die Zeit, um die Fragen auf dem umstehenden Fragebogen zu beantworten und ihn uns zurückzuschicken oder zu faxen. Wir danken Ihnen recht herzlich und freuen uns auf Ihre Kritik! *Ihre SmartBooks Publishing AG*

SmartBooks Publishing AG
Seestrasse 182 • CH-8802 Kilchberg
Aus der Schweiz: Fax: 01-716.14.25 • Tel: 01-716.14.24
Aus Deutschland oder Österreich: Fax: 0041-1-716.14.25 • Tel: 0041-1-716.14.24
E-Mail: smartbooks@smartbooks.ch   http://www.smartbooks.ch

LESERMEINUNG

Ihre Meinung ist uns wichtig!

Der Inhalt des Buchs «Heile Dich selbst» ist
☐ ausgezeichnet ☐ gut ☐ genügend ☐ ungenügend ☐ unbrauchbar

Ich konnte das Wissen
☐ grösstenteils anwenden ☐ teilweise anwenden ☐ nicht anwenden

Die grafische Aufmachung und die Gestaltung sind
☐ ausgezeichnet ☐ gut ☐ genügend ☐ ungenügend ☐ unbrauchbar

Der Preis für das Buch ist
☐ zu hoch ☐ gerade richtig ☐ zu tief

Die Anschaffung hat sich
☐ gelohnt ☐ nicht gelohnt

Das hat mir sehr gut gefallen:

Das hat mir nicht gefallen:

Weitere Bemerkungen:

Ich wünsche mir weitere SmartBooks zu den Themen:

Vorname/Name:

Adresse:

PLZ/Ort:

Tel tagsüber: Fax:

☐ Ich möchte über das Buchprogramm in Zukunft automatisch informiert werden.

Bitte einsenden oder faxen an: SmartBooks Publishing AG • Seestrasse 182 • CH-8802 Kilchberg
Faxnummer aus der Schweiz: 01-716.14.25 • Aus Deutschland oder Österreich: 0041-1-716.14.25

SMARTBOOKS BRINGEN SIE WEITER!

Literaturverzeichnis, Index & Register Krankheitsbilder

Literaturverzeichnis

Rüdiger Dahlke «Krankheit als Symbol» Handbuch der Psychosomatik, 1. Auflage; Bertelsmann Verlag GmbH München 1996

Rüdiger Dahlke «Die Welt und der Mensch sind eins» Analogien zwischen Mikrokosmos und Makrokosmos, München 1991

Rüdiger Dahlke «Lebenskrisen als Entwicklungschancen» Zeiten des Umbruchs und ihre Krankheitsbilder, C. Bertelsmann Verlag GmbH München, 1. Auflage 1995

Thorwald Dethlefsen/Rüdiger Dahlke «Krankheit als Weg» Deutung und Be-deutung der Krankheitsbilder, Bertelsmann Verlag GmbH München, 28. Auflage 1992

Thorwald Dethlefsen «Schicksal als Chance» Das Urwissen zur Vollkommenheit der Menschen, Der Goldmann Verlag, 37. Auflage 1993

Nicolaus Klein/Ruediger Dahlke «Das senkrechte Weltbild» Symbolisches Denken in astrologischen Urprinzipien, Heinrich Hugendubel Verlag München, 4. Auflage 1993

Gerhard Leibold «Gesundheit für die ganze Familie», Bassermann-Ratgeber, Bassermann'sche Verlagsbuchhandlung 1991/1996

Autorengruppe «Lexikon der Gesundheit» Medizinisches Fachwörterbuch, Sonderausgabe, Buch und Zeit Verlag

Duden «Das Wörterbuch medizinischer Fachausdrücke», Dudenverlag 1992

Louise L. Hay «Heile deinen Körper» Seelisch-geistige Gründe für körperliche Krankheit, Verlag Alf Lüchow Freiburg i. Br., 34. Auflage 1995

Louise L. Hay «Gesundheit für Körper und Seele» Wie Sie durch mentales Training Ihre Gesundheit erhalten und Krankheiten heilen, Wilhelm Heyne Verlag München, Deutsche Erstausgabe 1996

Horst Rückle «Körpersprache für Manager» Signale des Körpers erkennen und erfolgreich umsetzen, Verlag moderne Industrie, 2. Auflage 1982

Rudolph Spieth «Menschenkenntnis im Alltag» Körpersprache, Charakterdeutung, Testverfahren, Mosaik Verlag GmbH München, Sonderausgabe Orbis Verlag 1994

Rudolf Köster «Im Gleichgewicht bleiben» Umgang mit seelischen Belastungen, Verlag Herder, Neuausgabe 1993

Daniel Golemann «EQ – Emotionale Intelligenz», Ungekürzte Buchgemeinschafts-Lizenzausgabe, © by Carl Hanser Verlag München Wien 1996

Anthony Robbins «Das Robbins Power Prinzip» Wie Sie Ihre wahren inneren Kräfte sofort einsetzen, Wilhelm Heyne Verlag München 1994

Anthony Robbins «Das Robbins Power Prinzip – Grenzenlose Energie» Wie Sie Ihre persönlichen Schwächen in positive Energie umwandeln, Wilhelm Heyne Verlag München, 9. Auflage 1996

Clarissa P. Estés «Die Wolfsfrau» Die Kraft der weiblichen Urinstinkte, Ungekürzte Buchgemeinschafts-Lizenzausgabe, © der deutschen Ausgabe by Wilhelm Heyne Verlag GmbH & Co. München 1993

Robin Norwood «Warum gerade ich?» Ein Ratgeber für die schwierigsten Situationen des Lebens, Rowohlt Verlag GmbH Reinbek, 1. Auflage März 1995

Paul Watzlawick «Anleitung zum Unglücklichsein», R. Piper & Co. Verlag München, Neuausgabe Mai 1988

R. W. Pinson (Hrg.) «Götter- und Heldensagen» Gondrom Verlag GmbH Bindlach 1995

Christa Wolf «Medea» Stimmen, Roman, Ungekürzte Buchgemeinschafts-Lizenzausgabe, © by Luchterland Literaturverlag GmbH München 1996

Pema Chödrön «Beginne, wo du bist» Eine Anleitung zum mitfühlenden Leben, Aurum Verlag GmbH Braunschweig 1995

Dr. med. Raymond A. Moody «Leben vor dem Leben», Rowohlt Taschenbuch Verlag GmbH, Reinbek bei Hamburg 1997

Eberhard Puntsch «Zitatenhandbuch» Band 1, mvgv – Moderne Verlagsgesellschaft mbH, München, 13. Auflage 1993

Lutz Mackensen «Grosses Handbuch der Zitate und Redensarten» Zitate Redensarten Sprichwörter, NGV, Naumann&Göbel

X/Y/Z

Erkrankungen der männlichen Geschlechtsorgane

Haut

Muskel-, Binde-, Fettgewebe

Erkrankungen des Muskelgewebes

Erkrankungen des Bindegewebes

Erkrankungen des Fettgewebes

Wirbelsäule, Gelenke, Knochen

Erkrankungen der Wirbelsäule

Unfälle